登封黑山沟宋墓图像研究

易　晴　著

文物出版社

封面设计　周小玮

责任印制　张道奇

责任编辑　许海意

图书在版编目（CIP）数据

登封黑山沟宋墓图像研究／易晴著. —北京：文物出
版社，2012. 8

ISBN 978－7－5010－3491－8

Ⅰ.①登…　Ⅱ.①易…　Ⅲ.①宋墓－墓室壁画－研
究－登封市　Ⅳ.①K879. 414

中国版本图书馆 CIP 数据核字（2012）第 148129 号

登封黑山沟宋墓图像研究

易　晴　著

*

文 物 出 版 社 出 版 发 行

（北京东直门内北小街 2 号楼）

http：//www. wenwu. com

E-mail：web@ wenwu. com

北京君升印刷有限公司印刷

新 华 书 店 经 销

850×1168　1/32　印张：9　插页：1

2012 年 8 月第 1 版　2012 年 8 月第 1 次印刷

ISBN 978－7－5010－3491－8　　定价：30. 00 元

内容提要

　　本书通过对中原北方地区北宋砖雕壁画墓成熟形态的墓例——河南登封黑山沟北宋砖雕壁画墓的图像及其图像构成方式的释读，以图像在墓室空间中所处位置的意义为问题的切入点，考察图像形成的历史脉络，注重观察唐宋丧葬仪式中方位观念的运用以及北宋民间"礼从宜，事从俗"的丧葬观念在墓室图像中的具体显现，从而探求墓室图像的深层结构关系及其所蕴含的文化内涵。

　　研究结论简述如下：河南登封黑山沟北宋砖雕壁画墓中的图像以"天开于子，地辟于丑，人生于寅，而闭物于戌"的图像方位设置，依据的是北宋邵雍的先天图式，反映了北宋仁宗朝以后宋易象数学派的复兴对登封地区民俗生活的直接影响。

　　本书对美术史论、考古、文物保护等专业领域的师生及从业人员具有一定的参考价值。

序

　　十多年前，我在参与主编《中国美术简史（增订版）》教材时，因要求突出知识点与美术发展脉络之间的历史联系，只好在各时代的美术史料中择其要者。所谓择其要者，就是挂一漏万，以就重点，介绍最能体现一个时代艺术主使观念和艺术成就的内容。做到这一点其实不容易，中国几千年的文明史是前后相继的，文化根脉既绵延传承又各领风骚，正应了《国语·郑语》"和则相生，同则不继"的说法。如何看待朝代与朝代之间的"和"与"同"，就是美术通史写作的难点之一。比如唐宋两朝，思想文脉看似一脉相承，但具体表现却很不一样。欲对此作出回答，就需要认真加以研究。

　　近年，中国学术界又开始重提 20 世纪 30 年代日本和欧洲汉学界关注的"唐宋社会转型"的话题，原因是最近 30 年间经考古发掘和文献整理，有关唐宋的资料开始极大地丰富起来，唐宋转型的研究也因此变得更为全面而深刻，且更加具有说服力。仅就绘画史的通识而言，唐代是绘画的全面形成期，而宋代则是绘画的理法规范期。至于建立怎样的审美规范？唐宋两代有哪些异同分野？这些都是未竟的问题。当年滕固在撰写《唐宋绘画史》时，为资料匮乏而深以为憾，而在今天得到了极大地弥补，仅新发现的唐宋壁画墓资料就足以支持唐宋转型的研究。如果说滕固那代美术史家囿于条件而不得涉足唐宋转型研究情有可原，那么今天的美术史研究者面对如此丰富的资料再不去研究，那将是不可原谅的。正是出于这样的考虑，我鼓励研究生积极参与到新一轮的唐宋转型研究之中，易晴的博士论文选题也就是在这个过程中形成的。

登封黑山沟壁画墓之所以能作为唐宋转型研究的观察个案，是因为该墓具有两个合适的条件：其一，这座墓经过科学的考古发掘和整理，墓葬形制清楚，墓室内的壁画图像保存基本完好，还出土买地券这类明确纪年的资料，这些对于个案研究无疑是最基础，也是最必要的内容，不可多得。其二，登封黑山沟宋墓的所在区域曾先后发现了数座宋墓，为观察同期墓葬的异同提供了可资比较的材料，不致陷于个案即孤例的单向讨论。而更值得注意的是，该墓藏距离北宋皇陵不远，或者可以纳入北宋帝王陵兆域的范围加以整体观察，河南巩义、登封及周边地区陆续发现的北宋壁画墓多少给予了这方面的提示，注意到这一点正契合了与西安地区唐墓作比较观察的条件。唐代壁画墓分布地域虽然很广，但中心区是西安周边地区的皇帝陵及陪葬墓，代表了一个时代的葬制葬俗和艺术水准。宋墓的考古学资料虽不如唐墓那样充分，但以帝王陵及周边墓葬为中心的分布规律作为一个时代的文化表征来观察应是可以成立的。我曾在《古代壁画墓》这本综述20世纪壁画墓发现与研究的小册子中，归纳描述过以洛阳为中心的汉代壁画墓，以大同为中心的北魏前期壁画墓，以邺城为中心的东魏、北齐壁画墓，以西安为中心的唐代壁画墓以及以辽五京地区为中心的辽代壁画墓，判断的依据一方面是壁画墓的考古学成果，一方面是绘画史的研究成果，地上与地下的统和，可以建立起时代文化的整体印象，皆属同一文化根脉的两枝，宋代壁画墓自然不会疏离这个根脉。出于这样的判断，登封黑山沟壁画墓在"转型"研究中的意义就要远大于个案本身了。

易晴的研究是从登封黑山沟宋墓壁画图像及图像生成的方式入手的,经过对墓室八角形制与壁画题材所在方位的考察,判断画面的分布与宋代兴起的易学象数、八卦生灭观念可能存在着某种联系,而分别画在墓室八方上的壁画,如夫妻对坐、升仙、孝子故事等与北宋"礼从宜,葬从俗"是否也存在某种观念上的对应?问题的提出确实关系到唐宋两朝丧葬礼俗的不同。黑山沟墓壁画图像的选择与墓葬形制方位之间的匹配大致遵循了北宋易学象数派理论在葬式上的运用,从壁画中的"启门者"到"渡桥者",图像给出了一个灵魂轮替生化的过程,其中有一个隐性的图式逻辑。本书的作者经过细心而新颖的解读将这一图式逻辑揭示了出来,按画在八角墓壁的图像依序读来,画面是循着"天开于子,地辟于丑,人生于寅,而闭物于戌"的方位设置的,题材与方位皆能对应并与邵雍推演的先天图式相吻合。且不去说作者讨论图像细节的诸种有新意的见解,仅此结论就足以看出唐宋在葬制葬俗的主观观念上已然发生的变化。也许这一观察目前还不足以推为时代的共相,但就登封黑山沟壁画墓个案研究而言,所提供的学术启迪之于唐宋转型也是极有价值的。

唐宋文化的转型研究是一个大课题,绘画仅是其中的一部分,而墓室壁画又只是其中的一个点。易晴的研究落在这个点上,迸出了火花,是她在学术之路上迈出的可喜一步。著作面世,目的在于接受检验,藉以提高。冀望作者再接再励,能在今后有更多更好的成果与读者分享。

罗世平

2012 年 6 月 17 日于望京花园

目　录

第一章　导　论

第一节　登封黑山沟北宋砖雕壁画墓

　　1999 年 8 月，河南省郑州市文物考古研究所与登封市文物局联合发掘了登封黑山沟北宋砖雕壁画墓（编号 99ZDHSM1，本书中简称登封黑山沟宋墓）。该墓为斜坡阶梯式墓道单室砖券墓，方向 193 度，深 5 米。整个墓葬坐北向南，由墓道、墓门、甬道、封门砖、墓室五部分组成（图 1－1）。墓道为长方形阶梯式，长 7、宽 0.75 米，共 15 级阶梯；墓门位于甬道与墓道之间，原为门楼形式，在发掘前已经被毁，现存墓门高 1.2 米，宽仅为 0.65 米；甬道位于墓室南壁正中，长 0.8、宽 0.65、高 1.2 米；在墓门及甬道南部有两道封门砖，原均封至甬道顶，高度为 1.3 米；墓室平面八角形，边长 0.8、直径 2.45 米，墓室通高为 3.3 米。墓室自下而上分为四部分：下部内壁连接处砖砌八个抹角倚柱，无柱础，柱间砌阑额、普拍枋，南壁中间为甬道入口，北壁设假门，假门门扇已毁；中部转角处柱头上设八个转角铺作，均为五铺作单抄单昂重栱计心造；铺作以上为八个梯形界面，界面间砖砌垂花饰；顶部为攒尖顶。

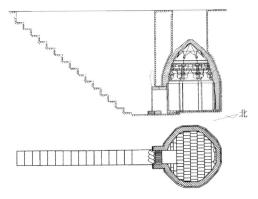

图 1 - 1　登封黑山沟北宋砖雕壁画墓平、剖面图

（图片来源:《郑州宋金壁画墓》，90 页）

　　整个墓室满饰彩绘壁画（图 1 - 2）。除了木作彩画和墓顶彩画装饰性图案，墓室图像依据建筑空间分割成三个图像系统。第一个系统反映墓主人的世俗生活，它位于墓室下层倚柱间的壁面上，除了南壁的甬道口和北壁的砖砌假门，共绘有六幅壁画，依次为西南壁画两位妇女立于桌子旁边，一位右手捧一茶罐，左手用一簪子搅茶，一位正抬手指点什么，妇女背后置一屏风，上面的字多不识，报告上称为备宴图；西壁画面三个女子，在幔帐之下，右边两人，前一女捧笙吹奏，后一人高举节拍作拍击状，身后一侍女，站在一火炉之后，炉上置温酒注子，表现伎乐场景；西北壁为夫妻对坐图，帐下方桌，桌旁端坐夫妇二人，左侧女主人，右侧男主人，二人背后各立一屏风，屏风间画一侍女；东北壁侍儿图，画的是帐下两个妇女，右侧妇女左手抱一童子，右手持点心递给对面妇人的小孩，对面女子站立，孩童半蹲在一橱上，去接点心，有意思的是橱上绘一猫，口衔一只黄雀，怪异地注视着观者；东壁则画幔帐，中垂同心结，下正中有一罗汉床，床前背立侍女一人，侍女身着淡青色裙子，裙子后背有白色三角形"褡心"，内书八字，均为"司□"，二字倒书，床下放置两贯

钱，为侍寝图；东南壁为侍洗图，画面左侧立一脸盆，一女子双
手持水桶，正往盆中倒水，女子身后一灯檠，灯盏托下对称镶嵌
二鱼。人物均穿着北宋时期的服装样式，绘制精细，线条流畅，
着色艳丽。第二个图像系统位于墓室中层建筑栱间壁上，有明确
的榜题，均为行孝图，共八幅，依次为西南壁，参母啮指；西
壁，王武子行孝；西北壁，董永行孝；北壁，丁兰刻木；东北
壁，王祥卧冰；东壁，孟宗哭竹；东南壁，郭巨埋儿；南壁，王
衮闻雷泣墓。第三个图像系统位于墓顶上层的八个梯形界面的下
沿，共八幅。其中，西南壁的壁画已大部分脱落，能够辨认出来
的仅是云中站立两人；西壁绘制的是五彩祥云中端坐一位菩萨，
他头戴花冠，有头光和背光；西北壁的内容则是一男一女两个
人，身着素服，双手举于胸前，立于祥云之上，应为墓主夫妇；
北壁则为团云簇拥的楼阁建筑，应是仙庭所在；东北壁表现的是
手持莲枝立于云中的两位女子；东壁是两位站在云中的道士；东
南壁画的是两位女子立于云中，双手持幡；南壁则是祥云上拱桥
一座，桥上两女子，手持招魂幡，徐徐前行。

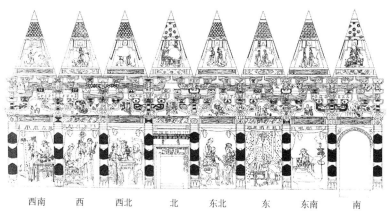

| 西南 | 西 | 西北 | 北 | 东北 | 东 | 东南 | 南 |

图 1 - 2　登封黑山沟北宋砖雕壁画墓图像展开示意图
（图片来源：《郑州宋金壁画墓》，92～93 页）

墓顶的彩画则在砖砌垂花饰上绘制黑、赭条彩，垂花饰以上八个界面绘制方胜、花卉图案。在墓室仿木构建筑构件上均满绘彩画，华丽异常。

此外，这个墓葬出土青石质买地券一块，上刻券文，全文如下：

> 维大宋国西京河南府登封县天中乡/居住殁故亡人李守贵今为三周记满未/有住葬之处　今选定绍圣四年十二月/二十九日己酉大葬愿此黄天父后土母/社稷主边买得墓田壹所周流壹顷用钱/玖万玖阡玖佰玖十玖贯文其地左至青/龙右至白虎前至朱雀后至玄武上至仓/天下至黄泉陆至分明各有去处其买地/钱分付与天神明了两无悬欠一书契人/石功曹一读契人金主簿要见书契人变/飞鸟上天若不见读契人化鱼龙入东海急/急如律令如地下有诸兰夺付与五道将/军领过阎罗天子永判玄堂　李守贵住/宅万代吉昌一代保人如后一代保人/张坚固一代保人李定度见人如后/一见天神一见人地祁绍圣/四年十二月二十九日己酉大葬李守贵券契一本[1]

第二节　中原北方地区北宋砖雕壁画墓的发现

登封黑山沟宋墓是目前考古发掘几百座中原北方地区[2]北宋砖雕壁画墓中的一座。

所谓"砖雕壁画墓"，指的是中原北方地区在宋金时期较为流行的墓葬形式中的一类。从目前考古发掘的情况来看，中原北方地区北宋墓葬形式主要有三类：土洞墓、石室墓、砖室墓。土洞墓在中原北方地区的北宋前、后期均普遍流行，前期的土洞墓中常常有一定数量的随葬品，少数墓葬中还出土有墓志，墓主人包括品官、城市平民、农村的自耕农和儒生等社会上较有地位的人；而后期则基本上不再出土像样的随葬品，墓主人身份降低，以平民为主。石室墓均为品官墓葬或者官吏家族墓，如河南洛阳元丰八年（1085）王拱辰墓[3]、密县元祐九年（1094）宣徽南院使冯京夫妇墓[4]，山东嘉祥钓鱼山知齐州事晁无咎家人墓[5]等，这一类墓葬发现的不多。中原北方地区北宋墓葬中最具有时代特征的是砖室墓的流行，而砖室墓可以分为两类：一类是简单型的砖室墓，即墓室没有仿木构建筑，也没有雕砖和彩绘的壁面装饰；另一类是仿木构砖室墓，这类墓墓门和墓室内用砖砌筑出仿木构建筑和家具，墓内有题材丰富的壁画和雕砖装饰[6]。本研究所涉及的"砖雕壁画墓"，即指的是这后一类在墓葬中砌筑仿木构建筑与家具、生活用品，墓内有题材丰富的彩绘或者是雕砖装饰的墓葬。

中原北方地区北宋砖雕壁画墓科学的考古发掘大致起始于20世纪上半叶。新中国成立以后，出土了一批重要的考古材料。20世纪50年代，河南郑州二里岗、南关外、工人新村、柿园、医药公司共清理五座北宋砖雕壁画墓。这几座墓结构基本相同，其中，南关外宋墓[7]有明确纪年，为北宋仁宗至和三年（1056），它为这几座墓葬提供大致的断代标尺。1951年底，为支持河南白沙水库工程的修建，考古工作者发掘水库区域内从战国至明古墓葬三百余座，其中就有一批墓葬结构完整、砖雕壁画精美的北宋墓。颍东第119号墓[8]（白沙一号宋墓）为北宋哲宗元符二年（1099）墓葬，墓主人姓赵，墓室为双室墓，墓葬保存完好，考古发掘的材料整理详尽，是新中国建国之初考古发掘中该类墓葬最重要的材料之一。此期，在河南的洛阳、安阳，山西的侯马、新绛，河北的石家庄，山东的济南等地相继都有该类墓葬发掘，

其中，纪年墓葬有河南安阳天禧镇北宋神宗熙宁十年（1077）王
用墓[9]、河北石家庄政和二年（1112）壁画墓[10]、山东济南青
龙桥治平年间（1064～1067）墓和熙宁八年（1075）墓[11]等等。
这一批材料，囿于当时的考古条件，出版的文字和图片材料都十
分简陋。

20世纪60年代，河北省文物局文物工作队联合石家庄市文
化局，共同对河北井陉县柿庄、北孤台两处墓地[12]进行了发掘，
共发掘出宋金墓葬十四座，出土了大面积较为精美的砖雕壁画。
这十四座墓葬均为单室墓，无明确纪年。考古工作者根据墓葬仿
木结构、装饰图像及出土器物等材料进行比较推定，这十四座墓
葬年代最早的大约在北宋政和年间（1111～1115），年代最晚的
上限不会早过金天会元年（1123），这为研究河北中部地区的宋
金砖雕壁画墓提供了宝贵的考古材料。

20世纪70年代，中原北方地区均有北宋砖雕壁画墓出土，
但破坏得也十分严重。如甘肃清水县曾出土了十余座装饰精美的
彩绘画像砖墓，但均遭到破坏，没有保存下来。目前，这一时期
发掘的材料中发表的仅见河南上蔡宋墓[13]、稍柴宋墓[14]、林县
一中宋墓[15]、洛阳涧西耐火厂13号宋墓、洛阳涧西东方红拖拉
机厂179号宋墓、洛阳轴承厂职工医院楼15号宋墓[16]等。

1980年以后，北宋砖雕壁画墓在中原北方几省均有重要的考
古发现。1984年河南省文物研究所和巩县文物保管所联合对巩义
北宋真宗咸平三年（1000）宋太宗元德李后陵[17]进行发掘，对
陵园地面布局、地宫形制、墓室装饰作了全面的清理，首次较为
系统地了解到北宋后陵地宫的面貌，是研究北宋皇家陵寝重要的
材料之一。同期，河南新安出土了一批重要的北宋砖雕壁画墓：
梁庄北宋壁画墓[18]，古村北宋壁画墓[19]，石寺乡李村一、二号
砖雕壁画墓[20]。其中，石寺乡李村一号宋墓为北宋徽宗宣和八年
（1126）壁画墓，该墓现已搬迁并复原于洛阳古墓博物馆。这一

批材料均为仿木构单室砖墓，墓室内彩绘壁画，是豫西北地区北宋民间墓葬的典型形制。同期，河南省还相继发掘了登封城南庄宋代壁画墓、登封箭沟宋代壁画墓[21]、禹州市坡宋金壁画墓[22]、荥阳司村宋代壁画墓[23]、宝丰县李坪村宋金墓[24]、嵩县北元村宋代壁画墓[25]、汤阴宋墓[26]、温县前东南王村宋墓[27]、南召云阳宋代雕砖墓[28]、陕县化纤厂宋墓[29]等。这一批墓葬虽然没有明确纪年，但是通过对墓室形制、建筑方式、装饰图像、出土品的比对，被认定为是北宋或者宋金之际的墓葬，是研究河南北宋民间丧葬习俗重要的考古材料。

山西长治、壶关、潞城一带在 20 世纪 80 年代也发现有北宋砖雕壁画墓。出土纪年墓葬有：长治故县村北宋神宗元丰元年（1078）墓[30]、长治五马村北宋元丰四年（1081）马预修墓[31]、壶关南村北宋哲宗元祐二年（1087）墓[32]。非纪年墓葬有：汾阳县北偏城宋墓[33]、长治故漳宋代砖雕墓[34]、长治故县村宋代一号墓[35]等。这一批材料为研究晋东南地区北宋丧葬习俗提供了较为丰富的材料。

同期，河北省、山东省、甘肃省、陕西省也相继发现一批宋金砖雕壁画墓。纪年墓葬有山东济南历城区山东大学南校区北宋建隆元年（960）吴从实墓[36]、河北曲阳南平罗北宋徽宗政和七年（1117）墓[37]、山东栖霞市慕家店北宋徽宗政和六年（1116）慕伉墓[38]。非纪年墓葬有河北平山里庄乡西石桥 1 号墓、平山里庄乡东冶村 2 号墓[39]、山东济南洪家楼砖雕壁画墓[40]、甘肃清水苏圤村宋代雕砖彩绘墓[41]、陕西宝鸡市长岭机器厂宋墓[42]、陕西洛川土基镇北宋壁画墓[43]等。

20 世纪 90 年代，中原北方地区发现北宋砖雕壁画墓有明确纪年的，河南有邓州北宋赵荣墓[44]（1086）、鹤壁鹿楼乡故县村北宋绍圣元年（1094）壁画墓[45]、登封黑山沟北宋雕砖壁画墓（1097）、新密平陌北宋雕砖壁画墓（1108）年[46]、焦作北宋徽宗崇宁四年（1105）梁全本墓[47]、安阳新安庄西地北宋徽宗大观三年（1109）墓[48]、安阳北宋赵火㸒墓（1120）及赵恪（1122）墓[49]，河北武邑龙店北宋仁宗庆历二年（1042）墓[50]、邢台董庄村北宋神宗熙宁十年（1077）墓[51]，甘肃天水市王家新窑北宋大观四年（1110）雕砖墓[52]等。非纪年墓葬有：河南登封刘碑壁画墓、新密下庄河宋代壁画墓[53]、禹州龙岗电厂121号墓[54]、郏县仝楼村三座宋墓[55]、荥阳孤伯嘴壁画墓[56]、唐河东环路二号宋墓[57]、温县西关宋墓[58]、洛阳邙山宋代壁画墓[59]、新安县宋村北宋雕砖壁画墓[60]、安阳小南海宋代壁画墓[61]、林州市北宋雕砖壁画墓[62]、陕西汉中金华村北宋墓[63]、商州城区一、二号宋墓[64]，山东临淄宋金壁画墓[65]、河北平山两岔北宋晚期家族墓地[66]、武邑龙店一、三号宋墓[67]、邯郸第一医院北宋墓[68]、山西平定姜家沟村壁画墓[69]、潞城县北关宋代砖雕墓[70]，湖北老河口宋墓[71]，宁夏西吉县宋代砖雕壁画墓[72]，甘肃会宁宋墓[73]、白沙乡箭峡宋墓[74]等。

21世纪初，中原北方地区北宋砖雕壁画墓的材料越来越丰富。其中，重要的考古发现有河南省登封高村壁画墓、巩义涉村宋代壁画墓[75]、登封双庙小区宋代砖室墓[76]、荥阳槐西壁画墓[77]、洛阳北宋神宗元丰六年（1083）富弼夫妻墓[78]、洛阳铁路分局车辆整备厂油庙宋金雕砖墓[79]、尉氏县张氏镇宋墓[80]、济源市东石露头村宋代壁画墓[81]、焦作白庄宋代壁画墓[82]、焦作小尚村北宋徽宗政和三年（1113）冀闰墓[83]、泌阳宋墓[84]，湖北谷城城关镇西关街北宋熙宁十年（1077）墓[85]，山西汾阳东龙观宋金墓地M48号墓[86]、河北临城岗西村宋墓[87]、武邑崔家庄宋墓[88]，陕西韩城宋代壁画墓[89]、延安宝塔区北宋社火秧歌内容画像砖墓[90]，甘肃张家川南川宋墓[91]等。

而随着中原北方地区北宋砖雕壁画墓材料的日益丰富，相关的调查与研究工作也在逐渐深入。

第三节　中原北方地区北宋砖雕壁画墓研究概述

目前对于中原北方地区北宋墓的研究首先涉及的是考古类型学上的分区分期研究。徐苹芳在撰写《中国大百科全书·考古学》"宋元明考古"词条时指出："中原北方地区"，是"指黄河流域及其以北的北宋疆域内的地区"。这个地区的北宋墓葬，徐氏大体以北宋神宗熙宁元年（1068）为界分为前后两期："前期以土坑墓为多，也有砖室墓，砖室墓中有简单的仿木建筑，随葬品以瓷碗、罐为主，有时也有较精美的瓷器。后期仿木建筑雕砖壁画墓流行，墓中随葬品稀少。"[92] 他所界定的"中原北方地区"，以现在的行政省市来划分，大致包括河南、山西、陕西、河北、山东、甘肃、宁夏七省的全部或部分地区。

之后，北京大学考古学院秦大树基本延续了徐氏对"中原北方地区"这一地域性的概念，但是，却将"中原北方地区"的地域范围向南扩大至淮河到汉中一线，即"中原北方地区是指宋朝版图内长江流域以北的地区。其南界大体在淮河到汉中一线，北面与辽为界，西面与西夏为邻"[93]。这种划分实际上是将北宋版图内京西南路的一部分（即现在湖北省北部地区[94]）也纳入到考察的范围。他将中原北方地区仿木构砖室墓分为三个小区：河南、山东地区；河北、山西省的中部和东部地区；晋南、关中地区。"河南、山东地区，有方形、圆形、多角形墓，方形多于圆形。墓内装饰有一定的布局，以后壁做出假门窗，两侧壁表现墓主人夫妇对坐、伎乐、杂剧、孝行图和其他家居题材，似将墓室表现为一个居室。在壁面装饰中砖雕居于次要地位"；"河北、山西省中部和东部地区，墓形以圆形为主，墓室内装饰布局常采用后、左、右三面均做出假门窗或山花向前的门楼，似将墓室表现为一座院落。壁面装饰不如河南、山东地区复杂，墓主人夫妇对坐、伎乐、杂剧等有完整情节的场面少见。装饰中砖雕的比重较大"；"晋南、关中地区，绝大部分是方形墓，十分流行在方形墓框内做出八角形叠涩攒尖顶。多耳室，流行丛葬、壁面装饰十分华丽，分层装饰，砖雕占了绝对优势，常表现人物、花卉、动物和灵兽等。随葬品多于前两区，但以陶器为多"[95]。秦氏的分区方式主要是依据墓室形制、图像内容、图像方式以及随葬品的有无，对中原北方地区北宋仿木构砖室墓进行了较为笼统的梳理。

以中原北方地区砖室墓的发展为主线，秦氏大致把中原北方宋墓分成三期：第一期，北宋开国到仁宗天圣元年以前（960~1022），未见有华丽壁面装饰的平民墓，只有一些随葬较高级器物的土洞墓和小型长方形壁面无装饰的砖室墓以及使用仿木构砖室墓的品官墓；第二期，仁宗天圣元年到哲宗元祐元年（1023~1086），开始在平民使用的小型砖墓中做仿木斗栱，砖室墓均为方形或圆形，壁面装饰比较简单，绝大多数仅表现家具和用具；第三期，元祐元年到北宋末（1086~1127），仿木构砖室墓大量出现，多角形墓和方形多角顶墓占据统治地位，壁面装饰变得极为华丽[96]。秦氏的三期说是在徐苹芳的两期说基础上，进一步细分了中原北方地区北宋仿木构砖室墓的形成过程。

山东大学考古学及博物馆学韩小囡博士学位论文《宋代墓葬装饰研究》[97]则依据墓葬形制、装饰布局、装饰内容三个方面，将中原北方地区北宋砖雕壁画墓，进一步细分为五个区域：一，豫中、晋西南地区，包括今河南省中部各地区及西部的三门峡、陕县等地，还包括山西西南部的绛县、侯马、闻喜等地区；二，晋东南、晋中及豫东北、冀西南地区，包括今河南东北部的汤阴、安阳、林县等地，山西东南部的潞城、长治、壶关、晋城等地，此外还包括河北省西南部的武安地区；三，冀中鲁北地区，包括河北省的平山、曲阳、武邑、静海等地，以及山东省中北部的济南、章丘、临淄，东北部的招远、栖霞等地；四，陕甘宁地区，包括陕西大部、甘肃中东部和宁夏南部；五，豫西南、鄂北及皖南地区，包括河南省西南部的南召、方城、唐河、邓州、上蔡等地，以及湖北省的老河口、襄樊、随州等地，还包括安徽西部的六安。

其中，豫中、晋西南地区，无论从墓葬形制、装饰布局，还是装饰内容的种类上来看，都是该类砖室墓最为密集也最为丰富的地区。墓葬形制单室、双室、多室墓均有，墓室平面圆形、方形、多角形共呈，墓葬装饰布局在墓门、甬道、墓壁、墓顶四个部分，墓葬图像除了流行砖雕仿木构建筑和家具陈设外，还普遍流行夫妻对坐图、妇人启门、二十四孝故事、乐舞杂剧、升仙图以及表现世俗生活的场景，是图像题材最为丰富的地区。晋东南、晋中及豫东北、冀西南地区的砖雕壁画墓分布也较为密集，墓葬形制单室、多室墓均有，墓室平面以方形为主，尤其流行多室墓，墓葬装饰大多分布在墓室壁面上，不太注重墓顶与墓门的装饰，墓葬图像种类也很齐全，尤其流行四神图像，是豫中地区少见的题材。但墓壁家具陈设组合相对较少，二十四孝题材突出，墓主人像和妇人启门图相对少于豫中地区。冀中鲁北地区的墓室形制则主要流行圆形的单室或者多室砖墓，墓葬发现相较前两个区域为少，墓葬装饰的规模、图像内容也大大逊于前两个地区。陕甘宁地区砖雕壁画墓流行墓室平面为方形或者长方形的单室砖雕壁画墓，不见圆形与多角形墓葬，墓葬装饰分布也远不及前两个地区，装饰内容不流行由桌椅、衣架、剪刀、熨斗等组成的家具陈设，而流行升仙祥瑞、武士门吏、妇人启门、孝子故事等图像。豫西南、鄂北及皖西地区主要是方形单室或者多室砖雕壁画墓，墓葬图像主要分布在墓门与墓壁上，装饰内容除了仿木构建筑及砖砌家具，其他种类很少。

在此基础上，韩小囡进一步将该类墓葬，以北宋哲宗元祐元年（1086）为界，分成前后两期。前期是形成与发展时期，后期则是成熟期与鼎盛期。前期（北宋太祖建隆元年至神宗元丰八年，960～1085）体现出北宋仿木构砖室墓对晚唐五代墓葬装饰的顺承与发展，墓葬形制以圆形或方形单室墓为主，逐步出现多边形，墓葬装饰以砖雕仿木构建筑为基本框架，装饰内容从简单的砖雕假门、假窗，以及一桌二椅、灯檠、衣架、衣柜、剪刀、熨斗等砖雕家具陈设，逐步过渡到夫妻对坐、妇人启门等区别于晚唐五代墓葬图像的典型内容。后期（北宋哲宗元祐元年至钦宗靖康二年，1086～1127）则无论是从墓葬形制还是墓葬装饰题材上，都体现出北宋仿木构砖室墓成熟期的墓葬形式，墓葬形制以六角形或八角形为主，墓葬装饰题材丰富。

以上学者对中原北方地区北宋砖雕壁画墓的分区分期研究尽管各不相同，但是可以基本认同的是：一、河南与山西东南部是该类墓葬分布最为密集、装饰题材内容最为丰富的地区；二、大约自北宋中晚期开始，一种区别于晚唐五代以弧方形或者圆形墓室为平面、墓壁砖砌仿木构建筑与砖雕家具陈设的砖室墓逐步成熟，形成了以八角形或六角形为墓葬平面、墓室仿木构建筑装饰华丽、图像题材内容丰富为主要特征，成为该类墓葬的典型样式。

围绕着中原北方地区北宋砖雕壁画墓中流行的图像，学者纷纷展开讨论。

1957年，宿白先生在主持发掘河南禹县白沙宋代砖雕壁画墓后所撰写的《白沙宋墓》中，就曾对墓中反映北宋民间世俗生活的图像进行了考证。例如，他认为，白沙一号宋墓前室西壁的夫妻对坐图应与东壁的乐舞图合观，它们表现的是世俗生活的宴饮场面——墓主人夫妇开芳宴[98]。而白沙一号宋墓后室北壁的妇人启门，则"疑其取意在于表现假门之后尚有庭院或房屋、厅堂，亦即表示墓室至此并未到尽头之意"[99]。宿白先生还详尽地讨论了墓葬中涉及家具、服饰、饮食、出行、戏剧、建筑彩绘等等反映唐宋中原地区民俗生活的图像，为我们描绘出中原地区北宋世俗生活丰富的历史画面。

此后，梁白泉、刘毅、郑明滦、郑绍宗、王秋华、张鹏、冯恩学、郑岩、刘耀辉、韩小囡、李清泉等，纷纷就北宋及同期辽代墓葬中出现的妇人启门图像进行了讨论。例如，梁白泉[100]揣测妇人启门，也许"反映了世俗人们对神仙道术的追求"，也许"反映死者对墓地安全的考虑，属于一种民俗信仰观念的表现"；刘毅[101]则认为"这些启门的青年女子是代表了墓主生前的侍女姬妾之属"，反映的是别葬的妻妾希望自己的灵魂可以来到丈夫身边之意；郑明滦[102]将宣化辽墓中的妇人启门图分成两类，一类是侍茶饮食的侍女，一类是侍奉主人的贴身姬妾，这两类都是墓主人生前奢侈糜烂生活的真实反映；王秋华[103]在论述辽代叶茂台7号墓石棺上的《妇人启门》时认为，妇人的身份应该是内宅中的内侍，内侍启门是在迎接主人的归来，主人的居所已经不是人世间的宅院，而是阴宅了，而墓室中的绘画雕刻，无论是四神图像还是妇人启门、侍卫、飞天等都有一个共同的目的，即保卫、护送、接引墓主人升入天堂；张鹏[104]认为此图像表现的是门与妇人的结合，限定的是女性不出中门的宅内生活，而图像是传统的文学形象进入绘画艺术，成为一种富有美感的女性艺术形象，传达的是思夫怀远的女性情怀；冯恩学[105]将辽墓中的启门图分为女子进门、女子出门、男子启门、多人启门四类，而将所启之门分为两类，一类是正壁正中的门，门左右站立门卫，象征着这是主人处理事务的堂或安歇的寝室，一类是位于左右侧壁的门，是酒房、书房、茶房之类的门，而启门图只是借助出入之门灵活表现现实生活的一种手法，并没有固定统一的含义；郑岩[106]认为该图像就是一种纯粹的装饰，是东汉晚期民间工匠在艺术表现手法上的大胆创新，因其构思奇巧，因此在民间墓葬中久盛不衰；刘耀辉[107]则依据对晋南地区宋金墓葬中妇人启门题材的分析，认为所谓妇人启门，其重点在于"启门"，而不在于"妇人"，并推断此图像表现形式的生动性是流行的直接原因，而图像从汉代至宋代，随着载体的不断变化，最初的真实含义可能早已忘记和曲解，基本上成为一种单纯的装饰；韩小囡[108]则持相反的意见，她认为启门图一直没有超出丧葬装饰的范围，那么它一定有适合丧葬的特定功能和意义，而不仅仅是一种单纯装饰性的图像；李清泉[109]将出现在宋辽金墓葬中的妇人启门，细分为妇人进门、妇人关门、妇人启门三类，并指出前两种启门图像主要出现在河北宣化地区的辽代汉人墓葬中，而后一类则通常出现在墓室后壁（大多为北壁），在宋辽金墓葬中出现最多，而且与墓室其他壁面的壁画内容没有明显的空间语境上的关联，是最为典型的妇人启门图。在他的讨论中，这类典型的妇人启门，在一套新的视觉空间逻辑中，暗示性地表达了供死者起居生活和接受各种奉侍与享乐的"堂"与相对应的"寝"的区别，而妇人则是这套暗示性符号中的有机组成部分。

以上涉及宋辽时期砖雕壁画墓中妇人启门图的讨论，纷繁复杂，他们有的从妇人的身份出发，有的从墓室空间出发，有的从艺术形式上出发，结论各不相同。而依笔者看来，妇人启门图作为一种传统的丧葬图式，从汉代就已经出现，在宋金时期中原北方地区砖室墓中广泛流行，直到今天仍有其遗绪，如果仅仅将之归结为由于艺术形式的生动性而成为一种纯粹的墓葬装饰，或者借助文学性的描述来判定启门妇人的身份，似乎都只是流于形式上的判断，缺乏说服力。比较而言，宿白先生疑其"墓室至此并未到尽头之意"的揣测，让笔者开始思考这"门"后的"意"

究竟意味着什么？

　　夫妻对坐图是宋金砖雕壁画墓中另一个讨论较多的图像。四川大学硕士生薛豫晓在她的学位论文《宋辽金元墓葬中"开芳宴"图像研究》[110]中，较为详尽地考察了宋辽金元墓葬中的开芳宴，并认为此图像的产生源于北宋初期旧的等级制度的衰落、商品经济的发展促使市民阶层以及市民文化产生、理学所倡导的伦理思想和晚唐以来蓬勃发展的仿木雕砖技术，在墓葬中表现家庭和睦的图像应运而生。她的论述基本延续了宿白先生在50年代的判断，认为墓主人夫妇对坐的场景是开芳宴。而北京大学刘耀辉在其硕士论文《晋南地区宋金墓葬研究》中，以山西侯马乔村墓地M4309中夫妇并坐中间桌几上方阴刻"永为供养"四字为证，指出晋南地区宋金墓葬中所表现的夫妻对坐、并坐并不是"开芳宴"，其主要目的应是"为营葬者并为这个具体墓葬塑造出被供养的对象"[111]。秦大树也注意到早期在中原北方地区仿木构砖室墓中出现的"一桌二椅"题材"演变到晚期的墓主人夫妇对坐、并坐的场景，是墓中最重要的装饰，似乎是在墓中设置的墓主人夫妇的灵位"[112]。

　　关于宋金墓葬流行图像的讨论还集中在孝子图内容的辨识及图像功能意义的讨论上。例如，赵超《山西壶关南村宋代砖雕墓砖雕题材试析》[113]、江玉祥《宋代墓葬出土的二十四孝图像补释》[114]、董新林《北宋金元墓葬壁饰所见"二十四孝"故事与高丽〈孝行图〉》[115]等等，都是对宋金孝子图内容的辨识以及二十四孝图最初形态的研究。而随着研究的深入，学者开始注意到孝子图在墓葬中"可能包含了特别的用意"。例如，牛加明[116]指出，宋代孝行图大量出现的原因，一是官方的提倡和旌表，二是民间百姓求"德报"观念的影响。韩小囡[117]则认为，国家出于"厉风俗"的目的将这类图像向民众推示，使它在民间有良好的受众，成为代表孝行、孝道约定俗成的符号，在营建墓葬时，死者的亲属也就自然将这种图像符号作为对墓主的赞誉，同时为墓主被引度升天（果）提供合理的"因"。邓菲[118]则认为，"毋庸置疑，孝行与墓主死后归属存在一种内在的、固有的联系，这种联系很可能正是孝子图像在宋金墓葬中频频出现的重要原因"。胡志明[119]通过对宋金墓葬孝子图像的比对分析，认为宋金时期统治者对孝道思想的推崇与儒、道、释三家对"孝"的宣扬共同构成了孝子图像流行的背景，而作为为逝者提供"永宅"与升仙或者轮回场所的墓葬图像系统中的孝子图，则成为墓主升仙或者轮回的一种途径。

第四节　研究的空间

以上对于宋金砖雕壁画墓中较为常见图像的讨论，逐渐深入，但是，从目前的研究来看，这些图像的讨论往往是在脱离某一具体墓葬的形态下进行的分类考察，也就是说，是将这些图像从具体的墓室空间中抽离出来进行讨论，而忽视了图像在具体空间中的结构关联，以及所生发出来的可能意义。

墓室空间作为一个完整独立的个体，在图像配置上会不会有一个相对统一的观念在影响？影响的程度有多大？图像组成的方式是什么？等等。这些问题都需要具体到某一个墓室空间中进行讨论。正如巫鸿先生在对武梁祠画像艺术的研究时所说："一套画像作品总是含有许多题材并与一座礼仪建筑的结构呼应。正如对武氏祠的复原所显示，一个特定的题材从不孤立存在，而总是有意识地与其他母题相互联系，共同装饰一座祠堂。这样，某种画像设计总是以特定的象征结构为基础。如果不去了解某一祠堂的装饰程序的特定逻辑，而仅是在一般性的社会学或象征性的层次上讨论，所建立起来的理论将很难有坚实的基础。"[120]

本研究的思路即起始于此。

[1] 以上关于登封黑山沟北宋砖雕壁画墓的材料均来自于郑州市文物考古研究
所编著：《郑州宋金壁画墓》，科学出版社，2005 年 9 月，88～116 页。该
墓现在已经被原地封存保护。

[2] 需要指出的是，本研究在这里所指认的"中原北方地区"，是沿用了考古学
界对这一区域的确认。本书导论第三节有徐苹芳、秦大树、韩小囡等对这
一概念的讨论。本文并无意于考古学的分区分期研究，而是期望在图像的
类比中尝试分析北宋仿木构砖雕壁画墓中图像组成的方式与原因，为了方
便论述，笔者沿用考古学界对于"中原北方地区"这一区域性的概念，不
作更多的论述。

[3] 洛阳地区文物工作队：《北宋王拱辰墓及墓志》，《中原文物》1985 年 4 期，
16～23、15 页。

[4] 河南省文物研究所、密县文物保管所：《密县五虎庙北宋冯京夫妇合葬墓》，
《中原文物》1987 年 4 期，77～90 页。

[5] 山东嘉祥县文管所：《山东嘉祥县钓鱼山发现两座宋墓》，《考古》1986 年
9 期，822～826、851 页。

[6] 以上对中原北方地区北宋墓葬形式的描述，参考秦大树：《宋元明考古》，
文物出版社，2004 年。

[7] 郑州市文物考古研究所编著：《郑州宋金壁画墓》，科学出版社，2005 年，
12～16 页。

[8] 宿白：《白沙宋墓》，文物出版社，2002 年，21～63 页。

[9] 周到：《安阳天禧镇宋墓壁画散乐图跋》，《中原文物》1984 年 1 期，39～
41 页。

[10] 这座墓葬的情况未刊，但是在河北省文化局文物工作队《河北井陉县柿庄
宋墓发掘报告》68 页注释 [1] 中提到，说此墓有墨书题记"政和二年三
月"，并且与柿庄六号墓在建筑及彩画上相似，所不同的是这一座墓的墓
室平面为六角形，无补间铺作，斗栱上的彩画与柿庄六号墓略有差异。材
料参见河北省文化局文物工作队：《河北井陉县柿庄宋墓发掘报告》，《考
古学报》1962 年第 2 期，68 页。

[11] 《济南发现带壁画的宋墓》，《文物》1960 年 2 期，78 页。

[12] 河北省文化局文物工作队：《河北井陉县柿庄宋墓发掘报告》，《考古学

报》1962 年 2 期, 31 ~ 72 页。

〔13〕 杨育彬:《上蔡宋墓》,《河南文博通讯》1978 年 4 期, 34 ~ 35 页。

〔14〕 傅永魁:《河南巩县稍柴清理一座宋墓》,《考古》1965 年 8 期, 428 页。

〔15〕 林县文物管理所:《林县一中宋墓清理简报》,《中原文物》1990 年 4 期,
90 ~ 96 页。

〔16〕 以上三墓的材料见于洛阳博物馆:《洛阳涧西三座宋代仿木构砖室墓》,
《文物》1983 年 8 期, 13 ~ 24 页。

〔17〕 河南省文物研究所、巩县文物保管所:《宋太宗元德李后陵发掘报告》,
《华夏考古》1988 年 3 期, 19 ~ 46 页。

〔18〕 洛阳市文物工作队:《河南新安县梁庄北宋壁画墓》,《考古与文物》1996
年 4 期, 8 ~ 14 页。

〔19〕 洛阳市文物工作队:《河南新安县古村北宋壁画墓》,《华夏考古》1992 年
2 期, 27 ~ 33 页。

〔20〕 叶万松、余扶危:《新安县石寺李村的两座宋墓》, 收入中国考古学会主编
《中国考古学年鉴 (1985)》, 文物出版社, 1985 年, 173 页。

〔21〕 以上二墓的发掘报告见郑州市文物考古研究所编著:《郑州宋金壁画墓》,
科学出版社, 2005 年。

〔22〕 河南省文物研究所、禹州市文管会:《禹州市坡街宋壁画墓清理简报》,
《中原文物》1990 年 4 期, 102 ~ 108 页。

〔23〕 郑州市文物考古研究所编著:《郑州宋金壁画墓》, 科学出版社, 2005 年。

〔24〕 河南省文物考古研究所:《河南宝丰县李坪村古墓》,《华夏考古》1995 年
4 期, 7 ~ 14 页。

〔25〕 洛阳市第二文物工作队:《嵩县北元村宋代壁画墓》,《中原文物》1987 年
3 期, 37 ~ 42 页。

〔26〕 安阳地区文管会、汤阴文物保管所:《汤阴宋墓发掘简报》,《中原文物》
1985 年 1 期, 23 ~ 25 页。

〔27〕 张思青、武永政:《温县宋墓发掘简报》,《中原文物》1983 年 1 期, 19 ~
20 页。

〔28〕 黄运甫:《南召云阳宋代雕砖墓》,《中原文物》1982 年 2 期, 15 ~ 20 页。

〔29〕 三门峡市文物工作队:《河南省陕县化纤厂宋墓发掘简报》,《华夏考古》
1993 年 4 期, 76 ~ 79 页。

〔30〕 朱晓芳、王进先:《山西长治故县村宋代壁画墓》,《文物》2005 年 4 期,
51 ~ 61 页。

〔31〕　王进先、石卫国:《山西长治市五马村宋墓》,《考古》1994 年 9 期,
　　　　815~817 页。

〔32〕　长治市博物馆、壶关县文物博物馆:《山西壶关南村宋代砖雕墓》,《文
　　　　物》1997 年 2 期,44~54 页。

〔33〕　张茂生:《山西汾阳县北偏城宋墓》,《考古》1994 年 3 期,286 页。

〔34〕　朱晓芳、王进先、李永杰:《山西长治市故漳村宋代砖雕墓》,《考古》
　　　　2006 年 9 期,31~39 页。

〔35〕　朱晓芳、王进先:《山西长治故县村宋代壁画墓》,《文物》2005 年 4 期,
　　　　51~61 页。

〔36〕　刘善沂:《济南市宋金砖雕壁画墓》,《文物》2008 年 8 期,33~54 页。

〔37〕　保定地区文物管理所、曲阳县文物保管所:《河北曲阳南平罗北宋政和七
　　　　年墓清理简报》,《文物》1988 年 11 期,72~78 页。

〔38〕　李元章:《山东栖霞市幕家店宋代慕仉墓》,《考古》1998 年 5 期,45~
　　　　49 页。

〔39〕　河北省文物研究所:《河北平山发现宋墓》,《文物春秋》1989 年 3 期,
　　　　88~92、64 页。

〔40〕　刘善沂、王惠明:《济南市历城区宋元壁画墓》,《文物》2005 年 11 期,
　　　　49~71 页。

〔41〕　甘肃省清水县博物馆:《清水宋代砖雕彩绘墓》,《陇右文博》1998 年 2
　　　　期,16~23 页。

〔42〕　卢建国、官波舟:《宝鸡市长岭机器厂宋墓清理简报》,《文博》1998 年 6
　　　　期,29~36 页。

〔43〕　靳之林、左登正:《陕西洛川土基镇发现北宋壁画墓》,《考古与文物》
　　　　1988 年 1 期,66~68 页。

〔44〕　南阳市文物研究所、邓州市文化馆:《河南省邓州市北宋赵荣壁画墓》,
　　　　《中原文物》1997 年 4 期,64~65、68 页。

〔45〕　鹤壁市地方史志编纂委员会:《鹤壁年鉴(1994~1995)》,中州古籍出版
　　　　社,1996 年。

〔46〕　以上二墓的发掘报告见郑州市文物考古研究所编著:《郑州宋金壁画墓》,
　　　　科学出版社,2005 年。

〔47〕　罗火金、张丽芳:《宋代梁全本墓》,《中原文物》2007 年 5 期,26~
　　　　29 页。

〔48〕　中国社会科学院考古研究所安阳工作队:《河南安阳新安庄西地宋墓发掘

简报》，《考古》1994 年 10 期，910～918 页。

〔49〕 魏峻、张道森：《安阳宋代壁画墓考》，《华夏考古》1997 年 2 期，103～104 页。

〔50〕 河北省文物研究所：《河北武邑龙店宋墓发掘报告》，收入《河北省考古文集》，东方出版社，1998 年，323～329 页。

〔51〕 李军：《河北邢台出土砖志碑》，《文物春秋》2004 年 2 期，77～78 页。

〔52〕 甘肃省文物考古研究所：《甘肃天水市王家新窑宋代雕砖墓》，《考古》2002 年 11 期，42～49 页。

〔53〕 以上二墓的发掘报告见郑州市文物考古研究所编著：《郑州宋金壁画墓》，科学出版社，2005 年。

〔54〕 曹桂岑、王龙正：《禹州龙岗电厂汉唐宋墓》，收入《中国考古学年鉴（1997）》，文物出版社，1998 年，178 页。

〔55〕 河南省文物考古研究所：《河南郏县仝楼村三座宋墓发掘简报》，《华夏考古》1999 年 4 期，2～9 页。

〔56〕 郑州市文物考古研究所编著：《郑州宋金壁画墓》，科学出版社，2005 年。

〔57〕 张恒泽、吕建玉：《唐河县发现两座北宋墓葬》，《中原文物》2000 年 3 期，80 页。

〔58〕 罗火金、王再建：《河南温县西关宋墓》，《华夏考古》1996 年 1 期，17～23 页。

〔59〕 洛阳市第二文物工作队：《洛阳邙山宋代壁画墓》，《文物》1992 年 12 期，37～51 页。

〔60〕 洛阳市文物工作队：《河南新安县宋村北宋雕砖壁画墓》，《考古与文物》1998 年 3 期，22～27 页。

〔61〕 李明德、郭艺田：《安阳小南海宋代壁画墓》，《中原文物》1993 年 2 期，74～79 页。

〔62〕 林州市文物保护管理所：《河南林州市北宋雕砖壁画墓清理简报》，《华夏考古》2010 年 1 期，38～43 页。

〔63〕 何新成：《汉中市金华村清理一座北宋墓》，《文博》1993 年 3 期，53～55、59 页。

〔64〕 商洛地区考古队、商州市文管办：《商州市城区宋代墓葬发掘简报》，《考古与文物》2002 年 2 期，95～96、27 页。

〔65〕 许淑珍：《山东淄博市临淄宋金壁画墓》，《华夏考古》2003 年 1 期，21～26 页。

〔66〕　河北省文物研究所：《河北平山县两岔宋墓》，《考古》2000 年 9 期，49 ～ 59 页。

〔67〕　河北省文物研究所：《河北武邑龙店宋墓发掘报告》，收入《河北省考古文集》，东方出版社，1998 年，323 ～ 329 页。

〔68〕　李忠义：《邯郸市区发现宋代墓葬》，《文物春秋》1994 年 3 期，19 ～ 23、35 页。

〔69〕　山西省考古研究所等：《山西平定宋、金壁画墓简报》，《文物》1996 年 5 期，4 ～ 15 页。

〔70〕　王进先、陈宝国：《山西潞城县北关宋代砖雕墓》，《考古》1999 年 5 期，36 ～ 43 页。

〔71〕　老河口市博物馆：《湖北老河口王冲宋墓清理简报》，《江汉考古》1995 年 3 期，28 ～ 35 页。

〔72〕　耿志强、郭晓红、杨明：《宁夏西吉县宋代砖雕墓发掘简报》，《考古与文物》2009 年 1 期，3 ～ 13 页。

〔73〕　甘肃省文物考古研究所：《甘肃会宁宋墓发掘简报》，《考古与文物》2004 年 5 期，22 ～ 25 页。

〔74〕　南宝生：《绚丽的地下艺术宝库——清水宋（金）砖雕彩绘》，甘肃人民出版社，2005 年。

〔75〕　以上二墓的发掘报告见郑州市文物考古研究所编著：《郑州宋金壁画墓》，科学出版社，2005 年。

〔76〕　宋嵩瑞、耿建北、付得力：《河南登封市双庙小区宋代砖室墓发掘简报》，《文物春秋》2007 年 6 期，33 ～ 37 页。

〔77〕　郑州市文物考古研究院、荥阳市文物保护管理所：《荥阳槐西壁画墓发掘简报》，《中原文物》2008 年 5 期，21 ～ 25 页。

〔78〕　洛阳市第二文物工作队：《富弼家族墓地发掘简报》，《中原文物》2008 年 6 期，4 ～ 16 页。

〔79〕　王书平主编：《洛阳发掘、搬迁宋金时期墓》，收入河南文化文物年鉴编纂委员会《河南文化文物年鉴》，2002 年，201 页。

〔80〕　开封市文物工作队、尉氏县文物保护管理所：《河南尉氏县张氏镇宋墓发掘简报》，《华夏考古》2006 年 3 期，13 ～ 18 页。

〔81〕　赵宏、高明：《济源市东石露头村宋代壁画墓》，《中原文物》2008 年 2 期，19 ～ 21、54 页。

〔82〕　焦作市文物工作队：《河南焦作白庄宋代壁画墓发掘简报》，《文博》2009

年 1 期，18～24 页。

〔83〕　焦作市文物工作队：《河南焦作小尚宋冀闰壁画墓发掘简报》，《文物世界》2009 年 5 期，13～19、4 页。

〔84〕　驻马店市文物考古管理所：《河南泌阳县宋墓发掘简报》，《华夏考古》2005 年 2 期，28～34、112 页。

〔85〕　李广：《湖北谷城发现北宋纪年砖墓》，《中国文物报》2001 年 12 月 7 日第一版。

〔86〕　山西省考古研究所、汾阳市文物旅游局：《2008 年山西汾阳东龙观宋金墓地发掘简报》，《文物》2010 年 2 期，23～38 页。

〔87〕　邢台市文物管理处、临城县文物保管所、北京大学中国考古学研究中心：《河北临城岗西村宋墓》，《文物》2008 年 3 期，52～55 页。

〔88〕　衡水市文物管理处：《河北武邑崔家庄宋墓发掘简报》，《文物春秋》2006 年 3 期，29～34 页。

〔89〕　康保成、孙秉君：《陕西韩城宋墓壁画考释》，《文艺研究》2009 年 11 期，79～88 页。

〔90〕　延安市文物研究所：《延安宝塔区北宋社火秧歌内容画像砖墓葬》，《文博》2008 年 6 期，12～17 页。

〔91〕　甘肃省文物考古研究所、张家川回族自治县博物馆：《甘肃张家川南川宋墓发掘简报》，《考古与文物》2009 年 6 期，11～16 页。

〔92〕　徐苹芳：《宋元明考古》，引自《中国大百科全书·考古学》分册，中国大百科全书出版社，1986 年，489 页。

〔93〕　秦大树：《宋元明考古》，文物出版社，2004 年，137 页。

〔94〕　秦大树的这种划分是考虑到在湖北北部的襄樊、老河口、谷城、随县一带也曾相继出土了一批与河南省北宋仿木构砖雕壁画墓在墓室形制与图像设置上具有相似特征的砖室墓，但这一批材料相对简陋，且在墓葬形制和图像内容上与河南南部地区相似。

〔95〕　秦大树：《宋元明考古》，文物出版社，2004 年，144～145 页。

〔96〕　同上。

〔97〕　韩小囡：《宋代墓葬装饰研究》，山东大学博士学位论文，2006 年。

〔98〕　宿白先生引罗晔《醉翁谈录》（日本影印元刻本）壬集卷一：《红绡密约张生负李氏娘》记张官人夫妇宴饮的情况，"彩云更探消息，忽至一巷，睹一宅稍壮丽，门前挂竹帘儿，厅前歌舞，厅上会宴。彩云感旧泣下曰：我秀才娘子，向日常有此会，谁知今日穷困如此。因拭泪，于帘下觑

见一女子，对坐一郎君，貌似张官人，言笑自若，更熟识之，果然是也。遂问青衣，此是谁家。青衣曰：此张解元宅……常开芳宴，表夫妻相爱耳”一段，来说明白沙一号墓的前室西壁的夫妻对坐的场景应当“与东壁的伎乐图合观，为前室壁画的主要内容——墓主人夫妇开芳宴”。参见宿白：《白沙宋墓》（2002 年版），文物出版社，2002 年，48 页，注释〔53〕。

〔99〕　宿白先生注意到唐、宋时代，凡墓室、与墓同性质的佛塔以及佛塔式的经幢，多雕或绘作“妇人启门”装饰。而此种装饰在南宋、金时更为流行，从西至四川，南至贵州，北至河北的广大地区均有沿用，南宋以后逐渐衰败。元、明、民国时期均有其流裔。而此种题材的渊源，似可追溯到东汉，四川芦山所出的建安十七年（212）王晖石棺前壁与江苏徐州云龙山所存徐州双沟出土的汉画像石中也有类似图像。参见宿白：《白沙宋墓》，文物出版社，2002 年，54 页，注释〔75〕。关于汉代启门图像的材料，据盛磊《四川“半开门中探身人物”题材初步研究》一文收集共计 15 例：雅安高颐阙、绵阳杨氏阙、渠县赵家村一无名阙、渠县赵家村二无名阙；渠县王家坪无名阙；忠县丁房阙左、右阙；荥经石棺；芦山王晖石棺；合江 5、6、7 号石棺；南溪 2 号棺；重庆沙家坪石棺；璧山 2 号石棺。文章收录于中国汉画学会、北京大学汉画研究所《中国汉画研究》第一卷，广西师范大学出版社，2004 年。此外，山东、苏北地区的画像石中也有类似图像，如山东沂水县姚店子公村后城子出土画像石上，两位持棨戟人物中间一门，门半开，中侧身立一妇人。材料见山东省博物馆、山东省文物考古研究所编：《山东汉画像石选集》，齐鲁书社，1981 年。据吴雪衫分析，汉代四川地区的启门图像总是和西王母或明显具有仙境含义的图像并列在一起，山东、苏北的启门图像总是与象征世俗生活的车马出行和楼阁建筑相连，且四川地区启门者绝大多数为女性，而山东、苏北地区启门者有男有女，男性比女性从年代上来看，要略早一些。见吴雪衫：《汉代启门图像性别含义释读》，《文艺研究》2007 年 2 期，111～120 页。而韩小囡在陕西大荔考察之际，还曾见到现代版的“妇人启门”，也是一种丧葬用的纸质冥器，用硬纸制作成一个二层别墅建筑，在别墅里面印有一些图像，包括电冰箱、饮水机、整体厨房等代表现代优越的物质生活的东西，别墅底层门口有手持警棍的保安，二层阳台的门半开，门前站立一位女子，阳台上端书写“天堂楼”字样。见韩小囡：《宋代墓葬装饰研究》，山东大学博士学位论文，2006 年。从目前掌握的材料来看，妇人启门图作

为一个从东汉一直延续到当代的民间丧葬图像，虽然在图像的形式上随着时代的变化有所改变，或者此图像在每个历史时期会有其特殊的寓意，但是，笔者认为，此图像在墓葬中所表达的意义似乎有着一脉相承的关联。

〔100〕 梁白泉：《墓饰"妇人启门"含义揣测》，《中国文物报》1992 年 11 月 8日第三版。

〔101〕 刘毅：《"妇人启门"墓饰含义管见》，《中国文物报》1993 年 5 月 16 日第三版。

〔102〕 郑明滦：《宣化辽墓"妇人启门"壁画小考》，《文物春秋》1995 年 2 期，73～74 页。

〔103〕 王秋华：《惊世叶茂台》，百花文艺出版社，2002 年。

〔104〕 张鹏：《妇人启门图试探——以宣化辽墓壁画为中心》，《艺术考古》2006 年 3 期，103～108 页。

〔105〕 冯恩学：《辽墓启门图之探讨》，《北方文物》2005 年 4 期，30～33 页。

〔106〕 郑岩：《民间艺术二题》，《民俗研究》1995 年 2 期。

〔107〕 刘耀辉：《晋南地区宋金墓葬研究》，北京大学硕士学位论文，2002 年。

〔108〕 韩小囡：《宋代墓葬装饰研究》，山东大学博士学位论文，2006 年。

〔109〕 李清泉：《空间逻辑与视觉意味——宋辽金墓"妇人启门"图新论》，收入《古代墓葬美术研究》第一辑，文物出版社，2011 年。李清泉对妇人启门图所体现的"前堂后寝"的理解在图像上有墓例支持。例如，河南登封箭沟北宋壁画墓北壁影作假门，门右扇半开，门内蓝色悬帐，帐下似有被褥，门后一童子，双手端盘，正欲出门，表现出北壁门后内宅的场景。而 1953 年北京西郊发现的辽墓中后壁彩绘门二扇，敞开，露一床，床上似有人踞坐，似乎从图像上证明北壁假门后的空间所代表的内宅的意思。

〔110〕 薛豫晓：《宋辽金元墓葬中"开芳宴"图像研究》，四川大学硕士学位论文，2007 年。

〔111〕 刘耀辉：《晋南地区宋金墓葬研究》，北京大学硕士学位论文，2002 年。

〔112〕 秦大树：《宋元明考古》，文物出版社，2004 年，146 页。

〔113〕 赵超：《山西壶关南村宋代砖雕墓砖雕题材试析》，《文物》1998 年 5 期，41～50 页。

〔114〕 江玉祥：《宋代墓葬出土的二十四孝图像补释》，《四川文物》2001 年 4期，22～33 页。

〔115〕 董新林：《北宋金元墓葬壁饰所见"二十四孝"故事与高丽〈孝行录〉》，

《华夏考古》2009 年 2 期，141～152 页。

〔116〕　牛加明：《宋代墓室壁画研究》，华南师范大学硕士学位论文，2004 年。

〔117〕　韩小囡：《宋代墓葬装饰研究》，山东大学博士学位论文，2006 年。

〔118〕　邓菲：《关于宋金墓葬中孝行图的思考》，《中原文物》2009 年 4 期，
　　　　　75～81 页。

〔119〕　胡志明：《宋金墓葬孝子图像初探》，中央美术学院美术学硕士学位论文，
　　　　　2010 年。

〔120〕　［美］巫鸿：《武梁祠——中国古代画像艺术的思想性》，柳扬、岑河译，
　　　　　生活·读书·新知三联书店，2006 年，81 页。

第二章 登封黑山沟宋墓的典型意义

第一节 中原北方地区北宋砖雕壁画墓的区域特征

目前，中原北方地区北宋砖雕壁画墓分布在河南、山西、河北、山东、陕西、甘肃、宁夏、湖北八省。其中，河南占据绝大多数，山西东南部、河北中部、山东济南、甘肃东南部分布较为密集，陕西、宁夏、湖北北部[1]也有零星分布。

一 河南

河南省处于北宋京畿要地。从上个世纪 20 年代，特别是到了 1949 年新中国成立以后，随着国家经济建设的展开，陆续出土了一批重要的北宋砖雕壁画墓。其中，有明确纪年的有巩义宋太宗元德李后陵（1000）、郑州南关外北宋仁宗至和三年（1056）胡进墓、安阳天禧镇北宋神宗熙宁十年（1077）王用墓[2]、洛阳北宋神宗元丰六年（1083）富弼夫妇墓、邓州北宋哲宗元祐元年

（1086）赵荣墓、巩县孝义镇北宋元祐九年（1094）魏王赵頵夫妇墓、鹤壁鹿楼乡故县村北宋绍圣元年（1094）墓[3]、登封黑山沟北宋绍圣四年（1097）李守贵墓、禹县白沙镇颍东第119号北宋哲宗元符二年（1099）赵大翁墓、焦作北宋徽宗崇宁四年（1105）梁本全墓[4]、新密平陌北宋徽宗大观二年（1108）墓、安阳新安庄西地北宋徽宗大观三年（1109）王现墓[5]、焦作小尚村北宋徽宗政和三年（1113）冀闰墓、杞县陈子岗北宋政和四年（1114）郑绪墓[6]、安阳北宋徽宗宣和二年（1120）赵火粲墓及北宋徽宗宣和四年（1122）赵恪墓[7]、林州五龙庙北宋宣和五年（1123）赵翁墓、新安县石寺乡李村北宋徽宗宣和八年（1126）宋四郎墓等。这批墓葬，主要分布在河南省北宋两京及其邻近地区，河南北部的安阳、林县也有较为密集的分布，年代则从北宋早期至徽宗朝大约120年的时间里。

元德李后陵[8]是宋太宗赵匡光义永熙陵的祔葬后陵之一。李后陵的地面建筑早已崩塌，现存遗迹仅保留有陵台、石刻和部分阙台，但是地宫却保存下来。整个地宫由斜坡墓道、甬道和墓室三部分组成（图2-1）。墓门位于甬道中部稍微偏南处，青石质地构成，门扉正面有线刻武士画像，背面有仿木构门撑装饰。墓室平面近圆形，墓壁用平砖砌筑，并砖砌抹角倚柱十根，柱头上置仿木斗栱，栱眼壁上有墨线勾勒的盆花图案，自斗栱以上砖砌椽及望板两重，再上砖雕有屋檐瓦当和重唇板瓦，屋檐以上砖砌逐层内收至顶部，中心处留有方形孔。砖穹表面彩绘，最下接近屋檐处用红、黑、青灰色绘制宫室楼阁，楼阁间绘制云气，云气以上则绘制苍穹。苍穹自东南隅向上斜贯穿复下至西北隅画银河，银河周围涂圆点，仿佛满天星辰。环绕墓壁由砖砌立柱分割成十一个壁画，北壁最宽，砖砌有一门二窗；东南壁为灯檠、盆架；东北壁设置衣架；西南壁设一桌一椅；西北壁砌一椅一灯檠。

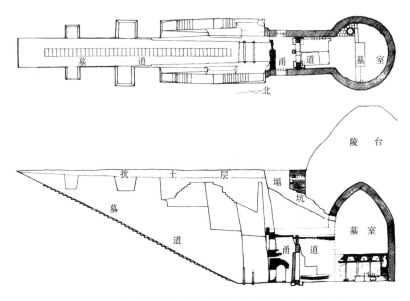

图 2 – 1　河南巩县宋太宗元德李后陵地宫平、剖面图
（图片来源：《华夏考古》1988 年第 3 期）

　　元德李后陵是目前发掘级别较高的北宋皇家陵墓。此外，在河南省仿木构砖室墓中，级别较高的皇家、品官墓葬还有洛阳富弼夫妇墓[9]和巩县孝义镇的北宋魏王赵頵夫妇墓[10]。

　　富弼是北宋中期著名的宰相。他的墓葬于 2008 年发掘，年代为北宋神宗元丰六年（1083）。该墓坐北朝南，由墓道、封门、甬道、墓室、椁室五部分组成（图 2 – 2a）。墓道为长斜坡式。甬道两侧各设有一壁龛，壁龛周围绘有壁画，但破损严重，仅在甬道西壁清理出一幅持剑武士图。墓室为圆形小砖砌券穹隆顶。椁室位于墓室中部地平面以下，为暗室，略呈方形。墓室应该绘有壁画，出土时损毁严重，仅在墓室西部起券处残存有墨绘线条，依稀可见白云、飞鸟等。北宋魏王赵頵夫妻合葬墓由

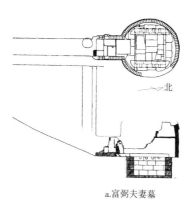

a.富弼夫妻墓

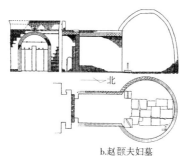

b.赵颙夫妇墓

图 2 - 2 富弼夫妻墓、赵颙夫妇墓平、剖面图

（图片来源：《中原文物》2008 年第 6 期；《考古》1964 年第 7 期）

墓道、墓门、甬道、墓室四部分构成（图 2 - 2b）。墓道为长斜坡
式。墓门仿木构青石券筑。入门两侧，各有一耳室。墓室平面为
圆形，穹隆顶，整个墓室青砖券筑，没有装饰。赵颙夫妻合葬墓
的年代为北宋元祐九年（1094）。

　　元德李后、富弼、魏王赵颙为北宋皇族或朝廷显贵，他们的
墓葬在墓室形制上沿用唐代贵族墓葬的长斜坡式墓道，并且在墓
室平面上采用了圆形，体现出北宋皇族和品官墓葬延续唐代贵族
墓葬及河北、山东地区唐代砖室墓的一些做法。但是，元德李后
陵的墓壁上有砖砌的仿木构建筑、桌、椅、灯檠等，壁面上有彩

绘壁画；富弼夫妻墓虽然沿用了早期的圆形平面和长斜坡墓道，墓室壁面上已不见仿木构建筑、桌椅等砖砌构件，但是还绘制壁画；而到了赵颀夫妻墓，除了在墓室的形制上保留下北宋早期皇家陵墓的特征，墓室壁面上的装饰呈现越来越简化的趋势。这个过程，正如秦大树先生所注意到的，"约在北宋中期，这类（仿木构）墓葬开始出现了身份的转变。大型品官贵胄墓中不再使用仿木构装饰，逐渐变成壁面毫无装饰"[11]。

另一方面，在河南省的民间墓葬中，则呈现出完全相反的趋势。郑州南关外胡进墓[12]（图2-3）为北宋仁宗至和三年（1056）墓。该墓坐北朝南，共分为墓室、甬道、墓门、墓道四个部分。墓道为斜坡阶梯式墓道，墓门全用小砖砌筑仿木构门楼。墓室为近方形，四角有仿木构八角柱，柱头砌有仿木构斗栱，斗栱之上以四角攒尖的砌筑方式收顶。墓室四壁均镶嵌砖雕。南壁为甬道入口；东壁为一衣架，衣架下浮雕剪刀、熨斗，衣架南侧有一镜台，北侧似一箱子；北壁砖砌一门二窗；西壁则砖砌一桌二椅，桌上有茶壶、茶杯，西北角砖砌灯台一个。墓内原有壁画，但是保存极坏，从残存情况来看，墓门外有彩绘花卉，甬道两侧壁上则残存有侍者和马的形象。

图2-3　郑州南关外胡进墓墓室图像展开图
（图片来源：《郑州宋金壁画墓》，14页）

邓州赵荣墓[13]（图2-4）为北宋哲宗元祐元年（1086）墓，由墓道、甬道、墓室三部分构成。墓道为阶梯式。墓室平面为六角形，转角处有倚柱，柱上置斗栱。该墓壁画大部分都残损。从残存情况来看，甬道东壁绘侍女图，西壁绘牵马图。墓室西壁正中砖雕一桌二椅，桌的上方绘制悬幔，正中悬一绣球，椅后为屏风；西北壁上部砖雕窗一扇，窗下砖雕一桌一椅；北壁砖砌假门；东南壁有砖雕灯檠一个。

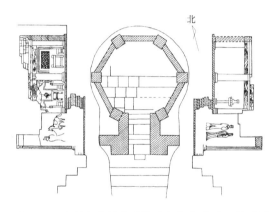

图2-4　邓州北宋哲宗元祐元年赵荣墓平、剖面图

（图片来源：《中原文物》1997年第4期）

禹县白沙一号墓（颍东第119号墓）[14]（图2-5）为双室砖墓，分为墓门、甬道、前室、过道和后室五部分。前室平面扁方形，后室平面六角形。墓内各室壁面均刷有薄薄白土一层，上绘彩色壁画。甬道东壁绘三人，作自门外急趋室内状或启门状；西壁为准备出行图，绘制三人一马，一人侧身隐于砖砌门扇之内，余两人在马后立，似为墓主人致送酒物。前室入口两侧悬幔下分别站立二人，一人手持骨朵，一人似为甬道所绘人物入门后侍候于此；东壁砖雕悬幔下有女乐十一人，左右各有五女子作吹箫、笛、击鼓、拍板、弹琵琶等状，中间绘一扬袖作舞的女子；西壁砖砌一桌二椅，

桌上浮雕酒注、盘盏，椅子上浮雕墓主人夫妇侧身对坐，砖砌部分背后绘制壁画，男、女墓主人身后皆绘水纹屏风，屏风中间绘侍女、侍者。北壁入口东、西侧悬幔下绘弓箭等兵器。连接前后室的过道东、西壁正中砖砌窗，窗下画量罐、瓶等物。后室东南壁悬幔下绘三女二男，西南壁悬幔下绘五女，似乎为侍梳妆的场景，东北壁、西北壁正中砌破子棂窗，窗侧绘灯具、剪刀、熨斗等物，北壁悬幔下砖砌假门，假门后砖雕一袖手端立的少女。

图 2-5　禹县白沙镇一号宋墓墓室结构透视图

（图片来源：《白沙宋墓》，23 页）

　　新密平陌紧邻登封，所发现的北宋徽宗大观二年（1108）墓葬[15]，在墓室形制、墓葬装饰、图像题材上与登封黑山沟宋墓极其相似。该墓（图 2-6）为八角形单室砖墓。墓室内仿木构建筑，墓室中部转角处柱头上设八个转角铺作，以上八个梯形界面，界面间砖砌垂花饰，顶部为穹隆顶。墓室图案分为上中下三层，下层从南顺时针依次为南壁的甬道入口、西南壁梳妆图、西壁夫妻对坐图、西北壁书写图、北壁砖砌假门、东北壁梳妆图、东壁备宴图、东南壁读写图。墓室中部转角铺作栱壁间绘花卉。

墓室上层梯形界面西南壁中部脱落，左侧山岩，右侧一人，仅余腿部。西壁绘孝子故事。西北壁右侧一长方形题记，内书"四（泗）洲大圣度翁婆"，题记前跪着一翁一婆，双手合十，左侧一团祥云，云上立三人，中间一人头戴铁锈红圆顶风帽，为泗洲大圣。北壁绘一仙界楼宇。东北壁绘制祥云中一桥，桥上八人缓缓从右向左行进。东壁左侧画面题记"行孝鲍山"。东南壁画中题记为"行孝赵孝宗"。南壁大部分脱失，只剩下右侧一人的下半部分。

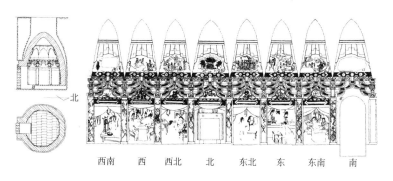

图2-6 新密平陌北宋大观二年墓葬平、剖面图及墓室图像展开示意图
（图片来源：《郑州宋金壁画墓》，42、43 页）

焦作小尚村北宋徽宗政和三年（1113）冀闰墓[16]（图2-7）由墓道、甬道、墓室三部分组成，墓室为八角形穹隆顶仿木构单室砖墓。墓室壁面上有两层仿木斗栱，上层斗栱铺作较大，其中，东南、东北、西北、西南的栱眼壁上依次描绘下部未脱离海平面的朝阳、已经脱离海平面的一轮朝阳、正在升起的太阳、光芒四射的太阳，斗栱上部穹隆顶绘制祥云图案，穹隆顶部藻井则彩绘四层垂莲图案。下层斗栱铺作较小，铺作下的各壁，除了南壁为甬道外，北、东、西壁均砖砌一门二窗，门前砌平台，平台两侧砌筑上、下台阶式坡道；西北壁正中砌一仿木制柜桌，两侧用黑彩勾绘两个站立的侍女；东北壁正中砌一高案，案上彩绘壶、盆、碗、鱼等，案

两侧也分别绘制侍女；东南壁正中砖砌一桌二椅，椅上坐墓主人夫妇；西南壁正中砖砌一床，床上绘帷帐、悬幔和被子。

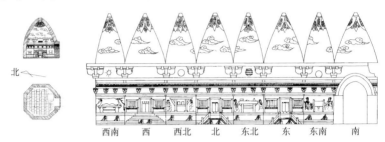

图 2 - 7　焦作小尚村宋冀闰墓平、剖面图及墓室展开图

(图片来源:《文物世界》2009 年第 5 期)

新安石寺乡李村北宋徽宗宣和八年（1126）宋四郎墓[17]（图 2 - 8），现已被整体搬迁复原于洛阳市古墓博物馆。该墓为八角形单室砖墓，墓室南壁墓门；东南、西南壁砖砌直棂窗，窗下绘制杂剧图、牡丹；东、西两壁均为砖雕格子门；东北、西北砖砌格子窗下分绘交租图、庖厨图；北壁为夫妻对坐图。

图 2 - 8　新安石寺乡李村北宋徽宗宋四郎墓墓室内景

(图片来源:《洛阳古墓博物馆》)

以上述河南省北宋砖雕壁画墓的纪年墓葬来观察，墓葬平面从圆形、方形到八角或六角形制的变化，大约是发生在北宋神宗熙宁至哲宗的元祐年间（1068～1086）。这和徐苹芳先生将中原北方地区的宋墓以北宋神宗熙宁元年（1068）为界分为前后两期的分期方式基本吻合。

从墓葬形制来观察，前期的墓室平面以方形和圆形为主，后期墓室平面开始流行八角形、六角形。八角形墓葬主要分布在洛阳到郑州之间包括原北宋河南府的东部、郑州的西部以及孟州的南部三州交界地区，洛阳辖属的新安、嵩县，河南省南部信阳，以及北部的安阳、新乡，也有零星分布，其中，登封是目前考古发现八角形墓室最为密集的地区[18]；六角形墓葬流行于原属北宋京西北路颍昌府、汝州、蔡州（现在河南省中部的禹县、郏县、宝丰、平顶山等），以及京西南路的邓州、唐州、襄州、均州、光化军等地区（现在河南省南部方城、南阳、邓州、泌阳，以及湖北省北部的随州、襄樊等地区），郑州的荥阳、河南府的登封、洛阳地区也有发现；北宋皇陵所在地巩县流行圆形墓葬；西京洛阳及其周边的新安、宜阳、偃师等地，以及豫北的安阳、林县、新乡地区，则圆形、方形、八角或六角形墓葬均有，其中，圆形、方形墓葬流行的年代较早，八角形墓葬一般都到了北宋晚期。

从墓葬建造工艺来观察，前期的仿木构建筑构件相对比较简单，后期的仿木构建筑构件则呈现出越来越繁琐华丽的趋势，特别流行在仿木构构件上装饰彩画，是后期的一大特点。

从墓室图像题材和内容来观察，前期的墓葬主要延续河北、河南晚唐、五代民间砖室墓的特征，在墓室壁面上砖砌桌椅、门窗、灯檠等家具，晚期的墓葬则在前期壁面砖砌门窗、桌椅的基础上，增加壁画内容。一系列洋溢着浓郁的北宋民俗生活气息的壁画图像内容，如妇人启门、夫妻对坐图、孝子图、伎

乐图、收租图、庖厨宴饮图以及反映神仙度人场面的升仙图等
大量出现，绘画水平较高。其中，登封、新密、禹县为中心的
区域是图像题材最为丰富，绘制水平最高，且图像结构方式较
为统一的地域。这一区域内该类墓葬的图像结构方式一般是以
华丽的多铺作斗栱分割墓室空间，图像一般按照上、中、下分
三层绘制在斗栱上层壁面、栱壁间和墓室周壁，下层图像一般
为表现墓主人家居宴饮、备宴、侍洗、伎乐等现实生活场景，
中层栱壁间多绘忠孝故事、送子图、花卉图案，上层壁面则多
描绘云气缭绕的仙子、神仙度人、仙界楼宇等图像，制作较为
精美。杂剧、散乐砖雕受到晋东南地区影响，主要出现在黄河
以北的温县、焦作、新乡以北的地区。洛阳及其邻近地区流行砖
砌格扇门、直棂窗，图像内容多为表现现实生活的劳动场面、牡
丹侍女、交租、出行等题材，与该地区墓葬形制的多样化一致，
图像构成的方式也呈现出多样化的面貌。禹县以南地区相比较则
显得较为简陋，多表现为砖砌门窗、桌椅、熨斗、衣柜等题材，
绘画较少。郑州市以东地区的仿木构砖室墓因为地质松软，不易
保存，发现很少。林县的砖雕壁画墓，无论从墓室形制还是图像
内容都和晋东南地区隆德府的长治、壶关地区相似，但是兼有豫
中地区的某些特质。

　　河南省前、后期北宋砖雕壁画墓所显示出来的差异性，表明
一种新的具有时代特征的墓葬形式逐步形成。

二　山西

　　山西省出土的北宋砖雕壁画墓主要集中在晋东南的长治、壶
关、潞城为中心的地区，晋南、晋中地区也有发现[20]。目前，晋
东南考古发掘见于发表的材料有九座，纪年墓葬四座，分别是：
长治北郊故县村北宋神宗元丰元年（1078）墓[21]、长治五马村

北宋神宗元丰四年马预修（1081）墓[22]、壶关南村北宋哲宗元
祐二年（1087）墓[23]、壶关下好牢北宋宣和五年（1123）
墓[24]。非纪年墓葬有山西长治故县村宋代一号墓、长治故漳宋代
雕砖墓[25]、长治沁源县段家庄宋代雕砖墓[26]、长治任家庄宋代
雕砖墓[27]、潞城县北关宋代砖雕墓[28]。

　　长治故漳故县村1988年发现东西并列的两座宋代砖雕壁画
墓。两座墓室结构基本相同，墓内壁画也近似。二号墓[29]出土墓
志，上有北宋神宗元丰元年（1078）纪年，据此，这两座墓应该
属于同一时期。

　　一号墓（图2-9）坐北朝南，墓室平面近方形，墓内四壁下
部砖砌须弥座，上下边缘均雕刻莲花瓣纹。须弥座的束腰部位用
条砖隔出方框，框内用黑彩绘有二十四孝故事图。须弥座上墓室
四角砌立柱，柱上设四铺作斗栱。墓室除南壁墓门东侧挖一耳
室，其余三壁均面阔三间，砌有门、窗，门均挖进去，形成耳
室。东壁中部为一破子棂窗，窗的左右两侧各有一个耳室；西壁

图2-9　长治故县村一号宋墓平、剖面图及墓室北壁
（图片来源：《文物》2005年第4期）

则中间砌耳室，耳室两侧砌窗；北壁三个耳室。整个墓室满饰彩绘。南壁墓门上方为朱雀，正面站立，门左侧绘舂米图，门右侧绘碾米图；北壁中间耳室门上绘人格化的玄武神，披发，身着铠甲，手持剑，北壁三耳室上方均绘卷帘和帷幔；东壁中间窗上绘青龙，右次间绘飞天，飞天面庞圆润，双手捧盘，衣带飘曳；西壁中间耳室上部绘白虎，左次间窗上绘飞天图，右次间窗上绘卷帘。门与窗的两侧均绘恭敬站立的侍者或者守孝人。

二号墓与一号墓结构基本相同，墓室建筑与壁画的安排有所区别。南壁正中墓门，门两侧各站立一身穿甲胄手持兵械的武士，门上方绘朱雀，墓门两侧壁面上绘舂米、推碾、牛羊、牵马等图；墓室东、西、北壁正中均为一耳室，两侧各有一窗，门上绘青龙、白虎、玄武，窗上部则绘飞天、神兽或者卷帘等。墓室门窗两侧均绘有男、女侍者或守孝人。这两座墓室仿木构建筑，与豫中地区的墓葬相比，显得较为粗糙，绘画技巧水平不高。但是，墓室壁画中四神及飞天图像，在豫中地区不见。

长治五马村马预修墓（图2－10）墓室呈长方形，墓壁须弥座。南壁正中墓门，门两侧镶嵌砖雕武士，北壁正中砖砌假门，门两侧上部各砌一对称直棂窗，门两侧下部砌有镇宅狮子一对，

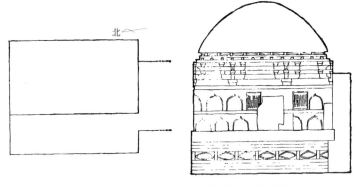

图2－10　长治五马村马预修墓平、剖面图

（图片来源：《考古》1994年第9期）

窗下壁间砖砌孝子故事砖雕，东、西壁结构基本相同，砌有耳室，两侧各砌直棂窗，壁间下部东、西角均砌孝子故事与生活砖雕。

长治市壶关县南村发现北宋哲宗元祐二年（1087）砖雕墓，为仿木构多室砖墓，主室为正方形，穹隆顶，下部砖砌须弥座。墓门位于主室南壁正中，门拱券部绘卷草图案，已漫漶，门两侧镶嵌武士砖雕各一。主室北壁面阔二间，每间各砌一耳室。东西两壁结构相同，中部砌耳室，耳室南部各砌一窗，耳室门两侧镶嵌砖雕人物，为侍女和孝子故事。

壶关下好牢北宋宣和五年（1123）墓，墓室近方形，穹隆顶，南壁正中为墓门，其余三壁均有耳室，耳室正中绘制水墨山水。墓室四壁则砌筑有孝子人物砖雕。

此外，长治故漳村宋代砖雕墓（图2-11）为方形仿木构穹隆顶砖室墓，墓室四壁下部砖砌须弥座，座中束腰壶门内镶嵌吉祥动物及花卉图案，座上四壁镶嵌二十四孝砖雕。孝子砖雕上边墓室东、西、北三壁结构相同，每壁由柱子分成三间，中间一间砖砌假门，两侧间对称砌有两壁龛。南壁中间墓门，门两侧砖雕武士，南壁东部镶嵌砖雕，内容有汲水、推磨、舂米等生活场景，西壁的砖雕内容则包括乐人伴奏图、舞蹈图等。北壁正中门内绘墓主画像，东西两侧壁龛两侧绘侍者和守孝人各一，北壁东、西两角各设飞天砖雕一块。东、西两壁正中门内绘龟背纹图案，壁龛两侧分绘侍者和守孝人。

长治沁源先郭道乡段家庄宋代砖雕壁画墓（图2-12）墓室平面为圆方形，周壁下部须弥座，座上四壁砌出八根立柱，将墓室分隔成八个面。东、西、北三壁柱间砌出门窗。内镶嵌砖雕，北壁为妇人启门，东壁为庖厨、盛器、拴马等，西壁为舂米、牲畜、骑马等，东、西、北壁上部普拍枋下均镶嵌二十四孝人物，四壁门上为四神图。

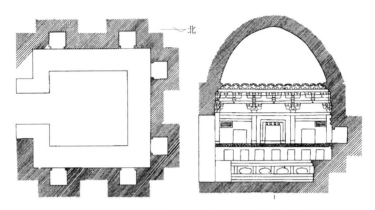

图 2 - 11　长治故漳村宋代砖雕墓平、剖面图

（图片来源：《考古》2006 年第 9 期）

图 2 - 12　长治段家庄宋代砖雕墓墓室结构

（图片来源：《文物世界》2009 年第 5 期）

潞城县北关宋代砖雕壁画墓为方形仿木构穹隆顶单室墓，墓室平面为长方形，墓室四壁下部砖砌须弥座，束腰部分镶嵌二十四孝砖雕人物故事。南壁面阔三间，中间为甬道入口，入口两侧下部绘武士各一，次间则砌筑窗户。北壁也面阔三间，中间砌板门，次间砌窗户各一扇。东、西二壁结构相同，当心

间均砌板门，从东壁保存较好的板门来看，上部原为龟背纹彩绘，下部裙板刻有如意纹图案。东、西、北三壁板门两侧均对称设置砖雕侍者各一，侍者画面上部刻有流云一朵。此墓被推测为宋代墓葬。

山西省发现的北宋墓葬不多，而晋东南地区陆续出土的砖雕壁画墓和河南省的同类墓葬在墓室形制、图像内容、表现形式上都存在着一定的区别，表现出独特的地域面貌。从墓葬形制来观察，晋东南地区以方形带耳室（或者是壁龛）墓为主，主室下部流行砖砌须弥座，须弥座上壁面被分割成面阔三间的仿木构建筑。从墓葬图像题材及内容来看，晋东南地区出土墓葬中少见北宋砖雕壁画墓中流行的桌椅、衣架、灯檠等图像以及妇人启门、夫妻对坐等最为常见的图像，而较为流行四神、飞天、祥瑞、杂剧表演等图像，孝子图也是这个区域流行的图式。从图像表现形式来看，这一地区主要以砖雕为主、绘制为辅的方式，雕刻及绘制技艺与河南中部相比较显得粗糙。

三　河北、山东

河北，北宋时与辽接壤，战争频发给当地的政治、经济及人民生活造成了巨大的破坏。目前，这一地区发现的砖雕壁画墓的材料不多，见于发表的北宋纪年墓葬仅有五座，他们是：武邑龙店北宋仁宗庆历二年（1042）墓[30]、邢台董家村北宋神宗熙宁十年（1077）墓[31]、武安西土山北宋哲宗绍圣二年（1095）墓[32]、石家庄政和二年（1112）壁画墓、曲阳南平罗北宋徽宗政和七年（1117）墓。这五座纪年墓分布在河北南部至中部的广大地区，年代也是从北宋中期延续到北宋晚期，因此，无论墓葬形制还是图像内容都存在着差异。

武邑位于河北中东部。龙店发现的三座北宋墓葬，其中二号墓有明确纪年，为北宋仁宗庆历二年（1042），考古报告推测这三座墓葬的年代应为同一时期。三座墓均为圆形单室砖墓，墓室图像在分布上均为墓室东壁砖砌桌椅，椅后绘有人物；北壁砖砌假门；西壁砖砌衣架、衣柜、圆形镜、熨斗等，有人物绘画；南壁墓门两侧有侍者图像。2000 年，武邑崔家庄[33] 发现北宋晚期墓葬三座，均为圆形单室砖墓。一号墓墓壁砖砌 6 组砖雕，东南壁砖砌一桌二椅；东北壁砌一桌一椅，桌上放着两个酒坛；北壁砖砌假门；西北壁砌一小柜子；西壁砌衣架；西南壁砌一灯架。二号墓（图 2－13）墓壁则砌筑 8 组砖雕，以东—北—西—南排列，依次为砖砌乌龟背驮砖质碑状墓志；一桌二椅；方桌，桌上两酒坛；条案，旁一椅；砖砌假门；方桌上剪刀；衣架；灯檠。三号墓墓壁砌筑 8 组砖雕，以东—北—西—南排列，依次为砖砌斗拱；一桌二椅；一桌二椅；砖砌假门；一椅；方桌上剪刀；衣架；灯檠。武邑这两处墓葬，年代相隔半个多世纪，却变化不大，均为圆形穹隆顶单室砖墓，图像以砖砌为主彩绘为辅，图像内容的设置均以南壁墓门，东壁桌椅，北壁门窗，西壁衣架、灯檠为基本配置。

图 2－13　武邑崔家庄二号宋墓展开图
（图片来源：《文物春秋》2006 年第 3 期）

邢台董家村宋墓圆形穹隆顶单室砖墓，墓室周壁砖砌仿木构柱子 6 根，东壁偏南砖雕牌坊，坊间镶嵌砖志碑一通，西壁仿木构房屋、直棂窗与妇人启门。

武安位于河北南部，与河南的安阳、林县临近。武安西土山北宋墓为圆形单室墓，墓室斗拱下墨线勾绘出长方格，格中绘孝行图。长方格以下，北壁为砖砌假门，两侧为砖雕桌椅、剪刀、灯檠等。孝子图像不见于河北中部地区的砖雕壁画墓，而是河南、山西东南部砖雕壁画墓的流行图式。因此，武安西土山这座墓葬应有来自豫、晋东南地区同类墓葬的影响。

　　石家庄位于北宋河北西路真定府治所正定附近。近几十年来，围绕正定的石家庄、井陉、平山等地发现了一批重要的宋金砖雕壁画墓。石家庄政和二年（1112）壁画墓的材料不见发表，但是，20世纪60年代河北井陉宋金家族墓的考古报告中提到[34]，石家庄政和二年墓葬的建筑及彩画与井陉宋金家族墓地[35]中年代最早的柿庄六号墓相似，因此，推定柿庄六号墓应与此墓同期或稍晚。柿庄六号墓（图2-14）坐北朝南，由墓道、墓门、甬道、墓室组成，墓室平面呈弧正方形，四角砖砌方形倚柱，柱上砖砌仿木构四铺作斗栱，顶为穹隆顶。墓室南壁甬道入口，入口东侧绘牧羊图，西侧则为放牧图；北壁正中砖砌一门二窗，门上墨绘卷帘；东壁绘制捣练图，由担水、熨帛、晒衣三部分构成，担水与熨帛之间有一雕砖灯檠；西壁北侧砖砌假窗一个，窗下墨绘一头小猪，窗的南侧则绘墓主人观赏伎乐的场景。整个墓室建筑均施彩绘，转角铺作斗栱栱眼壁用黑、红、黄、绿四色画番莲、卷草等装饰纹样，墓顶刷浅灰

图2-14　井陉柿庄六号墓墓室图像展开示意图
（图片来源：《考古学报》1962年第2期）

色，东侧绘红日，西侧绘月亮，星斗密布其间。石家庄政和二年壁画墓与井陉柿庄六号墓不同之处在于石家庄墓室平面为六角形，无补间铺作，斗栱上的彩画稍异。

柿庄一号墓被推测晚于柿庄六号墓，时间应在北宋徽宗重和（1118～1119）或宣和（1119～1125）年间。该墓位于柿庄墓地中部，墓室平面略呈八角形。墓室北、东、西三壁各砌一假门，东北壁上部还砖砌一窗，窗下砖雕剪刀、熨斗，西南壁砖砌灯檠，西北壁砖雕箱、柜各一，东南壁下部正中砖砌一桌二椅，椅子上彩绘墓主人夫妇。墓室东壁假门内影作妇人启门。整个墓室均装饰有建筑彩画。

柿庄第二、三、七号墓被推测为北宋末至金时期墓葬，其上限不会早于北宋徽宗大观年间（1107～1110），下限则可能晚到金代。柿庄二号墓（图2-15）由墓道、墓门、甬道、墓室四部分组成，墓室平面与六号墓相似，呈弧正方形，墓顶为六角形，已残。墓室南壁甬道入口，入口东、西两侧分别墨绘武士各一，武士均手持武器，身穿铠甲，周身火焰缭绕，威严耸立。武士身侧砖砌灯檠。北壁砖砌一门二窗，东侧窗下残留一马，卧于地上。东、西两壁正中均砖砌假门，东壁假门北侧雕刻剪刀、熨斗各一，南侧有墓主人供养图一幅，画面正中砌一长桌，桌上放矮几，几上置钱四串，桌后正中画一端坐妇人，两手拱于胸前，身后画黑红相间的背光，似为墓主人，身侧二侍女，西壁假门南侧砖砌一桌二椅，椅子上分别绘制男、女墓主人，假门北侧砖砌一柜，紫红色勾边框。墓室建筑均绘彩绘。墓室四角影作倚柱，柱上以阑额、普拍枋斜抹承托斗栱，枋间内绘花卉。墓顶残存星象图。

柿庄三号墓由墓道、墓门、甬道、墓室四部分构成，墓室平面呈六角形，墓顶亦为六角形，墓顶外部有砖砌须弥座式建筑。墓室南壁甬道入口，入口两侧下部各绘一守卫者；北壁正中假

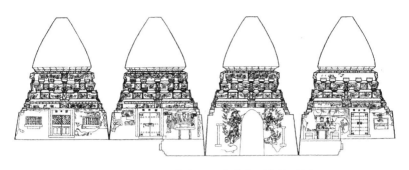

图 2 - 15　井陉柿庄二号墓墓室图像展开图
(图片来源:《考古学报》1962 年第 2 期)

门，门侧各绘一持骨朵的人；东北壁砖砌一窗，窗左右各绘一朵牡丹；西壁砖砌窗，窗下绘羊群；东南壁中砌一矮柜，左雕剪刀、熨斗各一个，壁面上有绘人物、粮仓，惜已漫漶；西南壁正中砌一桌二椅，左椅上绘有人物，身侧立一幼童，右椅后砌一砖雕灯檠。

　　柿庄七号墓墓室结构与二号墓相似，壁画上有所不同。墓室西壁正中砖砌假门，门上绘一女子，手捧着一物，门的北侧仅残存二人，门的南侧正中砖砌一桌二椅，右椅上绘一袖手端坐的女子。东壁正中假门上也绘有妇人启门，北侧砌一柜，南侧雕刻有剪刀、熨斗等。

　　平山两岔宋墓[36]被推测为上限不早于元祐元年（1086）的北宋晚期家族墓葬。一号墓为六角形单室砖墓，墓室西南壁右侧为一仕女，手托器皿，内盛三个桃子，左侧画卧犬一；西北壁绘一桌二椅；北壁下部中间砌格子门四扇；东北壁残余墨竹和网格纹平底弧壁器物；东南壁残余人物衣服下部。二号墓为八角形单室墓，墓室西南壁砌有灯台一个，绘流云五朵，剪刀、熨斗、矮足柜各一；东、西两壁砖砌假门；西北、东北各雕砌直棂窗；北壁砖砌假门；东南壁砌有平台。墓顶东南绘红日，西绘白月，日月之间有两颗白星。三号墓为圆形单室墓，墓室残存西南壁砖砌桌一张，桌上砌破子棂窗；西北壁砌歇山式建筑，下砌门；东南壁砌一桌二椅。五号墓也是圆形单室砖墓，墓室西壁砌假门；西北壁砌一矮足柜；北壁假门；东北壁残余桌子；东壁假门；东南壁一桌二椅。六号墓仅存西半部，圆形单室砖墓，残余壁面上砌有桌椅、矮柜、假门等。七号墓为八角形单室砖墓，墓室西北壁砌衣架一；北壁砌直棂窗；东北壁浮雕剪刀熨斗。壁面墨画家具图案，模糊不清。

平山里庄乡西石桥 1 号墓[37] 被推测年代在嘉祐年间左右（1056～1064），圆形单室砖墓，墓室周壁分为七间，每间均彩绘和砖雕；第一间内雕桌椅各一，桌上墨画注壶一；第二间砖雕假门；第三间砖雕窗、桌子；第四间砖雕 一桌二椅；第五间砖雕窗、剪刀、熨斗、立柜；第六间砖雕假门；第七间砖雕一桌二椅；墓门两侧各雕灯檠一。东冶村 2 号墓年代上限则被推测在北宋哲宗元佑年间（1086～1094），下限在金初。墓室近方形单室砖墓。北壁正中砖砌假门；东壁砌一桌一椅、灯檠一；西壁雕剪刀、熨斗。

河北曲阳离正定不远，南平罗北宋政和七年（1117）墓[38]圆形穹隆顶，其内壁用彩绘与砖雕仿木构建筑，共有 6 根檐柱，每根檐柱上承托一组单抄四铺作斗栱。掩柱间内壁，有用砖雕和彩绘表现的仿木门窗和家具。墓门西侧砖雕灯台，右侧为一砖雕彩绘板门；墓室西壁绘长方形框，框内绘剪刀和熨斗，框外右侧彩绘柜橱；墓室北壁为砖砌一门二窗；墓室东北壁砖雕灯台，旁边为彩绘板门；墓室东南壁则砖雕一桌二椅。墓顶上用白彩绘制星象图，墓顶东侧绘太阳，西侧绘月亮。

河北石家庄、平山、井陉、曲阳在地理位置上相近，且均位于北宋河北西路真定府治所正定附近，因此，在墓葬形制、建筑绘画技艺水平以及图像题材内容上，相比较河北其他地区北宋砖雕壁画墓而言，显得更为丰富，集中地呈现出河北省中部地区北宋砖雕壁画墓的区域特征：一、墓葬形制以圆形或方形穹隆顶单室砖墓为主（图 2－16），多角形墓室也有零星分布，但一般出现

图 2－16　河北省中部地区北宋仿木构砖室墓墓室形制示意图

a. 井陉柿庄六号墓；b. 井陉柿庄一号墓；c. 平山两岔二号宋墓；d. 曲阳南平罗北宋政和七年墓（图片来源：《考古学报》1962 年第 2 期；《考古》2000 年第 9 期；《文物》1988 年第 11 期）

的年代较圆形或者方形墓晚，大约在北宋晚期；二、墓室图像流行在墓壁上砖砌门、窗、桌椅、柜子、衣架、灯檠等，在砖砌的基础上绘画；三、墓室图像内容以夫妻对坐、妇人启门以及表现劳作生活的场景如捣练图、牧羊图为主。墓顶流行绘制星象图。东侧太阳、西侧月亮的图式在河南地区少见，而整个地区不见有河南省流行的孝子图，也不流行晋东南地区的四神、祥瑞等图像。

山东省北宋砖雕壁画墓主要集中在济南附近。纪年墓有4座：原山东工业大学北宋建隆元年（960）吴从实墓、济南青龙桥治平年间（1064～1067）墓与熙宁八年（1075）墓、栖霞慕家店北宋徽宗政和六年（1116）墓[39]。非纪年墓有济南洪家楼砖雕壁画墓、章丘女郎山七十五号墓[40]、临淄宋金壁画墓[41]三座。

北宋建隆元年（960）吴从实墓[42]（图2-17），是目前考古发现中原北方地区北宋砖雕壁画墓中年代最早的一例。该墓位于原山东工业大学校内，墓室为圆形单室仿木构穹隆顶砖墓。墓室周壁刷白灰，上绘壁画。墓室周壁用朱色彩柱分为五个场景：东南壁墨绘一灯檠，灯檠左侧绘一五层的方形物体，似为箱子。东北壁绘一桌二椅。北壁中间绘一板门，门两侧绘棂窗，棂窗外侧各绘一长条凳，凳上各放三个纱笼。西北壁右侧绘一箱，涂朱彩，中绘锁鼻。箱上绘一圆边盒子，侧面绘花卉图案。箱、盒左侧绘一高架，上搭七条彩巾，分别为朱、黄、白等色。架前又置一箱，内放二瓮，右侧瓮上似悬一盆。架下又似置一罐，罐口露一勺把。西南壁绘两个架子，右侧架子形似倒置的长桌，四腿朝上，左右两组桌腿各一横撑。中置一物，有席纹。左侧架子中竖一杆，杆中上部吊一椭圆圈，涂绿彩。杆下似横置一长方形箱子。

青龙桥的两座墓葬[43]发掘年代较早，材料相对简陋，只辑录下两座墓均由墓门、甬道、墓室组成，墓门南向，券门上砖雕二层斗栱，墓室为圆形穹隆顶单室砖墓，墓室四壁用红、黑两色彩绘庖厨、侍女、出行的场面，北壁有妇人启门的基本情况。

济南洪家楼砖雕壁画墓[44]由墓道、墓门、甬道和墓室四个部分组成。墓室为圆形仿木构穹隆顶砖墓，墓顶已经塌落。墓室四

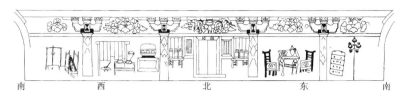

图 2 - 17　济南原山东工业大学北宋吴从实墓墓室图像展开图
(图片来源:《文物》2008 年第 8 期)

隅砖砌仿木构倚柱,将墓室内壁分成 5 个空间。甬道入口东侧砖砌一灯檠,东壁砖砌一桌二椅,北壁砖砌一门二窗,西壁砌筑一衣架及一柜,甬道入口西侧无砖雕。墓室内原有彩绘,大部分已脱落,仅在北壁上部的仿木构铺作间残留花卉图案及朱笔题字。据考古报告推测,此墓应该属于北宋时期墓葬。

　　淄博临淄召口乡发现的砖雕壁画墓则为圆形穹隆顶多室砖墓。墓葬由前后室、左右耳室、甬道、墓门和墓道组成。除了甬道以外,在前后室、左右耳室的四周及顶部全部绘有壁画。壁画使用黑、红两色,内容有人物、莲花、卷云纹、供奉品等,人物画主要集中在后室的四壁。后室顶部绘莲花,莲花下部珠珞一圈。后室四壁从西壁开始按照顺时针方向分为四组,每组画面之间用黑色线条间隔。西壁一组绘三个男子分立,面朝北壁,中间男童手托一红色托盘,盘内有两个黑色小杯;北壁正对甬道为一内凹的方框,方框内原有文字,后毁,应该为地券或志文,方框下方绘出盛有供品的容器,方框左侧绘男女各一,面向方框,右侧绘二女一男,手托酒品或托子,均面朝方框;东壁绘二侍女和一帐子,帐子设一大椅,椅后有山石屏风,椅前有一方桌,桌上摆放供品与器物。后室甬道顶部与两侧绘制花瓶、灯台,券门上绘折枝花和供品。此墓推测年代的上限为北宋哲宗朝,下限则到金。

　　山东省发现的北宋砖雕壁画墓的墓室形制均为圆形穹隆顶砖墓(图 2 - 18),与河北省流行砖室墓的墓葬形制类似,墓室建

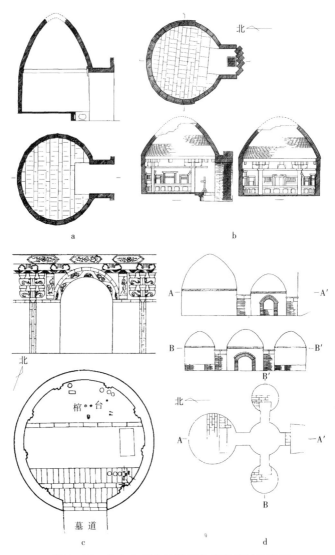

图 2-18　山东北宋砖雕壁画墓墓室形制示意图

a. 济南吴从实墓；b. 济南洪家楼宋代砖雕墓；c. 栖霞慕家店三号墓；d. 临淄宋金墓
（图片来源：《文物》2008 年第 8 期；《文物》2005 年第 11 期；《考古》1998 年第 5
期；《华夏考古》2003 年第 1 期）

筑比河南地区的同类墓简陋，图像题材也流行在墓室壁面上砖砌桌椅、门窗、衣架、柜子等室内家具，并且按照北壁一门二窗、南壁墓门、东壁桌椅、西壁衣架的方式来设置，与河北地区也相似，体现出河北、山东两省在区域特征上具有一致性。

四　陕西、甘肃、宁夏

陕西、甘肃、宁夏见于发表的有明确纪年的北宋砖雕壁画墓的考古材料极为稀少。目前，甘肃省仅发现两例有明确北宋纪年的墓葬：天水王家新窑北宋大观四年（1110）墓[45]、镇原县北宋宣和五年（1123）浮雕画像砖墓[46]。陕西省一座纪年墓葬：丹凤县商雒镇北宋宣和元年（1119 年）墓[47]。

1990 年 10 月，甘肃天水市秦城区王家新窑村发现北宋大观四年（1110）墓（图 2 - 19）。该墓坐东朝西，墓室平面近方形，四壁上收成穹隆顶，顶中部悬挂一铜镜。墓室内四壁均为彩绘雕砖，最下部为须弥基座，基座上有上、下两层仿木构楼阁式建筑。其中，南壁下层两个绘制牡丹花的倚柱，将主体建筑分为主间和东、西次间，主间中间为对开朱色板门，东、西次间中间均为黑色对开板门，东次间板门前雕一《妇人启门》。上层建筑也用两根倚柱将主体建筑分为中间明堂和东、西次间，明堂面阔两间，内雕一桌二椅，椅侧各立侍者一人，椅子上没有墓主人。东、西次间中间均雕刻对开板门，东次间门前一侍女双手持莲花注壶站立，西次间门口雕一侍女持一巾。北壁雕砖的整体布局与南壁几乎一致，仅在须弥座上上、下两层主体建筑的雕砖题材上有所差别。下层主体建筑仍是三组板门雕砖，东次间板门中部雕妇人启门，上层主体建筑也是由中间明堂和东、西次间组成，中间明堂与南壁的墓主人开芳宴图

相对的是雕有一幅由四人组成的散乐图。东次间板门上雕刻
有妇人启门。东、西两壁下部须弥座与南、北壁一致。东壁
下层建筑中间雕一屏风，上层建筑以倚柱分为三间，中间设
一红色屏风，南、北次间雕刻窗。西壁中间为墓门，下层建
筑主体为雕砖窗，上层主体建筑突出墓门上面的红、蓝两色
太阳纹。

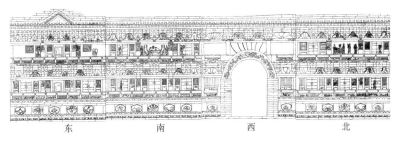

图 2-19　天水市秦城区王家新窑村北宋大观四年墓图像展开图
（图片来源：《丝绸之路》2009 年第 22 期）

镇原县北宋宣和五年（1123）墓为白重立、白舜珉兄弟二人
给他们的先颜修建的"极乐之宫"、"蓬莱之洞"。该墓为长方形
单室砖墓，墓壁上浮雕画像砖，内容有武士、胡人牵骆驼、男仆
牵马、鹿衔荷花、瓶插荷花等。

陕西丹凤县商雒镇宋墓是主室为六角形的多室砖墓。主室周
壁砖砌仿木构建筑，有彩绘，五个耳室近方形，后壁中间砖砌假
门，棺床头山墙上砌小窗。

以上三座纪年墓葬为北宋晚期墓葬。甘肃的两座均为方形或
者长方形单室画像砖墓，陕西的一座则为多角形多室砖墓。陕西
丹凤从地理位置来看，位于陕西东南部，靠近河南西部，丹凤县
的这座六角形宋墓应该有来自河南的影响。

甘肃、宁夏、陕西出土的明确北宋纪年墓葬虽然十分少，
但是，近几十年来，在甘肃清水、张家川、天水原属北宋秦凤

路秦州管辖区域内陆续出土了一批装饰精美的宋金彩绘画像砖墓。

1983 年，清水县城西北苏圵村出土彩绘砖雕墓葬[48]（图 2-20）。该墓坐北朝南，墓室平面正方形，墓顶为八角形穹隆顶，正中置正方形湖州青铜镜一面。墓室四壁下部为须弥座式台基，座上为仿木构楼阁式建筑。墓室南壁为墓门，东、西、北壁中间仿木构楼阁式建筑均砖砌一门二窗，东、西两壁门前砖雕妇人启门，窗两侧各有人物砖雕，内容为佛道乐伎、墓主人夫妇、孝子故事、生活劳作等图像。该墓被推断为宋金墓葬。

图 2-20　清水苏圵村宋金彩绘砖雕墓
（图片来源：《绚丽的地下艺术宝库——清水宋（金）砖雕彩绘墓》）

1996～2000 年间，清水地区又陆续出土了 6 座宋金雕砖彩绘墓，其中 3 座保存较为完好的墓葬被搬迁复原保护[49]。白沙乡箭峡墓[50]（图 2-21）于 1996 年发现，墓室出土墨迹铭砖一块，上书"启□□□阎浮提南瞻部州大宋国修罗"字样，虽然没有确定的年代，但是应考虑为北宋墓葬。该墓室坐北朝南，由墓室、甬道、墓道三部分组成。墓室为拱券顶方形墓。墓室图像由彩绘与彩绘画像砖组成。墓室拱券顶段整面抹黄黏土，上施白底，中顶部绘朱、黑、白相间的八条宽带状彩绘纹向四周环绕延伸，其中朱、黑两色间绘祥云缭绕、丹凤飞翔、罗汉等图。北壁上半部圆形壁面上壁画大部分漫漶不清，可以辨认的部分绘制着祥云间的宾客宴饮、仕女游乐等场面。墓室四壁下部及甬道皆以排列规整有序的高浮雕彩绘砖砌筑。东、西、北壁上下四排画像砖，上排装置丰叶硕果葡萄图或者动物花卉，二、三排为人物故事雕饰，下排为缠枝花卉雕饰。墓室南壁中下部为甬道，甬道两侧均置三排对称雕饰，分别为上排飞天、花卉，中排武士、蹲狮、骏马，下排为缠枝花卉。

图 2-21　清水白沙乡箭峡墓墓室一角

（图片来源：《绚丽的地下艺术宝库——清水宋（金）砖雕彩绘墓》）

　　2008 年，张家川南川发现宋代模印画像砖墓[51]。该墓坐南向北，墓室平面为正方形，墓顶为八角形叠涩攒尖顶，顶上用一方砖封顶。墓室四壁均为模印画像砖立砌而成，东西壁相同，南北壁稍异。东西壁下部立砌画像砖，分为三层，最下一层为壶门形花卉模印画像砖，第二和第三层画像砖由多种花卉穿插排列。模印画像砖上平砌仿木构斗栱，斗栱上托莲花瓣平砖，再上正中开龛，为仿木双扇门形龛，门前一妇人，衣袖半遮面。龛侧立砌一层画像砖，内容为妇人与飞马、妇人与狮子、妇人抱着小孩等。再上一层砌仿木构歇山式建筑。南壁与东西两壁基本相似，不同的是在下部第二、三层立砌砖中部还开有一门形龛，成上下双层龛，下部龛左右各砌一妇人抱婴孩模印画像砖，龛下部为妇人与飞马画像砖。北壁开墓门。墓葬被推测为北宋墓。

清水、张家川、天水，位于陇山西侧，这一批宋金彩绘画像砖墓，虽然没有明确的纪年，但是从天水王家新窑北宋大观纪年的墓葬以及甘肃镇原北宋宣和五年墓葬来观察，可以认定，这样一种继承甘肃河西地区魏晋画像砖墓一砖一画模式的墓葬形制，至少在北宋晚期，就在北宋秦凤路与永兴军路的交界之地（现在甘肃、宁夏、陕西三省交界之地）流行，体现出陇山文化的一致性，有别于以河南为中心的北宋京畿地区砖雕壁画墓：一、墓室平面全部为方形（长方形和正方形）（图2－22），墓顶则可分为八角形穹隆顶、四角攒尖式穹隆顶、券顶；墓室四壁仿木构楼阁建筑砌筑；二、无论是彩绘砖还是模印砖，均继承了甘肃河西地区魏晋画像砖墓一砖一画模式，有别于其他省份；三、图像基本为花卉、动物、人物为主。砖雕人物题材相同，如妇人启门、二十四孝故事、夫妻对坐、伎乐图，以及具有浓郁生活气息的碾米、推磨等场景。

陕西省也有宋金砖雕壁画墓出土，重要的有：延安宝塔区北宋社火秧歌内容画像砖墓[52]、省韩城宋代壁画墓[53]、宝鸡市长岭机器厂宋墓[54]、洛川土基镇北宋墓[55]等。这一些墓葬没有纪年，因此只能推测年代，从中窥见陕西地区北宋砖室墓的情况。

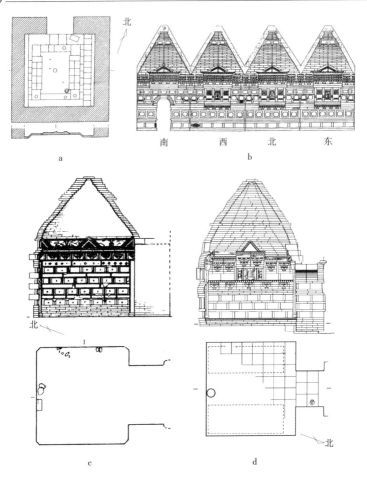

图 2 - 22 甘肃清水、天水、张家川地区宋代砖雕壁画墓墓室形制示意图
a. 天水王家窑宋代模印砖雕墓；b. 清水苏圩宋代模印砖雕墓；c. 会宁宋代模印砖雕墓；d. 张家川南川宋代模印砖雕墓（图片来源：《考古》2002 年第 11 期；《绚丽的地下艺术宝库——清水宋（金）砖雕彩绘墓》；《考古与文物》2004 年第 5 期；《考古与文物》2009 年第 6 期）

延安宝塔区李渠镇周家湾村北宋社火画像砖墓（图 2 - 23）为仿木构双室墓，两室间有过洞相连接。主墓室呈长方形四角攒尖

顶，墓室用条砖铺地，墓壁上下镶饰两层画像砖，下层镶嵌的画像砖体积较大，内容有秧歌人物、武士、鹿衔草、瓶花等，上层画像砖镶嵌图案相同的长方形花卉纹画像砖。耳室结构与主室相同，过洞位于耳室西墙北侧，门旁镶嵌直棂窗画像砖两块，门南侧镶秧歌人物画像砖一块，上层镶花卉纹画像砖三块，其余三壁和主室结构相似。

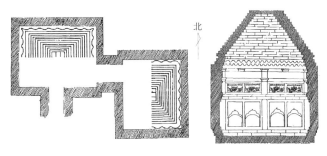

图 2 - 23　延安宝塔区李渠镇周家湾村北宋社火画像砖墓平、剖面图
(图片来源：《文博》2008 年第 6 期)

韩城宋代壁画墓（图 2 - 24）2009 年发掘，据推测是一座北宋晚期墓葬。墓室为长方形穹隆顶单室砖墓。墓室南壁为墓室入口，余三壁皆绘有壁画。北壁为男墓主人端坐在木椅子上，椅后有白色屏风，屏风上草书题诗，围绕墓主人绘制九人，身材均明显小于墓主，表现的是一整套中草药的炮制过程。东壁绘制的是释迦牟尼涅槃图，西壁则绘制有杂剧表演。整个墓室壁画保存较为完好。

宝鸡市长岭机器厂宋墓为正方形穹隆顶单室砖墓。墓室四壁下部为须弥式基座，西壁开设墓门，南、东、北三壁中部皆镶嵌砖雕画，砖雕画题材有人物、动物、植物三类，四壁上部为砖雕仿木构建筑。

陕西省宋金仿木构砖室墓中，能够确定年代的仅有丹凤商雒镇的北宋宣和五年（1123）墓葬，其他年代只能推测，而且出土

图 2 - 24   陕西韩城宋代壁画墓东壁的释迦牟尼涅槃图
（图片来源：《文艺研究》2009 年第 11 期）

材料不多。从权有材料来看，陕西宋代砖室墓墓葬形制绝大多数为方形砖墓。陕西东南的商州、丹凤及东部的韩城，和豫西、晋南地区砖雕壁画墓类似，例如，出现主室为多角形的墓葬，墓室图像流行绘制的方式；陕西中部的延安、西部的宝鸡与甘肃、宁夏的彩绘画像砖墓相似，流行一砖一画的传统墓葬形式。陕西北宋砖雕壁画墓应该说受了甘肃、山西、河南三方面的影响。

以上梳理虽然无法涵盖整个中原北方地区各省北宋砖雕壁画墓的区域特征，而且囿于有的省份出土的材料不多，纪年墓葬缺乏，在年代判定上仅依据墓室形制、图像内容就会显得不可靠。但结合同一个地域的唐代或者金代墓葬，从一个大的地域范围和时间跨度内来看，地域特征还是较为明显的，因此，为我们讨论中原北方地区北宋砖雕壁画墓的地域特征提供了可能性。

第二节　中原北方地区北宋砖雕壁画墓的时代特征

历史上的丧葬习俗、墓葬形制与图像的演变经历了一个既有继承又不断变化的过程。北宋砖雕壁画墓是在继承汉唐墓葬的墓葬形式、图像的基础上，融入了新的时代特色而逐步形成的。这个形成过程不是一下子改变的，而是经过在漫长的历史沉淀，并经过北宋社会文化生活以及中原地区民间丧葬习俗的筛选，才形成有别于以往任何朝代的墓葬形式。

首先，墓室平面呈多角形的变化。中原北方地区仿木构砖室墓主要以方形、圆形、六角形、八角形单室墓为主。方形墓室是中国传统墓葬典型的形制，圆形墓室则是唐代河北、山东砖室墓的流行样式，北宋仿木构砖室墓最为明显的变化是六角形、八角形墓室平面的出现。

秦大树对中原北方地区宋墓的分区分期研究表明，北宋八角形或六角形墓室开始流行大约是在北宋元祐元年（1086），而从目前考古发掘的材料来看，这种砖室墓多角形的变化其实从五代就已经开始了。河南伊川县窑底乡后晋李俊墓[56]为长斜坡墓道单室砖墓，墓室平面为十二边形，在壁面转角处砌筑有倚柱，上砌有简单的仿木结构，墓壁上砌直棂窗、桌椅等；河南孟县后周太原夫人王氏墓（957）[57]呈十边形，墓室北壁、南壁砖砌倚柱，分成三面，正对墓门的北壁砖砌假门，左、右侧砖砌直棂窗；南壁除正南面为墓门，左侧为砖砌盒状物，用途不明，右侧似为鸠杖；墓室东、西两壁砖砌倚柱，分为两面，西侧为砖砌一桌一椅、灯檠，东侧为砖砌衣架、柜子。这两座墓葬虽然不是成熟的八角形或者六角形墓葬，但表明了仿木构砖室墓从方形逐步向多角形变化的过程。

目前发现中原北方地区最早的有明确纪年的八角形或者六角形墓葬是湖北谷城发现的北宋熙宁十年（1077）墓[58]，该墓墓室形制即为仿木构八角形穹隆顶单室砖墓。此后，有明确北宋纪年的是河南邓州北宋哲宗元祐元年（1086）赵荣墓，该墓平面六角形，墓室转角处设倚柱，柱子上仿木构斗栱。此后，八角形、六角形的纪年墓葬在中原北方地区逐渐增多。其中，主要流行的区域在河南郑州到洛阳之间。河南北部的安阳、林县和河南南部地区、山西太原、河北中部也有分布，但是年代一般晚于豫中地区。

其次，汉以来逐步形成的类屋样式的墓室在北宋中原北方地区砖雕壁画墓中得以极致地体现。仿现实房屋建筑样式为死者建筑死后的栖息之所，是中国古代"事死如事生"丧葬观念的具体体现。早在新莽时期就已经出现在墓室壁面上绘制仿木构建筑构件营建一个类现实房屋样式的墓室空间的做法。河南洛阳伊川新莽壁画墓[59]（图2-25）中室用浓重的红彩勾勒出仿木的立柱和梁架，梁、柱之间绘制浅灰色的斗栱，是在墓室壁面上仿木构建筑的早期墓例之一。这种用红彩来影作木构的方式，从东汉至五代的壁画墓中颇为流行。唐代壁画墓墓室四壁普遍绘有立柱、斗栱、撩檐枋、阑额、人字铺等影作木构建筑，将墓室壁面分成若干个格子，在格子中绘制人物、风景、花鸟等图像。河北曲阳五代王处直墓前室周壁影作木构建筑，不仅仅用红色勾勒出木构建筑的基本样式，还在木构上彩绘建筑彩画。

同时，仿房屋建筑样式为死者建筑棺椁也从东汉就开始流行。据罗二虎的研究，这类仿房屋建筑的画像石棺在东汉中期和帝至质帝时期（89~145）就已经出现[60]。四川内江红樱1号崖

图 2 - 25　河南洛阳尹屯新莽壁画墓内景

（图片来源：《考古学报》2005 年第 1 期）

墓[61]（图 2 - 26a）为东汉末年墓葬，出土房形石棺，系用 13 块砂岩石板镶成，棺盖为仿木构庑殿顶，棺身前端有双扇门；山西大同北魏太和元年（477）宋绍祖墓[62]出土石棺一具，青石质地，仿木构三开间单檐悬山顶殿堂建筑，前廊面阔三间，进深一间，棺室长方形，明间设两扇石板门，门上浮雕门钉、铺首和莲花图案；陕西西安北周大象元年（579）凉州萨保史君墓[63]墓室出土一具仿木构房屋式石棺（图 2 - 26b），歇山顶殿堂式样，面阔五间，进深三间，由底座、四壁和屋顶三部分组成，石棺四壁由 12 块石板构成，上面均浮雕带有明显西域风格的四臂守护神、祆神、狩猎、出行、祭祀、升天等题材的图案，南壁当心间为板门，两侧次间中部设置直棂窗；陕西三原陵前镇唐贞观五年（631）李寿墓[64]墓室西侧放置石椁，石椁为歇山顶式，面阔三间，进深一间，正面当心间下方开门，石椁前后左右外壁上方分

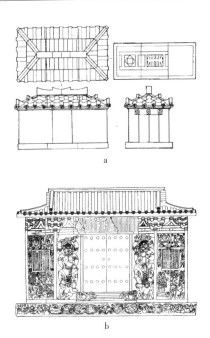

图 2 – 26 汉唐仿木构建筑石棺椁举例

a. 四川内江红樱东汉 1 号崖墓石棺；b. 陕西西安北周凉州萨保史君墓石棺

（图片来源：《四川文物》1989 年第 4 期；《文物》2005 年第 3 期）

刻浮雕四神及骑龙驾凤的仙人，外壁下方四周为仪仗、文吏等，石椁后壁正中寓意北方的玄武下方也开设一门，门上刻有铺首与凤凰图案……这类被安放在墓室中仿木构建筑样式的石棺椁，和那些木制的棺椁类似，不仅为死者提供了容身之所，而且，在整个丧葬仪式过程中，也起到搬运墓主人尸骨的作用。例如，山东青州傅家画像石[65]第九石就描绘了丧葬中使用殿堂式样棺椁的场面，画面中四匹马拉着一车，车上一座房屋式样的棺椁；唐代昭陵新城长公主[66]墓道东侧壁画中也有使用仿殿堂建筑样式石棺送葬的场景。画面位于墓道东壁，描绘了一座类房屋建筑式样的轿子，轿子为仿木构建筑，庑殿顶，红色方形椽头，双层阑额，五组斗栱，轿夫四人，前后各两人，肩扛黑色轿杠，正准备启程。这种仿木构建筑葬具无论在丧葬仪式的过程中，还是最终将其放入墓室，都是墓主人尸骨的屏障。

而随着现实生活中砖雕建筑技艺的日趋成熟，在墓室的建筑中也开始砖砌仿木构建筑构件。1960年发现于洛阳市涧西区王湾村的一座西晋墓[67]，是一座由墓道、甬道、主室、耳室组成的砖室墓，主室平面为正方形，四壁略向外弧，转角处有砖柱，在砖柱上部加砖横托形成类似转角斗栱的建筑造型，顶部为四面起坡、四角攒尖、下方上圆的穹隆顶，为宋代以降仿木构砖室墓建筑的滥觞。1987年发掘的山西太原南郊第一热电厂北齐墓[68]，为砖结构单室墓，墓室平面呈方形，四壁略向外弧，墓室四角各有一仿木斗栱方柱，穹隆顶。入唐以后，砖砌仿木构件在墓室建筑中的运用，在中原北方地区越来越普遍。山西襄垣地区唐代浩氏家族墓中建于公元700年的浩顷墓，虽然在形制上和建于公元655年的浩宽墓相似，皆为斜坡墓道弧边方形单室砖墓，但是在墓门上已经开始砖砌仿木构门楼[69]。五代陕西彬县冯晖墓的仿木构门楼已经形成成熟的砖雕仿木构建筑样式，说明最晚从中唐起，中原北方地区就开始逐步流行仿木构砖室墓的建筑方式。北宋时期，随着建筑营造法式的确立，砖雕技艺水平的提高，在墓室中，仿木构建筑逐步取代影作木构建筑，成为中原北方地区民间墓葬的主流（图2-27）。

再次，墓室图像以仿室内居室场景的图像为主，流行在墓室周壁砖砌门窗、桌椅、衣架、灯檠等基本图像。墓室图像从描绘室外的宴饮、劳作、百戏、侍者等图像内容转变为以砖砌门窗、桌椅、衣架、灯檠来虚拟室内景色的图像，大约出现在中唐。1998年，在北京发现唐乾元二年（759）何君夫妇墓[70]，该墓为仿木构单室砖墓，平面为抹角方弧形，穹隆顶。墓室北部设棺床，南壁两侧分别影塑衣架和一桌二椅，北壁开设一宏伟的殿阁

图 2-27　北宋中原北方地区仿木构砖雕壁画墓墓室仿木构砖雕举例

a. 河南登封黑山沟北宋墓；b. 河南新安北宋宋四郎家族墓

（图片来源：《郑州宋金壁画墓》、《洛阳古墓博物馆》）

式壁龛，形制较为高大，东壁则开设两个壁龛，西壁棺床端影塑一小型方塔。同年，河南省登封市唐庄乡屈村村民发现唐代中晚期长方形穹隆顶砖室墓[71]，该墓坐北朝南，墓门位于南壁正中，墓壁高1.1米，壁上向内收分叠砌成穹隆顶，顶上中部砖砌垂幔一周共八朵，墓壁与墓顶之间仿木砖雕斗栱一周，墓壁四角砖垒砌成仿木角柱，东壁中间雕有一三连灯架，架上雕灯台三个，另雕熨斗、直尺、剪刀、衣柜各一个，西壁中北部雕刻一桌二椅，桌上雕酒壶、酒杯，北壁中部砖砌假门，门两侧各雕一窗。依据该墓出土的唐开元通宝110枚、乾元重宝2枚来推测其年代，应该属于中唐时期墓葬。这种情况到了晚唐时期，似乎更为明显。北京燕京汽车厂出土的唐代壁画墓[72]为单室砖墓，平面近方形，墓室四角及东、西、北三壁中部影作七根立柱，上有柱头斗栱，四壁上部对称装饰八个小龛和放置十二个生肖的小台，南壁券门东侧影作灯台和衣架，西侧影作两把椅子，西壁上为男主人及侍女形象，其南部为一塔形浮雕，北部

及北壁西侧各有一幅壁画，北壁为马厩，内绘马夫和骏马，北
壁东部和东壁南北端各有一个影作建筑形式的壁龛，棺床在墓
室西北部。山东临沂市药材站发现简单砖雕的圆形单室砖
墓[73]，该墓砖雕仿木构门楼，墓室壁面上有四组砖雕仿木构柱
子和斗栱，柱子间砌筑灯台、衣架、一桌二椅等家具，据推测，
这座墓为晚唐墓。河南安阳唐代大和三年（829）赵逸公墓[74]
墓室被四根柱子分成东、西、南、北四个部分，北壁正对甬道
的墙壁中间有一扇假门，东壁砖砌一壁炉，上面绘火焰纹、黑
猫，壁炉周围绘制伎乐、侍女，西壁棺床上方绘窗户、三扇花
鸟画屏风，南壁西侧绘黄色红花布屏。河南禹县白沙水库沙东
区第 171 号墓[75]墓室平面为长弧方形，穹隆顶，墓室四角处悬
砌简单的仿木斗栱，东、西、北三壁各开三龛，南壁门两旁各
开一龛，东、西两壁各砌一扇直棂窗，北壁上砖砌凳形浮雕。
以上唐代砖室墓表明，至少从中唐开始，就有一种区别于关中
唐代贵族壁画墓的民间墓葬形式在中原北方地区逐渐形成。

　　据李星明的研究[76]，目前正式发掘的唐代壁画墓百分之八
十集中在关中京畿地区。这些皇室勋贵墓葬在继承北朝隋代墓
葬形制的基础上，发展形成了一种规范性较强、等级森严、时
代特征鲜明的墓葬礼仪制度——"初唐京畿模式"，这在中宗、
睿宗时期一系列皇室成员和外戚的高规格墓葬中得到更为充分
的发展和体现。其主要特征是以长斜坡墓道、多天井多过洞、
砖砌墓室为墓葬形制，以影作仿木构建筑作为墓葬的衔接，图
像内容以青龙白虎为前导，以庞大的狩猎出行图、客使图、仪
仗图、列戟制度等体现等级的仪仗队伍以及众多的侍女或内侍
等室内场景为主要图像配置。安史之乱之后，随着中央皇权的
逐渐衰落，"初唐京畿模式"全面走向式微，长斜坡墓道多天
井多过洞墓葬形制逐步退出历史舞台，完整的影作木构建筑，
简化为仅用红色宽带边框表示，墓葬图像中表现墓主人身份地

位的仪仗场面和列戟队伍被屏风画、花鸟、仕女画所代替，表现出中晚唐时期墓葬观念的改变。而从中唐开始就逐步形成的区别于"初唐京畿模式"贵族壁画墓的新的图像配置方式，仿佛仅仅将墓室营造成一个普普通通的室内空间，在这个空间里面，气势飞扬的青龙白虎不见了，等级森严的仪仗队伍没有了，婀娜多姿的侍女没有了，甚至那仅供墓主人欣赏的花鸟屏风也不见了，取而代之的图像是在墓室周壁上砖砌门窗、桌椅、灯檠、衣柜、剪刀等生活用品的基本图像配置，并在此基础上逐步发展而来的妇人启门、夫妻对坐、侍洗、宴饮等图像，一切都在为墓主人悠闲自在的家居生活服务。

这种仿居室场景的图像内容（图2-28），在河南、河北、山东地区，历经中晚唐与五代的整合，从北宋早期开始逐渐规范成仿木构砖室墓"墓室坐北朝南，以南壁墓门，北壁砖砌假门，东（西）壁砖砌衣架、灯檠，西（东）壁砖砌桌椅"这一基本图像配置。例如，山东济南北宋吴从实墓[77]为圆形单室穹隆顶砖墓，墓室周壁东南壁墨绘一灯檠，东北壁绘一桌二椅，北壁中间绘一板门，门两侧绘棂窗，西北壁右侧绘一箱，箱左侧绘一高架，西南壁绘两个架子；河南巩义北宋宋太宗元德李后陵[78]地宫为圆形仿木构单室墓，墓室南壁为墓门，西壁砖雕桌椅、灯檠，北壁砖砌假门假窗，东壁砖砌衣架、梳妆台；河南郑州南关外胡进墓[79]为弧方形四角攒尖顶墓，墓室南壁墓门，西壁为砖砌一桌二椅，北壁砖雕假门假窗，东壁砖砌衣架、剪刀、熨斗、镜子等生活物品。尽管到了北宋中晚期，墓室图像在原来的基本配置基础上，不断丰富变化，逐步形成了夫妻对坐图、侍洗图、妇人启门等图像题材，但是这种基本图像配置方式依然存在。一个有趣的现象是，仿木构砖室墓中，这一基本图像配置，在以嵩山为界的山阳以南广大地区，一般在墓室的西侧（包括西南、西、西北）设置桌椅，东侧则为衣架、

镜子等，而在河北、山东地区，桌椅一般设置在墓室的东壁
（包括东北、东、东南），西侧则为衣架、灯檠等。嵩山东北向
的安阳、新乡地区，桌椅、灯檠等设置东、西、北壁兼有，在
墓葬装饰内容与布局方式上体现出兼具河南、河北两地特征的
面貌。

图 2 - 28　河南伊川后晋孙璠墓墓室北壁砖砌门窗
（图片来源：《文物》2007 年 6 月）

　　最后，北宋仿木构砖雕壁画墓中流行夫妻对坐图、妇人启
门、庖厨宴饮、杂剧图等充满着民间世俗生活趣味的图像（图
2 - 29）以及孝子图、升仙图等表现墓主人升仙的场景。这种在
墓室图像中对世俗生活的模仿与再现从汉代开始。汉代墓室图
像中出现有大量的宴饮场面、百戏杂耍、伎乐表演，表明了在
汉人的来世想象中享受人间的富贵欢娱是非常重要的部分，墓
主人悠闲自在地坐在帷帐下，宴饮或观赏，周围有成群的侍者
侍候着。与此同时，汉墓中与墓主人现世生活相对应的另一个
图像系统是对仙境的描写，这是一个由西王母与东王公掌控的
神异世界，在这个图像系统中，各色祥瑞引领着墓主人进入仙

境。启门图也是东汉晚期墓葬中颇为流行的图像。四川芦山王
晖石棺（211）的前档，一个有翼仙人从半启的门中侧身而立，
应该是北宋妇人启门图的初始形态。魏晋之际，这一类反映世
俗生活的画面得到进一步的发展和规范，墓室中出现了大量的
墓主人夫妇坐帐图，庖厨宴饮、伎乐表演的场面也时有出现。
但是，与此同时，表现墓主人等级身份的图像逐步增多，表明
一种新的以等级来规范的墓葬制度的逐步形成。汉代墓葬中那
些充满着世俗意味的场面消失了，取而代之的是规模宏大的出
行图、客使图、仪仗图、列戟制度等等。北宋仿木构砖雕壁画
墓中流行夫妻对坐图、妇人启门、宴饮、杂剧等表现世俗生活
场面的图像，从汉代的图像传统中寻找到阐发点，融入北宋的
时代特征，逐步形成具有北宋特质的新的图像表述。在这个图
像表述中，既没有汉代墓葬图像系统中的神异，也没有隋唐墓
葬图像中的等级规范，而是充满着世俗意味，墓主人夫妇坐在
椅子上，桌子上摆放着祭品，面前一台好戏正在上演，启门的
妇人俨然就是世俗中平常的女子，进进出出的侍者们忙碌
着……仿佛就是墓主人日常生活场景的重现。

图 2 - 29　河南禹县白沙镇第一号宋墓前室东壁伎乐图
（图片来源：《白沙宋墓》）

第三节 登封黑山沟宋墓的典型意义

前面，笔者已初步梳理了中原北方地区北宋仿木构砖室墓的区域特征和时代特征。那么，哪些区域是体现北宋时代特征最为明显的区域呢？

从墓葬形制上来分析，圆形墓室延续唐代环渤海地区的墓葬形制，是山东、河北省北宋仿木构砖雕壁画墓的主要形制，其南端，沿原北宋河北西路的相州进入河南省腹地，在嵩山北坡的北宋皇家陵墓中广泛流行；方形墓室形制则是唐代关中地区的传统墓葬形制，主要流行于甘肃、陕西、宁夏以及山西原北宋河东路的绛州、泽州、隆德府地区，河南的新安、洛宁、宜阳、洛阳，还有郑州也有普遍分布，方形墓室南壁东侧开门的做法显示出唐代砖室墓的特征，但是，在墓顶的砌筑方式上也出现了新的变化，例如，墓室顶部采用八角、六角叠涩的方式；八角形、六角形墓葬主要流行于登封、新密、禹县、焦作一带以及豫南的广大地区，洛阳及其临近的新安也有分布，河南北部的安阳、新乡以及河北中部、南部地区也有分布，但是年代一般晚于豫中地区。

从墓葬砌筑方式来看，甘肃清水地区、陕西西部以及中部的延安延续魏晋画像砖墓的特征，流行画像砖，一砖一画，陕西东南部、山西南部与东部则主要流行砖雕，并影响到河南西部、北部地区。河南、山东、河北地区则主要以彩绘为主，流行在砖室墓壁面上砖砌桌椅、衣架、灯檠等物品，再在砖砌的表面彩绘等。

从墓室图像内容来看，河南省中部是图像题材最为丰富的地区，该地区除了四神和二十八宿的图像未见以外，其余所有北宋中原北方地区仿木构砖雕壁画墓图像题材均有发现，流行夫妻对坐图、妇人启门、孝子故事、宴饮、杂剧、升仙图等。山西东南部也是图像较为丰富的地区，这一地区流行四神、孝子故事、杂剧砖雕等图像，夫妻对坐图、妇人启门等图像较为少见。河北中部则流行在墓室顶部绘制星象日月图，孝子故事几乎不见。甘肃则延续着魏晋画像砖墓的传统，流行动物、花卉、人物等题材，也有妇人启门、夫妻对坐的场景。

综上所述，从目前的材料来看，河南省，尤其是围绕着两京京畿腹地登封、新密、禹县为中心的地区，是目前发现北宋仿木构砖室墓时代特征最为典型的地区。正如韩小囡所认为的那样，"从哲宗朝开始，北方的墓葬装饰进入了成熟鼎盛时期"，"表现在登封、禹县等地出现了一批装饰繁缛、内容丰富的砖雕壁画墓，其装饰内容及布局已相对固定，是一套比较成熟的装饰体系，完全区别于晚唐五代的墓葬装饰，形成了自己的风格，可以作为宋墓装饰成熟期的典型代表"[80]。

登封、禹县、新密，北宋时属京西北路河南府、郑州、颖昌府交界地带，这个区域位于北宋两京之间，同属于淮河流域颍水的支流区域。迄今，这一区域见于发表的北宋砖雕壁画墓约为13座，其中年代最早的是登封告成镇双庙小区宋代砖室墓。

双庙小区宋代砖室墓[81]（图2-30）2006年发掘。墓葬为八角攒尖顶单室砖墓。墓室结构自下而上分四部分，下部八根半方柱将周壁分成八壁：南壁甬道；北壁砖砌假门，作半开状；东南壁左侧为一高靠背椅子，中间为书桌，上置砚台、笔架各一，右侧置一落地高架烛台；东壁置一衣架，前放一柜；东北壁砌一镜架，右侧雕有剪刀熨斗；西北壁左侧一方桌，桌上放

置碗杯酒壶,桌的右边置一落地高架灯檠;西壁砖砌一桌二椅;
西南壁左侧置一盆架,上放一盆,右侧置一货架。墓室图像均
为砖雕,没有彩绘。据考古报告推测,该墓年代约为北宋早
中期。

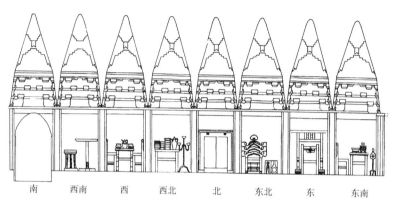

图 2-30　登封双庙小区宋代砖室墓图像展开示意图
(图片来源:《文物春秋》2007 年第 6 期)

　　登封城南庄宋代壁画墓[82](图 2-31)比双庙小区宋墓略
晚,约为北宋中期,为斜坡墓道八角形单室砖墓。甬道两壁涂
白施彩,所绘壁画已脱落。墓室中西南壁砖砌货架、盆架,盆
架上一盆,盆后绘两女,右侧一女临盆理鬓,为梳妆图;西壁
砖砌一桌二椅,桌上放置托盏、酒注,左侧椅子上袖手端坐一
妇人,头戴莲花冠,目光祥和,右侧椅子上无人,桌后侍女两
个;西北壁砖砌烛台与柜子各一;北壁砖砌假门,门扇半启;
东北壁砖砌镜架;东壁砖砌衣架;东南壁砖砌灯檠、剪刀、熨
斗等物。墓室中部转角铺作栱壁间均绘牡丹花,花中绘一幼儿,
或扛莲花,或扯线绳,或嬉戏。墓室上部梯形界面上绘牡丹、
莲花。此墓据推测,年代大约在 1060~1090 年之间,可能更靠
近 1060 年一些。

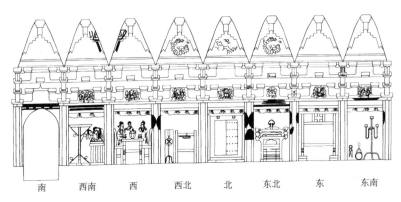

图 2 - 31　登封城南庄宋代砖雕壁画墓图像展开示意图
（图片来源：《郑州宋金壁画墓》120、121 页）

　　这两座墓葬年代较为接近，并且在墓室建筑以及图像方式上
显示出直接的联系：二墓均为八角形单室墓，墓室以倚柱分为八
个壁面，南壁为甬道入口，北壁为砖砌假门，墓室周壁主要采取
砖雕的形式，西南、西、东北、东壁的砖雕内容基本相同。区别
在于城南庄从年代上要晚于双庙小区，城南庄除了延续双庙小区
的砖雕形式以外，又增添了彩绘人物、花卉等图像内容。

　　城南庄宋代壁画墓发掘之后，考古工作者在登封又陆续发现
了一批北宋仿木构砖雕壁画墓。据考古报告推测，年代介于城南
庄宋代壁画墓与有明确纪年的黑山沟北宋绍圣四年（1097）墓葬
之间，或者差不多同一时期的墓葬有箭沟宋代壁画墓、刘碑宋代
壁画墓、高村宋代壁画墓。

　　箭沟宋代壁画墓[83]为斜坡墓道八角形单室砖墓。整个墓葬由
墓道、墓门、甬道、墓室四部分组成。甬道两壁原来绘有壁画，
西壁为骆驼，东壁为一马及马童，现已脱落。墓室图像依然分上
中下三层分布。下层图像位于墓室周壁：西南壁绘一戴着官帽男
子，双手置于腰际，身后一屏风，上书字符。男子身右一侍女双
手捧盏面对主人，身前站立一男子，为侍奉的场景；西壁绘制夫妻

对坐图,帐下椅子上端坐墓主人夫妇,身后为一书字符屏风,墓主人身侧侍者六人,墓主人与侍者相比较显得身形尤其高大;西北壁绘制四侍女,后放一长方形案子,案子上一黑猫,回首仰视前方一香球;北壁绘一门,门右扇开启,一童子立于门扇后,双手端盘,正欲出门,童子后为床,床上有被(考古报告上认为是案子,案上一盒,盒盖呈荷叶形);东北壁为家宴图,画面上大大小小十人,围着一桌,桌上摆放碗、盏等物品;东壁为伎乐图,画面共绘十七人,均为男性,手持乐器;东南壁左侧绘一高衣架,衣架前绘侍女二人,左女手持圆镜,右女手捧包裹,画面右侧则绘一盆架,架子后面有假山。墓室中层拱间壁均绘折枝牡丹。上层梯形界面上共绘十六幅牡丹图,已脱落殆尽。据考古报告推测,此墓年代应该在城南庄壁画墓与黑山沟壁画墓之间。

刘碑宋代壁画墓[84](图2-32)为斜坡墓道单室砖墓,是登封地区见于发表的材料中唯一的一座六角形墓。此墓甬道位于墓室南壁正中,两壁原绘有壁画,现已脱落殆尽,只在东壁下部残留人物的下半身,人侧绘一长柄扫帚。墓室下部除南壁为甬道,其余五壁绘制壁画。西南壁绘两排人,为奏乐图;西北壁绘制男女二人,端坐椅子上,身后有屏风,两人之间摆放方几,为夫妻对坐图;北壁中间绘一门,门上高卷一帘,门内所绘似为竹石,

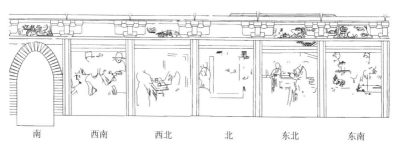

南　　西南　　西北　　北　　东北　　东南

图2-32　登封刘碑宋代壁画墓图像展开示意图
(图片来源:《郑州宋金壁画墓》,58页)

门侧立二侍女；东北壁绘两位女子，左侧一侍女，左手持铜镜于
胸前，目视身侧妇人；东南壁则绘制洗儿图，画面右侧一妇人，
抱着婴儿，身左侧有水盆，架子上搭着白色浴巾。墓室中间栱间
壁绘缠枝牡丹，现仅存四幅。墓顶已毁。此墓年代据推断比黑山
沟壁画墓（1097）早。

　　登封告成镇高村宋代壁画墓[85]（图2－33），为斜坡墓道八
角形单室砖墓。墓葬分墓道、墓门、甬道、封门砖、墓室五部
分。甬道东壁绘出行图，画面上三人一马，面朝墓外；甬道西壁
则绘三女子，烙饼忙碌的场景。墓室内部图像分上中下三层。下
层北壁砖砌假门，门扇半掩；西南、东南两壁相似，均是中部设
一小耳室，从耳室飘出一团红色祥云，祥云上站立两人，耳室左
右两侧分绘男女侍者各一，整个画面为升仙图；西壁绘二女侍，
双手端盘，盘内盛物，画面左侧地下卧一狗；西北壁左侧绘一方
桌，桌后立一妇人，桌前袖手端坐一位男子，男子身后有一屏
风；东北壁则为备宴图，一女侍端茶，身后一女子手提长颈注
子；东壁左侧为一屏风，屏风前一盆架，盆架右侧一女侍，右手
提水桶，走向盆架。墓室栱间壁壁画均为行孝故事，画面有榜题，

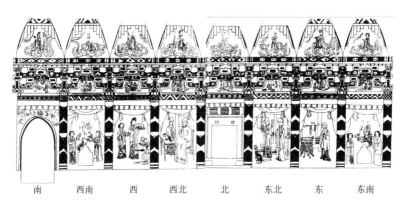

| 南 | 西南 | 西 | 西北 | 北 | 东北 | 东 | 东南 |

图2－33　登封高村宋代壁画墓图像展开示意图

（图片来源：《郑州宋金壁画墓》，66、67页）

表示画面分别为蔡顺奉亲、赵孝宗、丁兰刻木、王武子割股、舜孝行孝、韩伯榆泣杖、孟宗哭竹、王祥卧冰。墓室上层梯形界面上所有壁画相似，均为祥云中站立一人。北壁祥云中站立一个双手合十有头光的人，上层壁面八个人物中唯有此人绘有头光，东北壁一男子施叉手礼面向左侧北壁有头光的人，疑为墓主人；余六壁皆为或持盘、或扛拂尘、或拱手站立的女子。据考古报告推测，该墓年代与黑山沟壁画年代相近。

这三座仿木构壁画墓，和双庙小区与城南庄所发现的仿木构砖室墓相比较，明显的区别是：一、墓室图像形式从砖砌桌椅、衣架、镜台等家具与在砖砌的基础上彩绘的方式转变成直接在墓室壁上彩绘；二、早期砖砌的桌椅、衣架、灯檠等家具图像在这三座壁画墓中，成为构成画面的一部分，人物画的比重尤为突出；三、墓室图像题材更加丰富，双庙小区和城南庄宋墓中流行砖砌桌椅或在砖砌的桌椅之上绘制人物，而在这三座墓葬中，图像题材除了体现墓主人夫妇对坐、梳洗、侍宴的场景，更增加了乐舞、二十四孝图、升仙图等北宋仿木构砖雕壁画墓的典型题材；四、仿木构建筑彩画装饰精美。

登封黑山沟宋墓是登封有明确纪年的北宋砖雕壁画墓中年代最早的一例。而在此之后，围绕登封、新密、禹县为中心的地区出土北宋砖雕壁画墓并见于发表的材料大约有 5 座：禹县白沙镇 3 座[86]，新密 2 座。其中，有明确纪年的墓葬两例：一、禹县白沙一号墓（图 2 - 5），年代为北宋哲宗元符二年（1099）墓葬；二、新密平陌北宋徽宗大观二年（1108）墓（图 2 - 6）。

禹县白沙镇，北宋时期隶属登封[87]。新密平陌则紧邻登封。登封、禹县、新密的这三座纪年墓葬年代相隔 12 年，无论在墓葬形制、仿木构建筑工艺与装饰上，还是在图像题材、绘画技法上，都显示出对前期墓葬的继承与超越，代表了豫中地区北宋砖雕壁画墓的成熟形态。

　　首先，从墓室建筑营造上来看，墓室平面为八角形或六角形（图 2 - 34），墓室有单室、双室两种，墓室内仿木构建筑基本上分为上下四层：下层墓室内壁连接处砌倚柱，一般无柱础；转角铺作；梯形界面；墓顶。墓室中仿木构彩画繁复华丽。棺床一般设置在墓室的北壁。

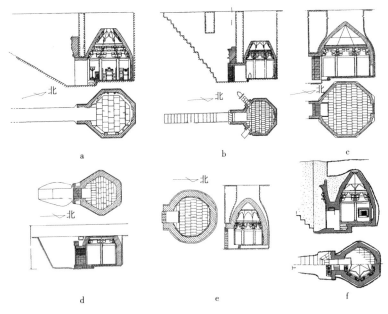

图 2 - 34　登封、禹县、新密北宋砖雕壁画墓墓室形制示意图
a. 登封城南庄宋代壁画墓；b. 登封高村壁画墓；c. 新密下庄河壁画墓；d. 登封刘碑壁画墓；e. 新密平陌壁画墓；f. 禹县白沙二号宋墓
（图片来源：《郑州宋金壁画墓》；《白沙宋墓》）

　　其次，早期仿木构砖室墓中南壁甬道入口、北壁砖砌假门、西壁一桌二椅、东壁衣架的传统模式，在这里演变为南壁入口、北壁砖砌假门、西（无论是西、西北、西南）壁夫妻对坐、东壁侍洗侍寝的场面。北壁仅砖砌假门，却不见其他地区砖砌一门二窗的组合。

再次，墓室图像内容以人物、花卉为主。人物画分为几类：一是世俗生活场景，如墓主人夫妇对坐、伎乐、侍者、妇人启门、出行图、梳妆、交租、生产劳作等场景；二是孝子故事；三是升仙图。这一地区的图像基本不见星象图、四神、祥瑞等传统墓室图像。

再次，墓室壁面、转角、墓顶，以仿木构柱和斗栱分成相对独立的画面。甬道两侧流行出行图。墓室下层图像主要反映世俗生活场景，中层转角斗栱的栱壁间往往绘制孝子或花卉，上层梯形界面往往表现墓主人升仙、孝子故事的场景，界面间砖砌垂花式，墓顶为攒尖顶和穹隆顶。

最后，墓室壁画受北宋风俗绘画影响，绘画技巧水平高，尤其在人物形象的描绘和桌椅家具的刻画上，线条精细工整，人物造型生动。

〔1〕　湖北北部地区发现有明确纪年的仿木构砖雕壁画墓有两例：湖北谷城县城关镇西关街北宋熙宁十年（1077）墓、湖北襄阳磨基山北宋徽宗崇宁二年（1103）墓。两墓均为八角形单室砖墓，墓葬的结构方式与图像题材与河南地区类似，却简陋很多。本研究不另行专门讨论湖北北部的仿木构砖室墓的情况。参见李广：《湖北谷城发现北宋纪年砖墓》，《中国文物报》2001年12月7日第一版；襄樊市博物馆：《襄阳磨基山宋墓发掘简报》，《江汉考古》1985年3期，26～30页。

〔2〕　周到：《安阳天禧镇宋墓壁画散乐图跋》，《中原文物》1984年1期，39～41页。

〔3〕　鹤壁市地方史志编纂委员会：《鹤壁年鉴（1994～1995）》，中州古籍出版社，1996年。

〔4〕　罗火金、张丽芳：《宋代梁全本墓》，《中原文物》2007年5期，26～29页。

〔5〕　中国社会科学院考古研究所安阳工作队：《河南安阳新安庄西地宋墓发掘简报》，《考古》1994年10期，910～918页。

〔6〕　李合群、周清怀：《杞县陈子岗宋代郑绪墓调查报告》，收入开封市文物工作队编《开封考古发现与研究》，中州古籍出版社，1998年。

〔7〕　魏峻、张道森：《安阳宋代壁画墓考》，《华夏考古》1997 年 2 期，103～
　　　104、55 页。

〔8〕　河南省文物研究所、巩县文物保管所：《宋太宗元德李后陵发掘报告》，
　　　《华夏考古》1988 年 3 期，19～46 页；郭湖生、戚德耀、李容淦：《河南巩
　　　县宋陵调查》，《考古》1964 年 11 期，564～577 页。

〔9〕　洛阳市第二文物工作队：《富弼家族墓地发掘简报》，《中原文物》2008 年
　　　6 期，4～16 页。

〔10〕　周到：《宋魏王赵頵夫妻合葬墓》，《考古》1964 年 7 期，349～354 页。

〔11〕　秦大树：《宋元明考古》，文物出版社，2004 年，143 页。

〔12〕　河南省文化局文物工作队第一队：《郑州南关外北宋砖室墓》，《文物》
　　　1958 年 5 期。

〔13〕　南阳市文物研究所、邓州市文化馆：《河南省邓州市北宋赵荣壁画墓》，
　　　《中原文物》1997 年 4 期，64～65、68 页。

〔14〕　宿白：《白沙宋墓》（2002 年版），文物出版社，2002 年。

〔15〕　郑州市文物考古研究所、新密市博物馆：《河南新密市平陌宋代壁画墓》，
　　　《文物》1998 年 12 期，26～32 页。

〔16〕　焦作市文物工作队：《河南焦作小尚宋冀闰壁画墓发掘简报》，《文物世
　　　界》2009 年 5 期，13～19、4 页。

〔17〕　叶万松、余扶危：《新安县石寺李村的两座宋墓》，收入《中国考古学年
　　　鉴（1985 年）》，、文物出版社，1986 年。

〔18〕　目前，登封地区发掘发表了六座北宋仿木构砖雕壁画墓的材料，加上未见
　　　详细考古报告的大冶乡太古城村宋墓和告成乡告成村宋墓，除了一座为六
　　　角形墓葬，余皆为八角形仿木构单室砖墓。登封大冶乡太古城村宋墓和告
　　　成乡告成村宋墓的材料见国家文物局主编《中国文物地图册·河南分册》，
　　　中国地图出版社，1991 年。这两座宋墓均为八角形仿木构砖雕壁画墓，墓
　　　室内有壁画，但已模糊不清。

〔19〕　河北与山东地区的仿木构砖雕壁画墓中的一桌二椅，或者是夫妻对坐图，
　　　一般设在墓室的东侧（包括东北、东、东南），也有在墓室的北壁的。

〔20〕　山西在晋中的汾阳、晋南的侯马、晋城等地均发现有宋墓，但是，没有发
　　　现纪年墓。其中，较为重要的发现是汾阳东龙观宋金墓地中 M48 号墓，该
　　　墓八角形单室砖墓，墓室内除了墓门（东壁）及东南壁以外，余 6 壁均砌
　　　筑砖雕，表面施彩。东南壁绘制尺子、剪刀、熨斗、注子等日常生活用
　　　品；南壁砖雕大门；西南砖雕直棂窗；西壁、北壁同南壁；西北壁同西南

壁；东北壁砖雕灯台、灯座。墓壁上方斗栱壁间墨色绘制牡丹花。这一座
墓的年代被推测为北宋晚期墓，但也有可能到金，年代不能确定，因此，
本研究暂不讨论此墓。

〔21〕　朱晓芳、王进先：《山西长治故县村宋代壁画墓》，《文物》2005 年 4 期，
　　　　51～61 页。

〔22〕　王进先、石卫国：《山西长治市五马村宋墓》，《考古》1994 年 9 期，815～
　　　　817 页。

〔23〕　长治市博物馆、壶关县文物博物馆：《山西壶关南村宋代砖雕墓》，《文
　　　　物》1997 年 2 期，44～54 页。

〔24〕　王进先：《山西壶关下好牢宋墓》，《文物》2002 年 5 期，42～55 页。

〔25〕　朱晓芳、王进先、李永杰：《山西长治市故漳村宋代砖雕墓》，《考古》
　　　　2006 年 9 期，31～39 页。

〔26〕　王小红、王进先：《沁源县段家庄发现宋代砖雕墓》，《文物世界》2009 年
　　　　5 期，8～12 页。

〔27〕　李永杰、崔国琳：《长治县任家庄出土一批宋代砖雕》，《文物世界》2009
　　　　年 4 期，15～18 页。

〔28〕　王进先、陈宝国：《山西潞城县北关宋代砖雕墓》，《考古》1999 年 5 期，
　　　　36～43 页。

〔29〕　朱晓芳、王进先：《山西长治故县村宋代壁画墓》，《文物》2005 年 4 期，
　　　　51～61 页。

〔30〕　河北省文物研究所：《河北武邑龙店宋墓发掘报告》，收入《河北省考古
　　　　文集》，东方出版社，1998 年，323～329 页。

〔31〕　李军：《河北邢台出土砖志碑》，《文物春秋》2004 年 2 期，77～78 页。

〔32〕　罗平：《武安西土山发现宋绍圣二年壁画墓》，《文物》1963 年 10 期，59～
　　　　60 页。

〔33〕　衡水市文物管理处：《河北武邑崔家庄宋墓发掘简报》，《文物春秋》2006
　　　　年 3 期，29～34 页。

〔34〕　报告中说，柿庄第六号墓的建筑及彩画与 1958 年石家庄发现的一座有墨
　　　　书"政和二年三月"题记的墓相似，所不同的是石家庄墓平面为六角形，
　　　　无补间铺作，斗栱上的彩画与此墓略有所异，因此，认为柿庄第六号墓与
　　　　石家庄有政和题记的墓为同一时代。又据墓中板门、桌椅装饰的简陋，可
　　　　推知柿庄第六号墓较石家庄墓或略晚，应在北宋政和以后。河北省文化局
　　　　文物工作队：《河北井陉柿庄宋墓发掘报告》，《考古学报》1962 年 2 期，

68 页。

〔35〕 河北省文化局文物工作队：《河北井陉柿庄宋墓发掘报告》，《考古学报》1962 年 2 期，31～72 页。河北井陉柿庄出土的这一批墓葬的确切年代目前有争议。正式的考古报告认为是北宋末至金初的墓葬，而徐苹芳认为最早的六号墓的年代似乎只能在北宋末至金初，最晚的墓葬已经晚至元代。二者说法不一，但是，都肯定了柿庄六号墓为这一墓地年代最早的墓葬，年代大约在北宋末期。见徐苹芳：《看〈河北古代墓葬壁画精粹展〉札记》，《文物》1996 年 9 期，66 页。

〔36〕 河北省文物研究所：《河北平山县两岔宋墓》，《考古》2000 年 9 期，49～59 页。

〔37〕 河北省文物研究所：《河北平山发现宋墓》，《文物春秋》1989 年 3 期，88～92、64 页。

〔38〕 保定地区文物管理所、曲阳县文物保管所：《河北曲阳南平罗北宋政和七年墓清理简报》，《文物》1988 年 11 期，72～78 页。

〔39〕 李元章：《山东栖霞市慕家店宋代慕伉墓》，《考古》1998 年 5 期，45～49 页。该墓墓室内壁原均有彩绘，年久受潮，大部分已经脱落。

〔40〕 济青公路文物考古队绣惠分队：《章丘女郎山宋金元明壁画墓的发掘》，收入《济青高级公路章丘工段考古发掘报告集》，齐鲁书社，1993 年，180～183页。

〔41〕 许淑珍：《山东淄博市临淄宋金壁画墓》，《华夏考古》2003 年 1 期，21～26 页

〔42〕 刘善沂：《济南市宋金砖雕壁画墓》，《文物》2008 年 8 期，33～54 页。

〔43〕 《济南发现带壁画的宋墓》，《文物》1960 年 2 期，78 页。

〔44〕 刘善沂、王惠明：《济南市历城区宋元壁画墓》，《文物》2005 年 11 期，49～71 页。

〔45〕 甘肃省文物考古研究所：《甘肃天水市王家窑宋代雕砖墓》，《考古》2002 年 11 期，42～49 页。

〔46〕 庆阳地区博物馆许俊臣：《甘肃镇原县出土北宋浮雕画砖》，《考古与文物》1983 年 6 期，41～42 页。

〔47〕 陕西省文物管理委员会：《陕西丹凤县商雒镇宋墓清理简报》，《文物参考资料》1956 年 12 期，39～41 页。

〔48〕 甘肃省清水县博物馆：《清水宋代砖雕彩绘墓》，《陇右文博》1998 年 2 期，16～23 页。

〔49〕 三座墓葬为白沙乡箭峡村砖雕彩绘墓、贾川乡董湾村砖雕彩绘墓、红堡乡贾湾宋（金）砖雕墓。

〔50〕 南宝生：《绚丽的地下艺术宝库——清水宋（金）砖雕彩绘墓》，甘肃人民出版社，2005 年，37 页

〔51〕 甘肃省文物考古研究所、张家川回族自治县博物馆：《甘肃张家川南川宋墓发掘简报》，《考古与文物》2009 年 6 期，11～16 页。

〔52〕 延安市文物研究所：《延安宝塔区北宋社火秧歌内容画像砖墓葬》，《文博》2008 年 6 期，12～17 页。

〔53〕 康保成、孙秉君：《陕西韩城宋墓壁画考释》，《文艺研究》2009 年 11 期，79～88 页。

〔54〕 卢建国、官波舟：《宝鸡市长岭机器厂宋墓清理简报》，《文博》1998 年 6 期，29～36 页。

〔55〕 靳之林、左登正：《陕西洛川土基镇发现北宋壁画墓》，《考古与文物》1988 年 1 期，66～68 页。

〔56〕 侯鸿钧：《伊川县窑底乡发现后晋墓一座》，《文物参考资料》1958 年 2 期。

〔57〕 目前，该墓仅仅发表了墓志，见邢心田《河南孟县出土后周太原夫人王氏墓志》，《文物世界》2002 年 5 期。关于墓葬形制的第一手材料见焦作市文物局考古领队杨贵金先生处，未发表。

〔58〕 李广：《湖北谷城发现北宋纪年砖墓》，《中国文物报》2001 年 12 月 7 日第一版。

〔59〕 洛阳市第二文物工作队：《洛阳尹屯新莽壁画墓》，《考古学报》2005 年 1 期，109～126 页。

〔60〕 罗二虎：《汉代画像石棺研究》，《考古学报》2000 年 1 期，48 页。罗二虎将汉代画像石棺分为三期：第一期约东汉中期和帝至质帝时期（89～145），这一期画像石棺数量不多，种类主要为整石的普通石棺和柜形崖棺，形制有仿木棺形和仿房屋建筑两种，画像构图多显得较为杂乱，各幅画像之间的布局也缺乏整体性，内容有神仙仙境与升仙、墓主生活、生殖崇拜、驱鬼镇墓等；第二期为东汉晚期的桓帝至灵帝时期（146～188），本期的数量大增，出现拼合石棺，画像的内容和位置布局已经明显地看出地区差异，已有逐渐格式化的倾向；第三期为东汉末期至三国蜀汉时期（189～263），出现棺身连棺台以及在棺身一端开门的石棺，画像大体如前期，但造型更为生动，达到了汉代石棺画像艺术的顶峰。

〔61〕 雷建金、曾健：《内江市中区红樱东汉崖墓》，《四川文物》1989 年 4 期。

〔62〕 山西省考古研究所、大同市考古研究所：《大同市北魏宋绍祖墓发掘简报》，《文物》2001 年 7 期，19～39 页。

〔63〕 西安市文物保护考古所：《西安北周凉州萨保史君墓发掘简报》，《文物》2005 年 3 期，4～33 页。

〔64〕 陕西省博物馆、文管会：《李寿墓发掘简报》，《文物》1974 年 9 期。

〔65〕 夏名采：《青州傅家北齐画像石补遗》，《文物》2001 年 5 期，92～93 页。

〔66〕 陕西省考古研究所、陕西历史博物馆、昭陵博物馆：《唐昭陵新城长公主墓发掘简报》，《考古与文物》1997 年 3 期，3～24 页。

〔67〕 《洛阳古墓博物馆》馆刊，28 页。

〔68〕 山西省考古研究所、太原市文物管理委员会：《太原南郊北齐壁画墓》，《文物》1990 年 12 期。

〔69〕 山西大学文博学院、襄垣县文物博物馆：《山西襄垣唐代浩氏家族墓》，《文物》2004 年 10 期。

〔70〕 高小龙：《北京清理唐砖室墓》，《中国文物报》1998 年 12 月 20 日第一版。

〔71〕 张德卿、耿建北：《登封清理唐砖室墓》，《中国文物报》1998 年 6 月 10 日第一版。

〔72〕 王策：《燕京汽车厂出土的唐代墓葬》，《北京文博》1999 年 1 期。

〔73〕 邱播、苏建军：《山东临沂市药材站发现两座唐墓》，《考古》2003 年 9 期，93～95 页。

〔74〕 张道森、吴伟强：《安阳唐代墓室壁画初探》，《美术研究》2001 年 2 期，26～28 页。

〔75〕 陈公柔：《白沙唐墓简报》，《考古通讯》1955 年创刊号，22～27 页。

〔76〕 李星明：《唐代墓室壁画研究》，陕西人民美术出版社，2005 年。

〔77〕 刘善沂：《济南市宋金砖雕壁画墓》，《文物》2008 年 8 期，33～54 页。

〔78〕 河南省文物研究所等：《宋太宗元德李后陵发掘报告》，《华夏考古》1988 年 3 期，19～46 页。

〔79〕 河南省文化局文物工作队第一队：《郑州南关外北宋砖室墓》，《文物》1958 年 5 期。

〔80〕 韩小囡：《宋代墓葬装饰研究》，山东大学考古学及博物馆学博士学位论文，2006 年 5 月。韩小囡曾对北宋中原北方地区砖室壁画墓做了两期四段的总结，认为：初始阶段，相当于北宋太祖建隆元年至太宗至道三年

（960～997），这一阶段的墓葬装饰较简单，以砖雕仿木建筑为基本框架，壁面多为砖雕假门、假窗，以及由一桌二椅、灯檠、衣架、衣柜、剪刀、熨斗等构成的家具陈设组合，仿木建筑多为一斗三升斗栱，假门为版门，假窗为直棂窗或破子棂窗，椅子多为平板无靠背，无人物形象；萌芽阶段，相当于真宗咸平元年至仁宗嘉祐八年（998～1063），这一阶段的墓葬装饰仍以砖雕仿木建筑为基本框架，壁面主要装饰仍以家具陈设组合，但是，结构较前一阶段复杂，装饰题材日渐丰富，出现了类似于墓主夫妇坐像的内容；发展阶段，相当于英宗治平元年至神宗元丰八年（1064～1085），这一阶段出现了妇女启门、备侍等区别于晚唐五代墓葬的典型题材，二十四孝图、墓主夫妇对坐像也是这一时期出现的；后期成熟期，相当于哲宗元祐元年至钦宗靖康二年（1086～1127），终于从形制到装饰上形成了自身独特的图式系统和理念，达到了宋代墓葬装饰的成熟形态。

〔81〕 宋嵩瑞、耿建北、付得力：《河南登封市双庙小区宋代砖室墓发掘简报》，《文物春秋》2007年6期，33～37页。

〔82〕 郑州市文物考古研究所：《河南登封城南庄宋代壁画墓》，收入《郑州宋金壁画墓》，科学出版社，2005年。

〔83〕 郑州市文物考古研究所：《登封箭沟宋代壁画墓》，收入《郑州宋金壁画墓》，科学出版社，2005年。

〔84〕 郑州市文物考古研究所：《登封刘碑宋代壁画墓》，收入《郑州宋金壁画墓》，科学出版社，2005年。

〔85〕 郑州市文物考古研究所：《登封高村宋代壁画墓》，收入《郑州宋金壁画墓》，科学出版社，2005年。

〔86〕 白沙镇的三座墓葬，据宿白先生推断，当为一家族墓葬无疑。白沙一号墓出土买地券上表明此墓为北宋哲宗元符（1099）墓葬，而其他两座墓则要晚于这个时间，但最晚下限不超过北宋宣和六年（1124）。

〔87〕 据1950年代宿白先生《白沙宋墓》注释（16）引："白沙颍东第154号墓出《宋故河南路君（路适）墓志》云：'（适子）平、选将以政和四年（1114）七月二十九日卜葬于登封县天中乡下曲之皋。'颍东第158号墓所出铁券也记：'维大宋宣和六年（1124）西京登封县天中乡崛中村祭掌高通奉为故亡祖父高怀宝……现在浅土，载谋迁座……宜于当乡本村赵□地内窆葬。'"现在可证禹县白沙镇，北宋时当属登封县天中乡辖制。

第三章　八角形墓室形制来源及其象征意义

　　目前，对于中原北方地区北宋仿木构砖室墓八角形制的来源问题，有分量的研究[1]不多。相比较，研究者似乎对于辽代仿木构砖室墓的八角形形制更为关注。如宾夕法尼亚大学夏南悉（Nancy Schatzman Steinhardt）教授 1997 年在《辽代建筑》一书中，曾注意到八角形墓葬与辽代八角形塔之间的关联[2]。霍杰娜认为，辽代八角形墓室的出现是与"当时密教信仰中对'八大菩萨'、'八大灵塔'的崇拜有关"，并指出："这首先影响了相关的佛教建筑，特别是作为佛教象征建筑的塔"，而"作为同样是埋葬尸骨的墓室，其平面完全有可能模仿佛塔的地宫建制"[3]。李清泉围绕以宣化辽代张氏家族壁画墓群为中心的研究中认为，晚唐以来柱身多呈八角形或六角形的陀罗尼经幢，在与坟塔渐趋混同的历史过程中，最终促使墓葬形制向八角形或六角形方向演变。据此得出"唐代以迄辽宋之际，丧葬礼仪艺术的总体嬗变，其中不乏佛教因素的深度影响。而导致这次邅变的关键性因素，是密教陀罗尼信仰"[4]的研究结论。

第一节　八角形与佛教

霍杰娜认为密教信仰中的"八大菩萨"和"八大灵塔"崇拜，首先影响了辽代佛塔形制，然后八角形的辽代佛塔又影响到墓葬建筑形制的观点有一定道理。但是，"八大菩萨"、"八大灵塔"和八角形制之间的联系似乎并不紧密。"八大菩萨"作为密教信仰的对象，在密教坛场中一般采取方形、圆形、三角形三种设置，而"八大灵塔"则是"佛教徒依据佛经内容建造，并没有什么具体的式样，建造时将八塔集中在一起，以象征降生、成佛、转法轮、智声、说法、颂法、现疾、圆寂八个阶段"[5]。因此，在笔者看来，无论是"八大菩萨"还是"八大灵塔"崇拜，都不构成对辽代佛塔八角形制的影响。

相比较，李清泉所认为"晚唐以来柱身多呈八角形或六角形的陀罗尼经幢，在与坟塔渐趋混同的历史过程中，最终促使墓葬形制向八角形或六角形方向演变"的研究结论显得更为可信。从目前的证据来看，宋辽时期仿木构砖室墓的多角形制与唐以来的佛塔、经幢形制的多角变化，不仅在墓室形制上，也在建筑方式上具有明显的承继关系。佛塔的多角变化是早于仿木构砖室墓的。一个直接的例证是现在保存于河南登封市嵩山脚下的会善寺净藏禅师塔（746）（图3-1）。这座中国目前现存最早的八角形仿木构砖塔是净藏禅师去世后，其"门人慧云、智祥、法俗弟子等莫不攀慕教缘，奢花雨泪，哀恋摧恸，良可悲哉！敬重师恩，勒铭建塔"[6]。"塔平面等边八角形，内辟八角小室。塔身四隅，砌成倚柱，露出五面，当为八角柱。塔身正面圆券门，左右两侧门扇状，四隅面直棂窗。

屋顶之上须弥座，八角砖砌山华蕉叶形；更上平面圆形须弥座，上施仰莲。最上为石制仰覆莲座及火焰宝珠。"[7]这座年代久远的八角形砖塔表明，至少从盛唐之际开始，佛塔就开始由初始单一的方形楼阁式，向着八角形、六角形、圆形等多种样式发展。二百年后，也就在唐宋换代之际，八角形成为佛塔的主流样式。

图 3-1 登封会善寺净藏禅师塔
（图片来源：《河南文化遗产》）

值得注意的是，与佛塔多角演变的同时，伴随着密教在唐代开元、天宝年间的传播而广为流行的经幢，也呈现出与佛塔形制变化类似的转变。经幢是唐代才出现的一种多面体的佛教石刻，其上大都刻有《佛顶尊胜陀罗尼经》，其主要形制即为八角形，也有六角、方形、圆形等（形制与中原北方地区仿木构砖室墓的形制相似）。《佛顶尊胜陀罗尼经》属于密教的经典之一，此经在 7 世纪下半叶得以迅速流行，是因为其"不仅可祈求现实的利益，永离病苦、延年益寿，并且可免除因业障恶因招致地狱、畜生、饿鬼恶道的果报，更可得佛授记，尽此生后可往生诸佛国土"[8]。此经兼济生灵与亡者，强调"持诵尊胜者，而得以延命长寿，及免除地狱之苦"。因此，尊胜幢因其具有"尘沾影覆"的功效而广为流传。

据台湾刘淑芬研究[9]，经幢其实是唐代发展出来的一种杂糅刻经、造像，且有宗教作用的特殊的塔，属于法舍利塔，即放置佛经的塔。经幢上一般刊刻有《佛顶尊胜陀罗尼经》。

对于经幢在唐代开元、天宝年间以后的流传，其八角形的特殊寓意，我们能够从佛教的经典中找到某些依据。佛教般若部《佛说最上根本大乐金刚不空三昧大教王经》[10]称：

> 若人成就此曼陀罗，当依外曼陀罗法画内曼陀罗，于其中间画八角宝柱，如八曼陀罗相。

密教部经典《大佛顶如来密因修证了义诸菩萨万行首楞严经》[11]提到：

> 佛告阿难若末世人愿立道场…则方圆丈六为八角坛。

密教部《佛说七俱胝佛母准提大明陀罗尼经》[12]称：

> 入三摩耶灌顶道场，磨白檀香涂作八角曼茶罗。犹如满月，或似八叶莲华。

依上所言，八角形是为密教道场中具有特殊寓意的形状，象征着八曼陀罗。

开元七年（719）达西京的《金刚顶经大瑜伽秘密心地法门义诀》[13]宣称：

放杂宝色光成妙显山名坚胜法界座种也，今人共号为须
弥座者，从此立名。非是须弥卢山四宝所成者。此妙座高显
犹如彼山，故以喻之。山有八面，面各有门，于中空同八大
菩萨常所居宫也。而诸菩萨各据一面而演说法，于其室内乃
有十方诸佛微尘大会。

这段记载提供的重要信息是，须弥座和八角形何以结合在
一起，八角形座成为八大菩萨所居之须弥山的象征。陕西户县
草堂寺唐代鸠摩罗什舍利塔在方形的基座上营造的是在波涛汹
涌的大海上耸立着八角形平面方形屋顶的楼阁式建筑。1978
年，在苏州瑞光寺塔第三层塔心窖穴内发现，制成于北宋真宗
大中祥符六年（1013）之前的真珠舍利宝幢形象地营造了该
《义诀》所描述的场景，"平面八角形的底座分为三层。最上层
下枭部分呈宽大的曲面，每面有两个漆雕人物。其下八面台阶
上有银铸的小狮"，基座上"须弥山自大海中耸出。山顶十六
个峰头分立金刚力士八尊，环卫宝幢。山根接海处有一条银丝
鎏金串珠的九头龙蟠绕着。海四周升起祥云八朵，云头分立着
天王、菩萨。最外绕以勾栏"，其上为"青底填金，刻写般若心
经和过去七佛佛名的八角柱"，"柱外围以鎏金庙柱八根。顶上内
置祖师雕像的佛龛、八角形屋顶、金漆木质佛龛、华盖"，"最上
为一颗明亮的大水晶珠"[14]。八角形和须弥山的融合似乎显示出
经幢的八角形形制的可能寓意，而"随着墓上经幢的逐步墓塔
化，地下墓室也开始出现模仿佛塔地宫的倾向，以致墓室平面呈
现出与墓上经幢相对应的八角形或六角形形制，成为一种坟塔化
的墓葬式"[15]。

佛塔地宫是佛教中专门用以瘗埋佛教高僧的舍利、佛经的场
所。杨泓先生在中国古代舍利瘗埋制度的研究[16]中曾指出，"北
魏时未筑地宫，只是把放置舍利的石函直接埋入塔基夯土中。隋

代开始以砖石构筑简单的墓室状建筑，不再把放置舍利的石函直接埋入土中。……到唐代，已发现的三处有纪年的舍利塔基，均修建了砖石结构的'地宫'"，"盛放舍利的容器，北魏时是玻璃瓶、钵等，容器置于石函之中。隋代一般仍采用瓶、罐等容器盛放舍利，但奉隋文帝之命建立的舍利塔，则有专为盛放舍利而制的涂金盝顶铜盒，外面是石函"。到了唐代，"舍利容器增加至五重，最内是盛放舍利的琉璃瓶，其次依次为金棺、银椁、鎏金铜函和盝顶石函"。到了开元年间，石函改为由六块青石构件组成的"释迦如来舍利宝帐"，内置银椁、金棺和盛放舍利的绿玻璃瓶。而随同舍利瘗埋的"七宝"及施舍的财宝等物，北魏及隋代只放于石函之中；唐初还放于铜函内银椁周围；到了开元年间，由于设置了石雕舍利宝帐，更将宝物陈列于帐前和两侧，还在帐座前两角安置供养舍利的金莲花。"中国古代以金棺、银椁为主要容器且构筑模拟中国式墓室的舍利瘗埋制度的形成，表明随着佛教在中国的传播，许多与之有关的文物制度改变了在印度次大陆时的原貌，出现了适合中国传统习俗的新形式。"[17]

　　模拟中国式墓室的佛塔地宫在唐代开元以后逐步流行。如，河南登封市法王寺二号塔地宫[18]（图 3 - 2）于 2000 年考古发掘，其建筑年代为唐玄宗天宝二年（743）之后，封闭年代则约在唐代晚期。地宫位于塔基下的中心部位，方向正南，依次为踏道、宫门、甬道、宫室四部分组成。宫室平面方形，四角攒尖顶，长方形的须弥座式禅床位于宫室北部，禅床上有一泥塑跌坐的高僧真身像。

　　1969 年，河北定州先后清理两座宋代塔基地宫[19]。静志寺真身舍利塔塔基地宫的建成年代为北宋太平兴国二年（977），净众院舍利塔塔基地宫则为北宋至道元年（995）。静志寺塔基地宫坐北朝南，平面为不规则的方形，墙壁上部为砖砌斗栱，斗栱上

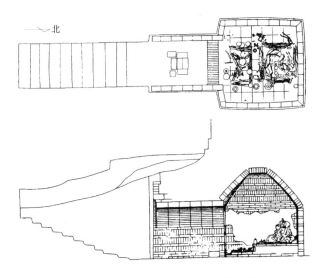

图 3 - 2 　河南登封法王寺二号塔地宫平剖面图
(图片来源:《华夏考古》2003 年第 2 期)

部为砖砌覆斗式封顶, 顶口盖一石雕歇山式屋顶。地宫四壁均有
壁画, 南壁券门两侧各绘一身着盔甲的天王像, 东西两壁则绘制
礼佛图, 东壁为梵王, 作帝王形象; 西壁为帝释, 作贵夫人形
象, 描绘的是梵王、帝释祭祀释迦牟尼时的情景, 北壁中间为一
莲花座, 座上供奉着五颜六色的舍利子, 其后是一灵牌, 上写
"释迦牟尼真身舍利" 几个大字, 两侧各有五个僧人簇拥而立,
应该描绘的是释迦牟尼尸体火化后, 他的十个弟子安葬礼拜的
情景。净众院舍利塔塔基地宫也为方形, 顶为圆顶, 地宫东、
西、北三壁均绘有壁画。北壁是释迦牟尼涅槃图, 画中释迦牟
尼侧卧在高台之上, 双目微闭, 十分安详, 周围是他的十个弟
子和他父母悲悼的场景。东西两壁各有六位戎装乐师, 他们手
拿各自的乐器, 在祥云中, 翩翩起舞, 应该是为迎接释迦牟尼
的灵魂升天的场景。圆形上则是用黑色线条勾勒的祥云、花束、

凤凰等。

山西临猗县仁寿寺北宋塔宫[20]方形，藻井式顶。四壁中端，各砌筑一门两窗。北宋仁宗嘉祐元年（1056）建造。而建于13年以后的山西临猗双塔寺北宋塔基地宫[21]（1069）（图3－3），位于西塔塔基下，地宫坐西向东，平面方形，四角攒尖顶。宫室四壁仿木构建筑，一门二窗，制作精美。

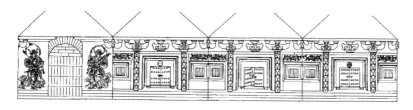

图3－3　山西临猗双塔寺北宋塔基地宫展开示意图
（图片来源：《文物》1997年第3期）

仿民间墓葬的佛塔、地宫，以及仿佛塔地宫的民间墓葬，其实是一个相互借鉴、相互融合的过程。佛教地宫的形制，一方面，模拟中国式墓室的样式，另一方面，也反过来影响中国式墓室的样式。

佛塔地宫形制的八角、六角大约出现在晚唐、五代之际，早于北宋仿木构砖室墓的八角、六角变化。河北正定舍利寺塔的地宫（图3－4），其年代"应为五代后晋天福五年（940）之后的十二年间"[22]。地宫坐北朝南，分为上宫室、下宫室、甬道三部分。上宫室为八角形，室内中部开口，上置石函，下为下宫室，平面为方形。1977年4月，郑州市博物馆对郑州开元寺宋代塔基进行清理[23]，其地宫由门、甬道、墓室三部分组成。墓室平面方形，四角上部砌筑石雕二层斗栱支撑墓顶，墓顶用梯形石板平砌，构成八角形，八角形石板封顶。据清理报告推测，该地宫当建于"大宋开宝九年（976）"左右。

图 3 - 4　河北正定舍利寺塔基地宫形制
(图片来源：《文物》1999 年第 4 期，彩版四)

　　建于北宋天圣十年（1032）的河南邓州福胜寺塔塔基地宫
（图 3 - 5）由宫道、大门、甬道、宫室组成。长方形斜坡宫道、
门楼式宫门、六角形仿木构宫室及六角形攒尖顶，顶部正中嵌
铜镜的做法，为北宋京西南路邓州地区所流行的墓室建筑手法，
这也是笔者所见到河南地区有明确纪年的六角形地下建筑最早的
一座[24]。而约建于北宋中叶的新郑县凤台寺塔[25]（图 3 - 6）
为平面六角形的九级叠涩密檐式砖塔。塔身下砖砌地宫，地宫
平面随塔身作六边形，门道向东。地宫转角处，均用立砖砌出
小八角形倚柱，倚柱上承托两层普拍枋，枋上设五铺作斗栱，
斗栱承托替木，替木之上，叠涩砖八层构成六角攒尖顶。地宫
内壁均抹白地，其上用黑、红、黄三色，绘制花卉、飞禽、
人物。

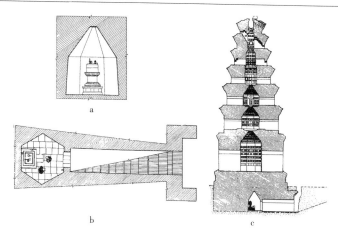

图 3 - 5　河南邓州福胜寺塔及地宫平、剖面图

a. 地宫剖面图　b. 地宫平面图　c　福胜寺塔及地宫纵剖面图

（图片来源：《文物》1991 年第 6 期）

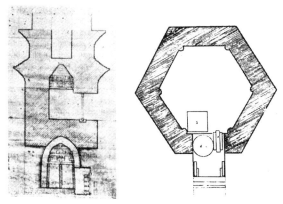

图 3 - 6　河南新郑凤台寺塔地宫平、剖面图

（图片来源：《中原文物》1981 年第 2 期，49、51 页）

　　据徐苹芳先生的研究，北宋仿木构砖室墓八角形或六角形墓葬形制大约出现在北宋仁宗朝以后。以上两座佛塔地宫的多角形制显示，北宋仿木构砖室墓的多角形制，确实是参照了佛塔地宫的建制。

第二节 八角形与"地象八方"

一个有意思的现象是，八角形作为建筑形制开始流行却是出现在盛唐之际的东都洛阳以及临近地区。

一、1988年10月，中国社会科学院考古研究所洛阳唐城队对位于宫城中轴线上的武则天明堂进行了发掘，其"主体建筑建在八角形夯土基座上"[26]。关于武则天在洛阳建筑的这座明堂，文献上有明确记载：唐永徽二年（651），高宗下诏造明堂，内出九室样，"堂三等，每等阶各十二。上等方九雉，八角；上等象黄琮，为八角，四面安十二阶"[27]。总章三年（670）三月，具明堂规制，下诏："其明堂院，每面三百六十步，当中置堂；院四隅各置重楼，其四墉各依方色。基八面，寓意象八方。按《周礼》黄琮礼地。郑玄注'琮者，八方之玉，以象地形'，故知地形八方。"[28]诏下之后，犹详议未决，终高宗之世，未能创立。武后临朝，"以高宗遗意"，"不听群言"，至垂拱四年（688）二月，"毁东都之乾元殿，就其地造明堂"，因下诏曰"时既沿革，莫或相遵，自我作古，用适于事"，"其月明堂成，号为万象神宫"[29]。开元二十六年（738），玄宗认为洛阳明堂"体式乖宜，违经紊乱"，下令毁明堂。第二年，将作大匠"以毁拆劳人，乃奏请且拆上层，卑于旧制九十五尺。又去柱心木，平座上置八角楼"[30]，依旧为"乾元殿"。

二、《新唐书》记载，在武则天当政的时代，在她统治的政治中心洛阳城内，曾经建造过一个三十多米高的纪念柱——大周万国颂德天枢。"延载二年（695），武三思率蕃夷诸酋及耆老请作天枢，衰纪太后功德，以黜唐兴周，制可。使纳言姚疄护作。乃大哀铜铁合冶之，署曰'大周万国颂德天枢'，置端门外，其制若柱，度高一百五尺，八面，面别五尺。冶铁象山为之趾，负以铜龙，石镵怪兽环之。柱颠为云盖，出大珠，高丈，围三之。作四蛟，度高丈二尺，以承珠。其趾山周七十尺，度二丈。无虑用铜铁二百万斤。乃悉镂群臣、蕃酋名氏其上。"[31]大周万国颂德天枢虽然没有保存下来，但是现在位于唐乾陵神道第二道门的八角形墓表似乎与天枢的设计有着相似之处。

三、《华严经传记》卷一曾记载《中天竺国三藏法师地婆诃罗传》："以垂拱三年（687）十二月廿七日，无疾而终于神都（洛阳）魏国东寺，会葬者数千万人。圣母（武则天）闻之，深加悲悼……后因梁王（武三思）所奏，请置伽蓝，敕内注名为'香山寺'。危楼切汉，飞阁凌云，石像七龛，浮图八角。"[32]此为文献记载"浮图八角"的最早塔例。

四、河南登封会善寺净藏禅师塔（746）为现存的最早一例八角形墓塔。这座被梁思成先生称为"中国建筑史中标志着一个重要的转变"的墓塔，是第一个用须弥座做台基的塔，并且，"在它出现以前，除去一座十二角形和一座六角形的两个孤例之外，所有的塔都是正方形的。在它出现以后约二百年，八角形成为佛塔最常见的平面形式"[33]。

从以上的记载来看，唐永徽二年（651）到净藏禅师塔（746）近百年的时间里，八角形作为建筑样式一开始却是和中国传统社会中"地象八方"的观念结合得更为紧密。

所谓"基八方"，寓意"象八方"，是中国古代礼制社会中"八觚用以祀地"观念的显现。觚，指的是多角棱形的器物，八觚指的就是平面为八角形的器物。据《汉书》记载，汉成帝初即位，丞相匡衡、御史大夫张谭议论帝王郊祀之制时，言及孝武皇帝（汉武帝刘彻）于云阳立泰畤时说："甘泉泰畤紫坛，八觚宣通象八方。服虔曰：八觚如今社坛也，师古曰：觚，角也。"[34]
此为明确寓意"八觚象八方"的最早记载。《旧唐书》考证：
"又按《汉书》，武帝立八觚坛以祀地。登地之坛，形象地，故令
为八方之基，以象地形。"[35]指的应该就是这个在云阳所立的泰
畤。后周"祭后土地祇，于国北郊六里为坛，坛一成，八方。其
壝八面，内壝半之"[36]。唐代高祖受禅，不遑创仪。太宗平定天
下，命儒官议其制。永淳二年（683）诏定仪注，认为"禅祭坛，
上饰以金，四面依方色，为八角方坛"[37]。

　　文献上所记载的郊丘制度，八角"象黄琮"，寓意着"地
象八方"，也体现在对祭玉制度的议论中。"周制，大司乐云：
'夏日至，礼地祇于泽中方丘'，其丘在国之北，就阴位。礼神
之玉以黄琮，琮，八方，象地。"[38]又："王者必五时迎气者，
以示人奉承天道，从时训人之义"，其"礼神之玉，按大宗伯
云：'黄琮礼地则中央也'，'琮八方，象地也。'"[39]关于黄琮
的具体形制，在五代后周国子祭酒尹拙和太常博士聂崇义之间
有过激烈的争论。后周显德四年（957），尹拙据梁桂州刺史崔
灵恩《三礼义宗》与《白虎通》"方中圆外曰璧，圆中方外曰
琮"议："黄琮所以礼地，其长十寸，以法地之数。其琮外方
内圆，八角而有好。"但聂崇义"与田敏等按《周官》玉人之
职及阮谌、郑玄旧图，载其制度"，认为'黄琮八方以象地"，
且"琮八角而无好"[40]。从聂崇义于北宋初年编订的《三礼图
集注》中绘制的黄琮形制来看，所谓"黄琮八方"与我们今天
所讨论的八角形还有一定的距离。北宋建隆三年（962），就
"拙、崇义复陈祭玉鼎釜异同之说"，宋太祖"诏中书省集议"。
吏部尚书张昭等奏议认为："崇义等以诸侯入朝献天子夫人之
琮璧以为祭玉，强为尺寸，古今大礼，顺非改非，于理未
通"，而"《义宗》之出，历梁、陈、隋、唐垂四百年，言礼
者引为师法"，"近代晋、汉两朝，仍依旧制"，"周显德中，

田敏等妄作穿凿，辄有更改"，因此，"伏望依《白虎通》、
《义宗》、唐礼之制，以为定式"[41]。明代刘绩依据《白虎
通》"内圆象阳，外直为阴，外牙而内，凑象聚会也，故谓之
琮"[42]，而绘制的琮的形状，则直观地呈现了黄琮与八角形
的对应关系。

　　八角形"象黄琮"，寓意着"地象八方"，"通天地，综阴
阳"，在中国古代礼制建筑与祭玉制度中的运用，为隋唐开始的
佛塔建筑形制的演变提供了源头。正如《冷然志》中记载：
"京师天宁寺塔建于隋开皇末，规制特异，实其中无阶级可上，
盖专以安佛舍利"，"镛之台上为八觚坛，高可四尺，象如黄
琮"[43]。建有"象如黄琮"的八觚坛的京师天宁寺塔在隋代开
皇末被视为"规制特异"而用以安放佛舍利，似乎说明佛塔的
八角形制在变化的初始阶段曾被认为体现了"象如黄琮"的传
统观念。

第三节　八角形与八卦

　　台湾学者刘淑芬在讨论唐代经幢的来源问题时曾指出："经
幢的来源之一是北凉石塔；另外，它的形制也和北朝迄唐以来建
筑上所流行的八角柱有关。"[44]

　　八角柱的出现似乎要早于北朝。山东沂南东汉画像石墓，前
室和中室的中央就各建有上置斗栱的八角柱。这是对经幢的八角
形制来源给予一个较为直观的形象判断。而北凉石塔的八角形塔
基则明确地显示出八角形与八卦之间的联系。现藏美国克林富兰
艺术博物馆的一件由覆钵形塔、塔腹、八角形塔基三部分组成的
北凉石塔。八角形塔基每面雕刻人像，四男四女。每面边框的上

方各刻有一八卦符号。所刻人物性别与八卦所代表的阴阳属性相符合[45]。这是覆钵形塔与八角形结合的较早实例，也是将八角形与八卦结合起来的较早实例。

唐代民间阴阳地理盛行。唐王希明《太乙金镜式经》推八门所主法谓："玄妪天有八门，以通八风也。地有八方，以应八卦之纲纪。四时，主于万物者也。开门直乾，位在西北，主开向通达；休直坎，位正北，主休息安居；生门直艮，位东北，主生育万物；伤门直震，位正东，主疾病、灾祸；杜门直巽，位东南，主闭塞不通；景门直离，正位南，主鬼怪亡遗、惊恐奔走；死门直坤，位在西南，主死丧、葬埋；惊门直兑，位正西，主惊恐奔走。开、休、生三门大吉，景门小吉，惊门小凶，死、伤、杜门大凶。"[46]而在"今人葬不厚于古，而拘于阴阳禁忌则甚焉"[47]，"世俗信葬师之说，既择年月日时，又择山水形势，以为子孙贫富贵贱，贤愚寿夭，尽系于此"[48]的北宋，民间墓葬逐渐变化成型为以八角形、六角形仿木结构砖室墓为代表，其八角形所象征的寓意似乎可以理解为"地有八方，以应八卦之纲纪，主于万物也"观念的体现。

八卦与八角形之间的对应关系，从文献中，我们能够找到直接的证据。南宋张行成"取陈抟至邵雍所传先天卦数等十四图，敷演解释以通其变"，著《易通变》，其变易之图（图3-7），用八角形表八卦之属，作《八卦子数图》、《河图洛书与先天合一图》、《元气五变相交图》、《太极六变反生图》等[49]。元代郝大通《太古集》卷三有三才象三坛之图，上坛为圆形，中坛为八角形，下坛为方形。其论三才曰："夫三才者，天一地二人三也。今则不然，所谓天在上，地在下，人立乎中，以象三才，非取一二三，惟取上中下品是也。故知上品类天之万象，以明十干之类是也。中品类人有万事，此者皆自天之下，自地之上而居于中，以明八卦五行之属是也。下品类地之万物，以明十二支位是也。

此具三品，以证三才。"[50]明言八角形"以明八卦五行之属也"。
《道枢》对八卦炉的解释为"八卦者，八角是也"[51]。在墓葬中，
八角形体现着"地有八方"，以应八卦，对应着开、休、生、景、
惊、死、伤、杜八门。据《大汉原陵秘葬经》[52]辨掩闭骨殖篇
称："孝子向埏道咒曰，开冢道，塞冢埏，地祇护迫，急急如律
令。诸孝子去孝服向休门面立。遁甲云，生门临四宫，随孝子诸
亲于东南生门出，万恶不见，人人大吉也。"[53]明确地记载了宋
元之际，中原北方地区墓葬中所对应的休门、生门等观念，应合
着八卦，寓意地有八方。

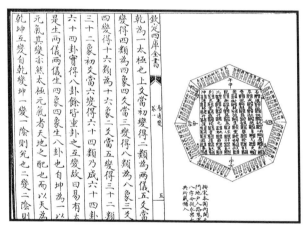

图3-7　南宋张行成所著《易通变》中变易图
（图片来源：钦定四库全书《易通变》）

　　综上所述，笔者认为，八角形作为北宋砖雕壁画墓具有时代
特征的墓葬形制，其形象直接来源于佛塔、经幢至瘗埋佛僧舍利
的地宫和墓塔至民间丧葬墓室，但其精神内核则体现的是《周
易》的八卦方位，在民间堪舆思想与佛教的融合过程中，经北宋
易学的规范后重新诠释的再创造。

〔1〕 目前，对北宋中原北方地区砖室墓八角形制的讨论，仅见郝红星、于宏伟的研究。他们认为，辽宋金单室六边形、八边形壁画墓应该是在唐代弧边形墓基础上发展起来的，唐代弧边墓四角绘倚柱，东、西两壁的中部绘一根或二根倚柱，就成为辽宋金的六角形或八角形墓葬。参见郝红星、于宏伟：《辽宋金壁画墓、砖雕墓墓葬形制研究》，收入《郑州宋金壁画墓》，科学出版社，2005 年，267 页。以上观点有墓例支持。例如，五代河南伊川县窑底乡后晋李俊墓为十二边形砖室墓，河南孟县后周太原夫人王氏墓（957）为十边形砖室墓。这两座墓葬均体现出唐代弧方形墓葬向多角形墓室平面转变的过程，但是，北宋中晚期较为规范与成熟的八角形、六角形墓室平面的最终形成，似乎不能仅仅将之归结为形制本身的转化，而应该考虑这种转化的内在推动力。

〔2〕 关于夏南悉教授的研究，参见李清泉《宣化辽墓：墓葬艺术与辽代社会》第五章《真容偶像与多角形墓葬》中的注释 142 转引 Nancy Shatzman Steinhardt，Liao Architecture，Honolulu：University of Hawaii Press，1997，p. 398。"辽代八角形塔，是汲取了佛教不同宗派信仰的艺术形式（方形塔、印度萃堵波以及曼陀罗），而又为这些艺术形式赋予了新的意义的典型例子。它是一个中介物，辽代社会通过这样一种中介物，贯彻表达了他们从外部吸收而来的宗教图像学。正如佛堂和帝陵那样，在亚洲，塔是契丹王权的一种象征。通过佛堂中的佛像、通过一个八角形的衣葬空间、通过塔身和塔身上的雕刻，契丹统治者可以把自己比作佛教的神。契丹王朝之所以重视这种永久性纪念物是不足为怪的，应县木塔、蓟县楼阁式塔和白塔，乃至每座墓葬，都与死亡密切相关。"

〔3〕 霍杰娜：《辽墓中所见佛教因素》，《文物世界》2002 年 3 期。

〔4〕 李清泉：《宣化辽墓——墓葬艺术与辽代社会》，文物出版社，2008 年，317 页。

〔5〕 张驭寰：《中国塔》，山西人民出版社，2000 年。

〔6〕 郑州历史文化丛书编纂委员会编：《郑州历代碑刻汇考》，香港国际出版社，1999 年，156 页。

〔7〕 梁思成：《中国建筑史》，百花文艺出版社，1998 年，113 页。

〔8〕 刘淑芬：《〈佛顶尊胜陀罗尼经〉与唐代尊胜经幢的建立——经幢研究之一》，《中央研究院历史语言研究所集刊》第六十七本，第一分，〔台湾〕，1986 年。

〔9〕　刘淑芬：《经幢的形制、性质和来源——经幢研究之二》，《中央研究院历史语言研究所集刊》第六十八本，第三分，〔台湾〕，1987 年，698 页。

〔10〕　〔宋〕法贤《佛说最上根本大乐金刚不空三昧大教王经》，收入《大正新修大藏经》般若部，No. 244。

〔11〕　〔唐〕般剌蜜帝《大佛顶如来密因修证了义诸菩萨万行首楞严经》，收入《大正新修大藏经》密教部，No. 945。

〔12〕　〔唐〕金刚智《佛说七俱胝佛母准提大明陀罗民经》，收入《大正新修大藏经》密教部，No. 1075。

〔13〕　〔唐〕不空：《金刚顶经大瑜伽秘密心地法门义诀》，收入《大正新修大藏经》经疏部，No. 1798。

〔14〕　李松：《天枢——我国古代一种纪念碑样式》，收入《土木金石——传统人文环境中的中国雕塑》，陕西人民美术出版社，2005 年。

〔15〕　李清泉：《宣化辽墓：墓葬艺术与辽代社会》，文物出版社，2008 年，316 页。

〔16〕　杨泓：《法门寺塔基发掘与中国古代舍利瘗埋制度》，《法门寺塔地宫出土文物笔谈》，《文物》1988 年 10 期，30 ~ 32 页。

〔17〕　杨泓：《法门寺塔基发掘与中国古代舍利瘗埋制度》，《法门寺塔地宫出土文物笔谈》，《文物》1988 年 10 期，31 页。

〔18〕　河南省文物考古研究所：《河南登封市法王寺二号塔地宫发掘简报》，《华夏考古》2003 年 2 期，28 ~ 37 页。

〔19〕　定县博物馆：《河北定县发现两座宋代塔基》，《文物》1972 年 8 期；孙彦平、齐增玲：《珍贵的北宋塔基地宫壁画》，《文物春秋》1999 年 4 期，43 ~ 46、62 页。

〔20〕　乔正安：《临猗县仁寿寺北宋塔宫清理简报》，《文物季刊》1995 年 1 期，19 ~ 24 页。

〔21〕　临猗县博物馆乔正安：《山西临猗双塔寺北宋塔基地宫清理简报》，《文物》1997 年 3 期，35 ~ 53 页。

〔22〕　樊瑞平、郭玲娣：《河北正定舍利寺塔基地宫清理简报》，《文物》1999 年 4 期，38 ~ 43 页。

〔23〕　郑州市博物馆：《郑州开元寺宋代塔基清理简报》，《中原文物》1983 年 1 期，14 ~ 18 页。

〔24〕　河南省古代建筑保护研究所、河南省文物研究所：《河南邓州市福胜寺塔地宫》，《文物》1991 年 6 期，38 ~ 47 页。

〔25〕 杨焕成、汤文兴：《风台寺塔建筑结构与年代考略》，《中原文物》1981 年
2 期，49～54 页。

〔26〕 中国社会科学院考古研究所洛阳唐城队：《唐东都武则天明堂遗址发掘简
报》，《考古》1988 年 3 期。

〔27〕 〔唐〕杜佑：《通典》，中华书局，2003 年，卷第四十四，1221 页。

〔28〕 同上，1224 页。

〔29〕 同上，1227 页。

〔30〕 〔后晋〕刘昫等：《旧唐书·礼仪》，中华书局，1975 年，876 页。

〔31〕 〔宋〕欧阳修、宋祁等撰：《新唐书·后妃列传》，中华书局，1975 年。

〔32〕 〔唐〕法藏：《华严经传记》，收入《大正新修大藏经》史传部，No. 2073。

〔33〕 梁思成：《拙匠随笔》，百花文艺出版社，2005 年，58 页。

〔34〕 〔汉〕班固：《汉书·郊祀志》，中华书局，1962 年，1256 页。

〔35〕 〔后晋〕刘昫等：《旧唐书·礼仪志》，中华书局，1975 年，857 页。

〔36〕 〔唐〕杜佑：《通典》，中华书局，2003 年，卷第四十五，1260 页。

〔37〕 〔后晋〕刘昫：《旧唐书·礼仪志》（百衲本），浙江古籍出版社，1998
年，67 页。

〔38〕 〔唐〕杜佑：《通典》，中华书局，2003，卷四十五，1255 页。

〔39〕 同上，卷四十二，1164 页。

〔40〕 〔宋〕薛居正等：《旧五代史·礼志》，中华书局，1976 年，1911 页。

〔41〕 〔元〕脱脱等：《宋史·儒林列传》，中华书局，1977 年，12796 页。

〔42〕 〔明〕刘绩：《三礼图》，收入《景印文渊阁四库全书经部一二三·礼类》，
〔台湾〕商务印书馆，2009 年，129～373。

〔43〕 〔清〕陈梦雷等原辑、蒋廷锡等重辑：《古今图书集成·方舆汇编·职方
典》（影印本）顺天府部·顺天府部杂录，巴蜀书社，1986 年。

〔44〕 刘淑芬：《经幢的形制、性质和来源——经幢研究之二》，收入〔台湾〕
《中央研究院历史语言研究所集刊》第六十八本，第三分，1987 年，
708 页。

〔45〕 殷光明：《美国克林富兰艺术博物馆所藏北凉石塔及其有关问题》，《文
物》1997 年 4 期，42～45 页。根据塔刻纪年"凉皇大沮渠缘禾四年岁在
□亥三月廿九日"，推断为公元 435 年。

〔46〕 〔唐〕王希明：《太乙金镜式经》卷二"推八门所主法"，收入《景印文
渊阁四库全书子部一一六·术数类》，〔台湾〕商务印书馆，1986 年，
810～872。

〔47〕　〔宋〕司马光：《葬论》，收入《司马温公文集》卷四，中华书局，
　　　　1985 年。

〔48〕　〔宋〕司马光：《司马氏书仪》，中华书局，1985 年，卷第七，75 页。

〔49〕　〔宋〕张行成：《易通变》，收入《景印文渊阁四库全书・子部一一〇术数
　　　　类》，第 804 册，〔台湾〕商务印书馆，2008 年。

〔50〕　张泽洪：《道教斋醮符咒仪式》，转引《道藏》第 25 册第 878 页，巴蜀书
　　　　社，80 页。

〔51〕　陈国符：《中国外丹黄白法考》，转引《道枢》卷二十九第二页，上海古
　　　　籍出版社，1997 年，79 页。

〔52〕　据徐苹芳先生的考证，认为："《秘葬经》中所记的许多葬俗，在山西、
　　　　河北、陕西、河南、四川等地的唐至元代的墓葬中还或多或少的保存着"，
　　　　"随着时代的转移，这些地区的葬俗虽然各自起着变化，但仍应有许多共
　　　　同之处"。因此，笔者认为，虽然《秘葬经》被认为是金元时期的地理
　　　　书，但仍旧可以用以说明北宋时期中原北方地区的葬俗。徐苹芳：《唐宋
　　　　墓葬中的"明器神煞"与"墓仪"制度——读〈大汉原陵秘葬经〉札
　　　　记》，《考古》1963 年 2 期，87~105 页。

〔53〕　〔金元〕张景文：《大汉原陵秘葬经》，收入《永乐大典》第四册卷八一九
　　　　九，中华书局，3827 页。

第四章　登封黑山沟宋墓图像解析

第一节　夫妻对坐图在登封黑山沟宋墓中的意义

　　登封黑山沟宋墓墓室西北壁绘夫妻二人对坐（图4-1），中间方桌上摆放有盘盏酒具，二人身后各有一屏风，屏风间绘一侍女，为夫妻对坐图。夫妻对坐图是中原北方地区宋金砖雕壁画墓中的流行图像。其中，最为常见的图像样式是墓主人夫妇端坐椅子上，对坐或者并座，夫妻之间或者前面设置一桌，桌上放置供品或者鲜花。例如，河南禹县白沙北宋哲宗元符二年（1099）赵大翁墓[1]前室西壁（图4-2a）砖雕竹帘，帘下绘悬幔，悬幔下砖砌一桌二椅，椅子上袖手对坐墓主人夫妇，墓主人身后分置屏风，屏风间绘有四名侍者；河南新安石寺乡李村北宋宣和八年（1126）宋四郎墓[2]北壁彩绘幔帐下一方桌，桌上摆满了供品，桌后墓主人夫妇并坐，桌前两侧分置侍者一名，墓主人中间绘侍女一名；山西侯马金大安二年（1210）董明墓[3]墓室北壁（图4-2b）正中砖雕墓主人夫妇并坐，中间设一曲足雕花大几，桌上雕砖一簇枝繁叶茂的牡丹，等等。这类图像往往以独幅的形式，在墓室中占据重要的位置。

图4-1 登封黑山沟宋墓墓室西北壁《夫妻对坐图》
（图片来源：《郑州宋金壁画墓》，98页）

a   b

图4-2 中原北方地区宋金砖雕壁画墓中的《夫妻对坐图》
a. 河南禹县白沙一号宋墓前室西壁；b. 山西侯马董明墓墓室北壁
（图片来源：《白沙宋墓》、《平阳金墓砖雕》）

此外，该图像也有男女墓主人一人一桌一椅，分置在墓室的东、西两壁，或者在同一个壁面上左右分置的情况。如河南新安县梁庄北宋壁画墓[4]八角形墓室中，东壁置一方桌，左侧椅上端坐男墓主人，其身后站立三侍者，而西壁则对称设置女墓主人及三名侍女；河南尉氏县张氏镇宋墓[5]北壁设置长方形壁龛，壁龛内为"后土之神"牌位，壁龛两侧对应男女墓主人棺木的壁面上分别绘制男女墓主人端坐椅上的画像。此外，还有少部分墓例表现的是墓主人独自一人或者多个墓主人端坐椅上，前面放置一桌的情况。例如山西侯马牛村金天德三年（1151）墓[6]墓室北壁正中门状龛内阴线雕刻墓主人袖手端坐椅上，前置一张高足长方形桌子，上置碗及食品等物，门柱上端东、西两侧分别砌一刻字花幡，东侧竖行刻有"香花供养"，西侧刻有"天德三年五月五日"字样；山西长子县石哲金正隆三年（1158）壁画墓[7]北壁彩绘一长方形的条桌，桌后并排端坐三男三女。另外，还出现有墓主人独自或者并列的端坐在椅子上，前面不设桌椅的情况，如陕西韩城宋代壁画墓[8]北壁（图4-3a）绘制男墓主人正面端坐在椅子中，椅子后有一黑框白色屏风，墓主人周围绘制九人，身材明显小于墓主人，描绘的是一整套中草药炮制过程的场景；山西稷山马村4号金墓[9]北壁（图4-3b）砌筑门楼，门楼内部的墙上，砌有一壁龛，龛内两侧各贴砌板门一扇，内置墓主人夫妇并坐椅子上，夫妻神态安详，面对南壁的戏台欣赏杂剧表演，两侧男童女婢，恭侍两旁，夫妻身后，内雕一朵大的牡丹花。

这类在墓室中表现墓主人对座或者并座或者独坐的图像之所以表现有差别，是因为地区风俗的差异与朝代的变迁。如像中地区主要流行于北宋中晚期或宋金之际墓葬中，多采取直接在墓壁上彩绘，或者先砖砌一桌二椅然后再在桌椅上彩绘墓主人及身旁的侍者形象，图像大都为墓主人夫妻对坐、中间桌子上放置

图4-3　中原北方地区宋金砖雕壁画墓中的墓主人肖像

a. 陕西韩城宋代壁画墓墓室北壁；b. 山西稷山马村4号金墓墓室北壁

（图片来源：《文艺研究》2009年第11期；《平阳金墓砖雕》）

酒果等供品、墓主人身后设置屏风等做法；而晋南地区则多见于金代墓葬，流行雕刻（浮雕与圆雕均有）的表现方式，墓主人夫妇对坐和并坐皆有，中间桌上除了有酒果祭器以外，还流行砖雕香花供养等。

一　夫妻对坐图的历史嬗变

关于墓主人形象在墓室图像中出现，早已引起学术界较为广泛的讨论。目前学术界普遍认为，最早的墓主人画像见于湖南长沙楚墓出土的两幅战国时期帛画《人物龙凤帛画》、《人物御龙帛画》。这两幅帛画均表现墓主人御龙凤升天的场景，其特点是，"人物皆作正侧面的立像，通过衣冠服饰表现其身份"[10]。类似的画面也出现在西汉后期洛阳卜千秋墓中。洛阳卜千秋墓的主室脊顶上绘有驾着三头鸟和龙的一男一女，被认为是男、女墓主乘龙驾凤，在持节方士与仙女的导引下，由仙禽神兽卫护升仙的景象。此外，早期最为著名的墓主人形象被认为出现在湖南长沙马王堆1号墓、3号墓出土的西汉初期"T"形帛画上。1972年发掘的马王堆1号墓出土的帛画中端画面上出现的拄着拐杖侧身而立的贵妇人（图4-4a），被学者指认为是墓主人轪侯夫人的肖像。这一类早期墓主人画像往往以侧面的形象出现，但是也有以半侧面形象出现的情况。例如，在马王堆3号墓出土的帛画中端的男子被认为是墓主人利豨的肖像（图4-4b），他半侧着脸，眉眼细长，嘴唇丰厚，显得儒雅潇洒。值得注意的是，这两幅帛画虽然年代相差不远，但是，似乎表现的场景略有不同，1号墓侧身而立的墓主人接受面前跪着二人的朝拜，3号墓中墓主人则不表现这样的场景，而更加强调紧随其后的三名侍者手中举着的华盖和幡。

a   b

图4-4　湖南长沙马王堆1、3号墓出土帛画中的墓主人

a. 马王堆1号墓帛画局部；b. 马王堆3号墓帛画局部

（图片来源：《中国美术史全集》）

早期墓主人的形象大都出现在墓主人死后飞升的场景中。但是，这样的情况到东汉似乎有所改变。东汉时期开始流行在墓室或者是墓地祠堂壁面上绘制或者刻画墓主形象。例如，山东微山县两城乡出土的东汉顺帝永和四年（139）铭文题记画像[11]（图4-5a）

被认为是一座石祠堂后壁的画像，画面中刻厅堂一座，男女主人袖手端坐，旁边二人持笏拜见的场景；陕西靖边东汉壁画墓[12]后室北壁上层壁画（图4-5b）绘制立柱及围栏，墓主人夫妇凭栏而坐；河南洛阳朱村东汉曹魏壁画墓[13]北壁（图4-5c）绘制墓主人夫妇袖手端坐在帐内，面前几上摆设盘盏，两侧分立侍者。

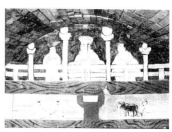

图4-5　东汉时期的墓主人肖像

a. 山东微山县东汉顺帝永和四年画像石；b. 陕西靖边东汉壁画墓后室北壁；c. 河南洛阳朱村东汉曹魏壁画墓北壁（图片来源：马汉国主编《微山汉画像石选集》；《文物》2009年第2期；《文物》1992年第12期）

　　这一时期墓主人的形象显然不是早期描绘墓主人死后飞升的场景，而是世俗趣味更加浓重，他们或坐在楼阁建筑中，或处于帷帐之下，或观赏歌舞杂技，或享用坐榻前的盛宴。画面往往以墓主人夫妻二人并座的方式出现，且墓主人的形象一般大于周围侍者的形象。此期墓主人的形象，或侧面，或正面，或半侧面，形式较为多样。

关于东汉时期正面墓主画像的流行，郑岩认为[14]是受到偶像式的西王母画像的影响，而南北朝以后大量佛教造像的出现，对作为世俗艺术的墓主像一定程度上产生了影响，从而导致墓主人夫妇并坐的图像在东北地区和中原地区的墓葬系统[15]中流行。郑岩在讨论中原地区后壁绘制正面墓主像时认为："后壁绘正面墓主像，这种画像流于程序化和概念，并不是严格意义上的肖像，而是墓主灵魂的替代物，其正面的形式有着偶像的色彩。这一偶像式画像采取了人物最'标准'的姿态，加上它在墓室中的特殊位置，以及帷帐、屏风和侍从等辅助性图像，使得墓室变得如同宫廷或官署。"[16]魏晋南北朝时期的墓主多以正面形象出现在墓室或者石棺的正壁，并且墓主人夫妇常被安排在一起，这就是墓主人（夫妻）坐帐图。例如，山西大同智家堡北魏墓[17]石椁北壁（图4-6a）共绘制九人，画面中央绘男女二人并坐于榻上，东侧男子右手持麈尾，西侧女子双手袖于胸前，榻两侧有立杆，上为红色帐顶，墓主人夫妇背后有围屏，周围有七名侍者，均明显小于坐榻上的男女墓主人，为魏晋时期极富有时代特征的画面。山西太原北齐徐显秀墓[18]北壁（图4-6b）正中帷帐高悬，帐下为矮床榻，后围多幅折扇式屏风，屏风上有彩画，男、女墓主人端坐在床榻上，正中摆放食品，帐外左右侍者手执羽扇、华盖，两侧围绕伎乐，或弹琵琶、五弦、箜篌，或吹笙、横笛。

一个有意思的现象是，墓主人形象从战国到北齐的墓葬图像系统中延续了千年，并成为魏晋南北朝时期墓室图像的流行题材，却在唐代壁画墓中并不多见。目前，笔者仅仅发现两例唐代墓室壁画中绘制墓主人像。一例为北京燕京汽车厂唐墓[19]，此墓西壁上绘有墓主人及侍女形象；一例为陕西西安东郊高楼村天宝十五年（756）高元珪墓[20]，墓室北壁绘有墓主人的坐像。这两幅墓主人的形象出土的时候都已经残破不堪，但是，他们却显示出

　　　　a　　　　　　　　　　　　　　　　b

图 4－6　魏晋时期墓主人坐帐图

a. 山西大同智家堡北魏墓石椁北壁（局部）；b. 山西太原北齐徐显秀壁画墓北壁

（图片来源：《文物》2001 年第 7 期；《文物》2003 年第 10 期）

　　一个重要的习俗变化，就是从盛唐开始，席地而居的传统坐式受到冲击，扶手椅已经出现在官宦人家。高元珪端坐在墓室北壁的椅子上，两侧各有一位侍女；北京燕京汽车厂唐墓墓主人卢龙府侧身坐在红色的扶手椅上，身后立一侍者。唐代等级森严的墓葬制度在安史之乱以后逐步式微，与此同时，在中原北方地区的民间墓葬中开始出现墓壁上砌筑桌椅的做法。前述北京宣武区陶然亭公园东侧发现的唐乾元二年（759）何君夫妇墓[21]的南壁两侧就分别影塑衣架和一桌二椅，而河南登封唐庄乡屈村发现的唐代古墓[22]的西壁稍北处也砖雕一桌二椅。

　　在墓室中砖砌桌椅、衣架、柜子、灯檠、剪刀、熨斗等日用品的做法，在唐宋换代之际中原北方地区的民间墓葬中始终存在，并逐步规范。20 世纪 50 年代，在郑州发现的郑州二里岗宋墓（报告推测为北宋初年）和南关外北宋至和三年（1056）墓[23]均为"南壁墓门，西壁一桌二椅，北壁门窗，东壁衣架、灯檠"基本图像配置。这种流行于唐宋中原地区民间墓室的图像配置甚至出现在北宋的皇家陵墓中，如 1984 年发掘

的北宋咸丰三年（1000）宋太宗元德李后陵[24]的地宫内壁，被
砖砌的立柱分隔成十一个壁面，北壁砖雕假门假窗，西壁砖砌
桌椅灯檠，东壁砖雕衣架、梳妆台，南壁墓门。因此，笔者认
为，北宋早中期中原北方地区仿木构单室墓中西壁砖雕一桌二
椅，东壁砖雕灯檠、衣柜等物品，北壁安设假门、假窗，南壁
墓门的墓室建筑方式，应该从中唐开始就逐渐流行于中原北方
地区的民间砖室墓中。而这种基本配置方式，发展到该地区北
宋中晚期逐渐成熟和丰富的仿木构砖雕壁画墓图像位置的安排
上依旧存在。其中，西壁的"一桌二椅"的砖砌方式，演变为
中晚期出现在西南或西或西北壁的砖砌一桌二椅，变化的是椅
上增加绘制或砖雕的墓主人形象。

二 西方在丧仪和祭仪中的象征

在墓室中图绘墓主人形象，历史上最早见于记载的文献材料
是《后汉书·赵岐传》。赵岐，"年九十余，建安六年（201）
卒。先自为寿藏，图季札、子产、晏婴、叔向四像居宾位，又自
画其像居主位，皆为赞颂"[25]。

那么，何谓主位？何谓宾位呢？《礼记·檀弓上》记载，孔
子曰："夏后氏殡于东阶之上，则犹在阼也。殷人殡于两楹之间，
则与宾主夹之也。周人殡于西阶之上，则犹宾之也。"[26]明确地
规定了"阼，主阶也"（《说文》），"阼阶，东阶，所以答酢宾
客"（《玉篇》）。西阶"则犹宾之也"。周人把死去的人殡于堂
之西阶之上，是通过一系列的象征性动作或者符号来完成一个
由生入死的过程。这个过程是，"饭于牖下，小敛于户内，大敛
于阼，殡于客位，祖于庭，葬于墓，所以即远也"[27]。意思是
说，"人死之后，在室内南窗之下往死者口中填饭，翌日在室内
当户处进行小敛，第三天在堂上东边主位上进行大敛，在堂上

西边客位上停放灵柩，三月后在庙庭设奠饯行准备出葬，埋葬在北郊墓地。整个丧事进程，都表示随着时间的推移，死者渐渐远去"[28]。

殡于西，在周以后历朝历代的丧仪中，表示了死者从生入死的一个关键。唐代开元礼规定，在人死以后的头三天，死者的位置从"初终，废床，寝于地"，至"复，设床户内之西，迁尸于床，南首"，至"翌日，小敛，举尸，迁于堂"，至"翌日，大敛，殡于堂西阶之上"。丧葬活动通过一系列的象征性动作，寓意着"人始生在地，庶其生气反也"，过渡到"孝子不忍其亲死，自沐浴至殡，古亦南首，视其亲未死也"，再逐步过渡为承认死者已经由近及远的过程。所谓"殡于西"，正是通过一系列死者位置的调换，寓意着死者逐步从生过渡到死。殡以后，开始设灵座以接受祭奠。其中，六品以上"既殡，设灵座于下室西间（无下室者，则设灵座于殡东），东向；施床、几案、屏障、服饰，以时上膳羞及汤沐皆如平生"，而"六品以下既殡，设灵座于殡东"[29]。值得注意的是，这里有两个非常重要的转换：其一，殡前奠于尸东，殡后则设置灵座，代替死者的灵接受享祀；其二，死者在这里开始被分为两个符号系统，一个是殡位柩中被包裹起来的尸体，一个是灵座（在送葬途中则是灵车）所象征着的死者的灵。此后，在整个丧仪过程中，所有与死者进行沟通的活动，都是围绕着这两者开展的。例如，到墓"前一日之夕，掌事者先于墓门内道西，张帷幕，设灵座如初"，"下柩于輴"，"施席于圹户内之西"，"遂下柩于圹户内席上，北首，覆以夷衾"，"掌事者以玄纁授主人，主人授祝，祝奉以入，奠于灵座"，"施铭旌志石于圹门之内，置设讫，掩户，设关龠，遂复土三"[30]。柩既入圹，则归修虞事。掌事者先在寝堂室内户西设置灵座，东向，灵车至，则奉虞主置于灵座，此后的三虞、卒哭、小祥、大祥的祭祀都在这个寝堂室内户西设置的灵座。

北宋士民之家的丧葬活动，很大程度上简化了这个的过程。《司马氏书仪》是这样描述的：疾病，迁居正寝；绝，沐浴以后置于堂中间，取其容男女夹床哭位也；设椸（衣架）于尸南，覆以帕，置椅桌其前，置魂帛于椅子上，设香炉杯注酒果于桌子上；小敛、大敛殡皆在堂中间，从宜。北宋时期士民之家的丧葬活动自沐浴迁尸于堂中间，就在尸体南边设置了灵座，而因为古今室堂异制，原来象征着人从生入死的一套位置的调转，简化成除了沐浴以外，丧仪活动都是在堂中间进行的，以及在送葬的途中，于柩前设置灵座，或设灵座于柩旁，随地之宜，充分反映了北宋时期"礼从宜，事从俗"的文化习俗特点。但是，"掌事者先张灵幄于墓道西，设椅桌"，"祝奉祠版箱及魂帛置椅上，设酒果脯醢之奠于其前"[31]，显示的是北宋时期士民之家的丧葬活动，既承继前代丧礼制度又因时制宜的变化。西方在整个丧葬仪式中，代表了死者的位置。从东位向西位的转换，意味着从生入死的过程，同时，也意味着是逝去祖先灵魂的去处。在墓道西边设置灵座，体现了在墓葬中祖先的灵魂接收享祀的方位。

西方寓意尊长的位置，在汉代就有这样的风俗。王充《论衡·四讳篇》曾提到世俗迷信的四个禁忌，第一个即为讳"西益宅"，"西益宅谓之不祥，不祥必有死亡，相惧以此，故世莫敢西益宅，防禁所从来者远矣"。王充批评说："夫西方，长老之地，尊者之位也。尊长在西，卑幼在东。尊长，主也；卑幼，助也。主少而助多，尊无二上，卑有百下也。西益主益，主不增助，二上不百下也，于义不善，故谓不祥。不祥者，不宜也，于义不宜，未有凶也。"[32]这也就是说，世俗所谓"西益宅"不祥，是"于义不宜"，而不见得不吉利。《风俗通义》也记载了类似的禁忌："西者为上，上益宅者，妨家长也。"并解释云：

"原其所以西上者,《礼记》南向北向,西方为上。《尔雅》西南隅谓之隩,尊长之处也。不西益者,难动摇之耳。"〔33〕晋时,荀纳和蔡谟关于礼论"问墓中有何面为上"的问题进行讨论,"荀纳以为缘生奉终,宜依礼坐。蔡谟难,据周公明堂位,东西以此为上,与纳反,纳又引庙位以答,王濮阳北墓向南,以西为上"〔34〕。

荀纳所认为墓葬中"以西为上"的依据是"引庙位以答",而"周制,公羊说:主藏太庙室西壁中。西方,长老之处,尊之也"〔35〕。"汉旧仪曰:'高帝崩三日,小敛室中牖下。作栗木主……,置牖中,望外。……已葬,收主,为木函,藏庙太室中西墙壁垍中。'"〔36〕后汉许慎据《春秋左氏传》曰:"卫孔悝反祏于西圃。"祏,"宗庙中藏木主的石盒"。东晋贺循按:"汉仪藏主于室中西墙壁坎中,当祠则设座于坎下。"挚虞决疑曰:"庙主藏于户之外西墉之中,有石函,名曰宗祏。"〔37〕藏神主于宗庙室中或者户外的西墙壁中,在唐代则专设垍室以安放祖先的牌位。《新唐书·礼乐志十》称:"将祔,掌事者为坎室于始祖庙室西壁","掌庙者、阍寺人入,开坎室,出曾祖、曾祖妣神主置于座","掌庙者纳曾祖神主于坎室,出","又以腰舆升诸考神座前,纳主于椟,置于舆,诣考庙,出神主置于座",奠,"少顷,彻之。祝纳神主于坎室"〔38〕,而六品以下的官员家祭,则"设神座于正寝室内,祖在西,东向,祢(生称父,死称考,入庙称祢)在祖东北,南向,皆有几筵"〔39〕。北宋仁宗时期讨论家庙制度,有司终不为之定制度,而"文潞公为平章事,首请立庙于洛,终无所考据,不敢轻作。至和初(1054)知长安,因得唐杜佑旧庙于曲江,犹是当时旧制,一堂四室,旁为两翼。嘉祐初(1056),遂仿为之。两庑之前,又加以门,以其东庑藏祭器,西庑藏家牒"〔40〕。宗庙中祖先的牌位收藏在西墉、西边的坎室、西庑中,显示的正是中国传统的丧葬习俗中"西方,长老之处，尊之也"的观念。

　　这一点，在北宋士民之家的祭仪中也得到了体现。《司马氏书仪》卷第十丧仪六祭篇称："（祭）前期一日，主人帅众丈夫及执事者洒扫祭所，涤濯祭器，设椅桌，考妣并位，皆南向西上"，"古者祭于室中，故神座东向。自后汉以来，公私庙皆同堂异室，南向西上，所以西上者，神道向右也"[41]。参神的程序是"祝先入，南面。主人从，户内西面。祝酌奠。主人西面再拜稽首。皆为几筵之在西也"。因"鬼神无形，因尸以节醉饱"代表祖先神像的尸，"升筵。主人西面立于户内，拜妥尸。尸醋主人。主人西面奠爵拜。皆为尸之在西也"[42]。成书于明永乐年间，以周、程、张、朱诸儒性理之书类聚成编的《性理大全》卷十八《正寝时祭之图》（图4-7）更加直观地体现了士民之家时祭的神座设置，神座考左妣右（男左女右），显示出士民之家的神座设置以西为尊的传统。

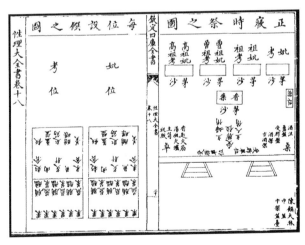

图4-7　正寝时祭之图

（图片来源：钦定四库全书《性理大全》卷十八）

三　夫妻对坐图在登封黑山沟宋墓中的象征意义

巫鸿在考察道教神祇老子的早期象征性表现形式时,注意到早期"这个至高无上的道教神祇是以'华盖之座'来象征的",并进一步指出, "在古代中国,这种'座'所标志的是一种'位',其作用不在于表现一个神灵的外在形貌,而在于界定他在一个礼仪环境中的主体位置"[43]。

用"座"来界定一个神灵在礼仪环境中的主体位置,在笔者看来,指出了中国礼仪形式中一个非常重要的特征,这不仅仅表现在道教神祇老子的早期象征形式中,更早的源流应该来自于早期道教产生以前的礼制社会。正如巫鸿所注意到的,西汉早期马王堆 1 号汉墓中,围绕轪侯夫人的棺箱的东、南、西、北四个边箱中,北方的头箱西端"明显是给一个无形的主人而准备的一个座"。这个座的形象是,墙上挂着丝织的帷帐,地上铺着竹席,坐榻配有厚厚的垫子,座后方衬以彩绘的屏风,坐榻周围摆放着墓主人的私有品,如两双丝鞋,一个拐杖和两个装有化妆品和假发的奁。更有意思的是,与这些实物一起构成轪侯夫人的"座"的物品,还包括与西端坐榻遥遥相对的位于头箱东端的八个歌舞者和五个乐师,一起构成了女墓主人的神灵之所。巫鸿的这一发现表明,早在西汉,就已经有用"座"来界定神灵在墓葬中的主体位置。这个"座"包括有帷帐、屏风、坐榻以及坐榻前摆设的物品,"座"的对面,有歌舞伎乐的场景。

类似的做法不仅见于西汉,并且"这种'座'并非仅属于社会上层人士的专利。一些考古遗迹表明,在汉代和汉代以后,这一丧葬礼俗同样也为低层官吏乃至于平民阶层所享有","甚至当有些墓葬开始在墓室中绘制墓主像以后,这种葬俗仍然持续"[44]。例如，在敦煌佛爷庙湾西晋 M133 画像砖墓[45]前室北侧壁龛（图 4－8）后壁绘制彩绘帷帐，帷帐上端绘制两只鸟相向而立，壁龛正中摆放有坐榻，坐榻前的地面上有饮食器具。

图 4－8　敦煌佛爷庙湾西晋 M133 画像砖墓前室北壁龛
（图片来源：《敦煌佛爷庙湾西晋画像砖墓》）

　　值得注意的是，这样的做法在唐宋时期的民俗生活延续。北宋宋敏求《春明退朝录》中记载："秘府有唐孟诜《家祭仪》、孙氏《仲飨仪》数种，大抵以士人家用台桌享祀类几筵，乃是凶祭，其四仲吉祭，当用平面毡条屏风而已。"[46]这说明在唐代的家祭仪式中，多有用家用台桌几筵来享凶祭的传统，而四仲吉祭，则用平面毡条屏风。这种传统在宋金中原地区的祭祀活动中得以明确。北宋司马光《司马氏书仪》

卷第十丧仪六祭篇称："（祭）前期一日，主人帅众丈夫及执事者洒扫祭所，涤濯祭器，设椅桌，考妣并位，皆南向西上。"[47]而祭祀祖先的士庶之家建立祠堂，"为四龛以奉先世神主"，祠堂之内以近北一架为四龛，每龛内置一桌，桌上置神主。《家礼》称：祭礼前一日设位陈器"设高祖考妣位于堂西北壁下，南向，考西妣东，各用一椅一桌，而合之"[48]。考妣各用一椅一桌，在北宋士庶之家的祠堂中，用以代表高祖考妣之位，接受享祀。

在丧葬活动中，北宋朝国家丧葬令规定，依神用重。但是，"士民之家，未尝识也，皆用魂帛。魂帛亦主道也，礼大夫无主者，束帛依神。今且从俗，贵其简易"[49]。司马光肯定士民之家采取魂帛的形式。至于魂帛，则是"结白绢为之，设椸（衣架）于尸南，覆以帕，置椅桌其前，置魂帛于椅上，设香炉杯注酒果于桌子上，是为灵座"[50]。灵座在北宋时期士民之家的丧葬仪式中，代替着死者的魂灵接受生者的享祀，其中，用以主亡者之道的魂帛，是安置在尸体南部设置的灵座的椅子上，桌子上则是设置了香炉、注、酒果等物品。

灵座在北宋士俗之家的丧葬仪式中扮演着重要的角色。如启殡之日，"役者举柩，诣影堂前，祝以箱奉魂帛在前，执事者奉奠及椅桌次之，铭旌次之，柩次之"[51]；到墓，"掌事者先张灵幄于墓道西，设椅桌……祝奉祠版箱及魂帛置椅上，设酒果脯醢之奠于其前"[52]；卒哭而祔，"设曾祖考妣坐于影堂，南向，设死者坐于其东南，西向，各有椅桌"。整个丧葬仪式围绕着代表死者之位的灵座展开。此外，《司马氏书仪》中更有以椅子以代尸柩的直接例子。"今仕宦他方者，始闻丧，比至治装挈家而归，鲜有不过三日者，安得不为位而哭，既无鄰列，当置椅子一枚，以代尸柩，左右前后设哭位，皆如在尸柩之旁。"[53]汉代的"座"所包括的帷帐、屏风、坐榻、坐榻前摆放的供品。唐宋之际，随着胡椅传进与坐姿的改变，坐榻以及坐榻前摆放的供品就变成椅子及桌上设置的香炉、注、酒果等物品。而"座"所标志的一种"位"，其作用依然"不在于表现一个神灵的外在形貌，而在于界定他在一个礼仪环境中的主体位置"。

这个不在于表现神灵的外在形貌，而在于界定他在一个礼仪环境中的主体位置的"座"，我们似乎还能从宋金时期砖雕壁画墓的图像中找到线索。例如，甘肃天水王家新窑北宋大观四年（1110）墓[54]南壁上层仿木构建筑中间明堂位置，内雕墓主人没有出场的图像（图4-9），中央为一个朱面方桌，上置一个莲花注壶、两个盏托、两个盒，四面有白、蓝两色的围挡，桌两侧各有一个朱色高靠背木椅，上有白色罩，椅子外侧各立有一名侍者。山东淄博市临淄宋金壁画墓[55]后室东壁（图4-10）绘二个侍女和一大帐，帐内两侧画隔扇，隔扇内设一大椅，椅后有山石屏风，椅前置一方桌，桌面前部摆一列托盘，后部亦摆有器物及供品。

图4-9　甘肃天水王家新窑北宋大观四年墓墓室南壁上层图像
（图片来源：《考古》2002年第11期）

图 4 - 10　山东淄博临淄宋金壁画墓后室东壁
(图片来源:《华夏考古》2003 年第 1 期)

2002 年，山西左权发现宋代双层墓[56]，其下室有葬具三具，埋葬墓主人的尸骨，上室则为圆形，"在上室室内正中央，摆一木制方桌（已残毁）；方桌四周各放置木制高靠背椅子一把（残毁）；靠背椅后倚墙各放置木制屏风一架，屏风上蒙盖丝织品。桌上摆放一方石质砚台，桌下有一盒正方形的墓志"。而李清泉在河北宣化汉人辽墓中也曾注意到有的墓葬棺床前方放着一张大木桌，大木桌东西两侧又各有一张小木桌，木桌上方中间摆着铁灯、瓷碗、竹匣等物品，桌下有墓志，两个小桌的两侧又分别安放有一把木椅，后室东南靠近墙壁处还安放有木制盆架和镜架，并指出"桌、椅和桌面器物的安排显然与白沙宋墓中墓主人夫妇开芳宴壁画内容相似"[57]（图 4 - 11）。值得注意的是，宣化辽墓的墓室壁画不见有夫妻对坐图，而出土了大量木桌、木椅、木衣架等木制家具，这似乎表明，宣化辽墓是直接将界定着墓主人神灵的主体位置的"座"放置在墓室中间，而墓室周壁的壁画内容都是为了满足墓主人神灵需要而设置的。

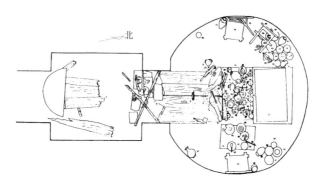

图 4 - 11　河北宣化辽代张文藻墓出土遗物分布图
(图片来源:《文物》1996 年第 9 期)

　　这些没有墓主人外在形貌的"座"与夫妻对坐图之间的区别
就在于"座"中出现了墓主人的画像。

　　从目前的考古材料来看,在墓室砖砌的桌椅之上绘制墓主人
形象,出现的年代大约是在北宋仁宗朝以后。据推测年代早于黑
山沟北宋砖雕壁画墓的登封城南庄宋代壁画墓墓室平面为八角
形,其西壁砖砌一桌二椅,桌上放置托盏、注子,左侧椅上绘制
一袖手端坐雍容华贵的妇人,桌后站立两个侍女,右侧椅子上则
没有人物[58](图 4 - 12),为北宋在砖砌的桌椅上绘制墓主人形
象的较早墓例。

　　而在墓葬中图绘墓主人的形象,是和从中晚唐开始世俗生
活中用以祖先祭祀的影堂的设置有很大的关联。据笔者的考证,
士庶之家专设影堂以祭祀祖先的最早记载为《旧唐书·段文昌
传》:"太和四年(830),移镇荆南。文昌于荆、蜀皆有先祖故
第,至是赎为浮图祠。又以先人坟墓在荆州,别营居第,以置
祖祢影堂,岁时伏腊,良辰美景享荐之。彻祭,即以音声歌舞
继之,如事生者,搢绅非焉。"这段记载说明在中晚唐的士庶家庭
开始设置影堂。而在北宋时期,士庶之家设置影堂已经相当普遍。

图 4 – 12　登封城南庄宋代壁画墓西壁图像
(图片来源:《郑州宋金壁画墓》, 124 页)

　　程颐在被问到"今士庶家不可立庙, 当如何也"时, 认为"庶人祭于寝, 今之正厅是也。凡礼, 以义起之可也。如富家及士, 置一影堂亦可, 但祭时不可用影"。又问:"用主如何?"曰:"白屋之家不可用, 只用牌子可矣。如某家主式, 是杀诸侯之制也。大凡影不可用祭, 若用影祭, 须无一毫差方可, 若多一茎须, 便是别人"[59]。程颐虽然否定了祭祀时用影的风俗, 但强调若要影祭, 则须无一毫差方可。《司马氏书仪》中也记载了大量围绕影堂的丧祭活动, 如"启殡之日, 夙兴, 执事者纵置席于影堂前阶上、及听事中央";"如启殡, 役者举枢, 诣影堂前","若影堂前迫隘, 则置灵座及奠于旁近"[60];卒哭而祔, "设曾祖考妣坐于影堂, 南向", 整个祔礼就在这个影堂中进行, 其后的小祥、大祥、禫祭, 以及四季常祭, 也都围绕在这个影堂中进行。据司马

光的议论，"仁宗时，尝有诏听太子少保以上皆立家庙，而有司
终不为之定制度，惟文潞公立庙于西京，佗（他）人皆莫之立，
故今但以影堂言之"[61]，说明在北宋时期的士庶之家，影堂在
"士庶之家不可立庙"的制度下，在整个丧仪以及祖先祭祀活动
中具有重要的位置。此外，画影也体现在世俗之家的丧葬活动
中，如司马光虽然在丧仪灵座的设置中曾批评"又世俗皆画影，
置于魂帛之后，男子生时有画像，用之，犹无所谓，至于妇人，
生时深居闺闼，出则乘辎軿，拥蔽其面，既死，岂可使画工直
入深室，揭掩面之帛，执笔望相，画其容貌，此殊为非礼，勿
可用也"[62]，但这恰恰说明了世俗生活中画影置于魂帛之后的
做法。

据以上的分析，笔者认为，北宋仁宗朝以后流行于宋金中原
地区砖雕壁画墓中的墓主人对（并）坐图，虽然有可能是以"开
芳宴"的形式，但是其核心的寓意应和魏晋时期中原地区流行的
墓主人坐帐图一致，是在墓葬中为死者安置的灵座，而墓主人的
画像则是具有标志性的图像，与丧仪过程灵座中放置在椅上的魂
帛一样，都代表着墓主人神灵的主体位置。

第二节　孝子图在河南登封黑山沟宋墓中的
　　　　意义

一　仙、俗之间

登封黑山沟宋墓中共计有八幅孝子图（图4-13），分别绘
制在墓室周壁中层栱间壁上。每幅画面上均有榜题框，有的有
题记，有的没有题记。从画面内容来看，表现的是八幅孝子图。

西南壁榜题无字，画面左侧绘一老妇人，身穿青色褙子，下着白色百褶裙，右手持竹杖，左手前伸指向一男子，男子躬身向老妇人施礼，身旁有一担薪，表现的是"参母啮指，参心痛，负薪而归"的故事；西壁左下角题记"王武子"，画面上一卧榻，

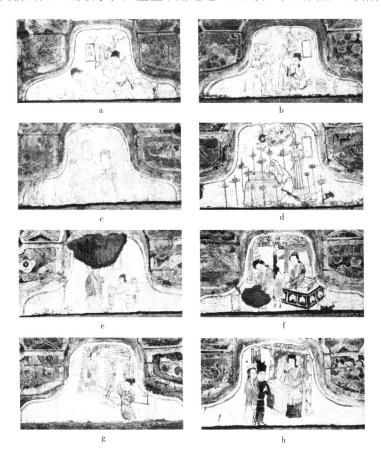

图 4-13 登封黑山沟宋栱间壁的《孝子图》

a. 东北壁 王祥；b. 东壁 孟宗；c. 东南壁 郭巨；d. 南壁 王褒；e. 西南壁 参子；f. 西壁 王武子；g. 西北壁 董永；h. 北壁 丁兰（图片来源：《郑州宋金壁画墓》，102~105页）

一老妇人盘腿坐于榻上，榻前一侍女，身穿淡赭色裙子，下束白色百褶裙，双手捧托盏递于老妇人，左侧一中年妇人，双手环抱胸前，俯首立于榻前，表现的是"王武子行孝，乳姑不怠"的故事；西北壁右侧绘一门，门半开，门前站一男子，身着淡青色圆领窄袖长袍，左手置于胸前，右手遮于额际，正向上眺望，半空祥云之上立一女子，回首俯望下方男子，此图榜题无字，从画面的场景来看，应该表现的是"董永行孝，卖身葬父"的故事；北壁右侧绘一神位，檐下设帐，帐下一中年妇人，袖手坐于椅子上，妇人前摆放一长方形桌，桌上搭着一长巾，巾上置碗、盏各一，桌前站立男、女二人，恭敬顺从的样子，左上角题记"丁兰"二字，描绘的是"丁兰刻木，事亲行孝"的场景；东北壁题记"王相"二字，画面一人赤身卧于冰上，身旁三条鱼跃出冰面，右侧一着白色团领窄袖袍的男子，似乎非常吃惊的样子，表现的是"王祥卧冰求鲤"的故事；东壁画面绘竹子，竹周生出数枝竹笋，一人跪在地上，右手扶竹，左手掩面哭泣，画面榜题无字，应该表现的是"孟宗哭竹"的故事；东南壁画面中绘一妇人，怀中抱着一幼儿，妇人身前一男子，双手执铁锹，躬身掘地，地下露出两枚银锭，表现的是"郭巨埋儿得金"的画面；南壁榜题也无字，画面绘制一圆顶坟丘，坟前一人，伏坟痛哭，男子身后竖一八角形经幢，半空中绘制一旋转雷公，是"王裒闻雷泣墓"的故事。

　　这八幅孝子图在墓室图像水平位置上来看，虽然是以独幅的形式宣扬孝行感天的神迹，但是，从垂直方向来看，则位于墓室下层描绘墓主人世俗生活场景与上层描绘墓主人升仙的图像之间，孝子图似乎成为连接墓主人现世生活与升仙（来世）的一种媒介。

　　孝子图作为连接墓主人现世生活与升仙之间的媒介，也在河南新密平陌北宋大观二年（1108）墓[66]墓室上层梯形界面中出现（图3-14）。画面从西北壁的一幅"四（泗）洲大圣度翁婆"开始，描绘了墓主人夫妇跪在赭色地毯上，两人双手合十，面对左侧一团祥云中站立的三人，中间为头戴铁锈红圆顶风帽的四（泗）洲大圣。东北壁墓主人夫妇在手持招魂幡的仙女的簇拥下从右向左过桥，画面中的桥位于祥云围绕的云雾当中，应该表现的是墓主人夫妇渡桥升仙的场景。而连接西北壁到东北壁的西壁、东南壁、东壁[67]上均绘制孝子故事。西壁推测为"闵子骞芦花套衣，父前留母"的孝行故事；东南壁画面榜题"行孝赵孝宗"；东壁"行孝鲍山"与"王相（祥）"行孝。

图3-14　河南新密平陌北宋大观二年墓墓室梯形界顶壁画
a. 北壁；b. 东北壁；c. 东壁；d. 东南壁；e. 西壁；f. 西北壁
（图片来源：《郑州宋金壁画墓》，47～50页）

泗州大圣信仰，又称僧伽崇拜，是从唐代开始，就逐步流行于民间的佛教信仰。据徐苹芳的考证，泗州大圣姓何，名僧伽，是唐中宗时期的一位高僧，但到了"北宋时代，僧伽已从一个高僧转变为神僧，他的化现神异之事都是为百姓消灾免祸，主要是治病、求雨、免除兵灾，拯民于难，故传之为观音化身"[68]。敦煌发现《僧伽和尚欲入涅槃说六度经》提到，所谓六度，第一是孝顺父母，敬重三宝；第二度是不杀众生；第三度是不饮酒食肉；第四度是平等好心，不为偷盗；第五度是头陀苦行，好修桥梁并诸功德；第六度是怜贫念病，布施衣食，拯济穷无。僧伽崇拜六度之首以孝行为先。河南新密平陌北宋大观二年墓墓室上层的这幅"四（泗）洲大圣度翁婆"与接下来的几幅孝子图，都在强调孝行在墓主人升仙过程中所具有的特殊功能。

登封高村北宋壁画墓[69]墓室图像与黑山沟宋墓图像设置类似，也分为上、中、下三层。中层栱间壁绘制八幅孝子图，图上榜题，西南壁为"蔡顺"、西壁"赵孝宗"、西北壁"丁兰"、北壁"王武子"、东北壁"尧舜子"、东壁"韩伯瑜"、东南壁"孟宗"、南壁"王祥"。墓室壁面下层壁面彩绘宴饮、侍洗等表现墓主人的世俗家居生活，斗栱以上壁面绘制八幅人物画，表现墓主人立于云端得见仙境的场景。

孝子图在墓室图像中被设置在表现仙界和现世世俗生活的图像中间，在豫中地区颇为流行。例如，河南焦作被推测为北宋晚期的白庄宋代壁画墓[70]为多室砖墓，主室墓壁栱间壁上也分别彩绘有榜题的孝子图；河南荥阳司村壁画墓与孤柏嘴壁画墓[71]在墓室图像的结构方式上类似，墓室壁面下层为砖砌假门、桌椅等，上层铺作上壁面绘制壁画，下层绘制孝子图、上层绘制文官或者花卉等；河南嵩县北元村被推测为宋徽宗时期壁画墓[72]墓室中部仿木斗栱分上下两层，墨绘十五幅《孝子图》，墓室下部壁面浮雕彩绘门窗，斗栱上层墓顶则砖雕莲花藻井，下为八朵白云，云间仙鹤翱翔。

另外，在豫中地区，孝子图还多出现在紧紧围绕着墓主人尸体的画像石棺椁的四帮上。例如，河南宜阳出土北宋徽宗时期画像石棺的两帮位置刻画有五幅孝子图[73]；洛阳出土北宋宣和五年（1123）王十三秀才画像石棺上刻画有十五幅孝子故事[74]；洛宁县出土北宋政和七年（1117）乐重进画像石棺，共计二十二幅孝子图[75]；巩县西村乡出土宣和七年（1125）画像石棺上刻画有二十四孝图[76]等。

豫中地区的孝子图，无论是从水平位置还是从垂直位置上观察，都似乎临界于体现现世生活指认的画面（砖砌门窗、桌椅、宴饮、侍者等）与仙界画面（无论是体现墓主人升仙的场景还是用祥云、菩萨、仙鹤、天宫等图像符号来象征）之间，与晋东南地区、豫北地区的孝子图以及甘肃宋金墓葬出土的二十四孝画像砖相比较[77]，体现出在墓室图像叙述方式上相对稳定的构成关系。这正如邓菲所认为的那样[78]：黑山沟北宋砖雕壁画墓的孝子图承载了"孝悌之至，通于神明"的寓意，并在墓葬空间中与墓主人发生了实质性联系。换言之，虽然它们看似脱离墓室上、下层图像内容而独立存在，但是它们实际上已经被纳入了墓主前往仙庭的叙述程序之中。建墓者选择这些图像绘制在墓室中部，在竖直的图像系统内表达墓主人夫妇升天的过程，他们似乎期望孝子或孝感神迹能够帮助墓主人前往墓顶所绘的神仙乐土。

二　登封黑山沟宋墓孝子图的意义

孝子图在墓葬图像中出现大约在东汉。山东嘉祥武梁祠上部装饰区域中第二层装饰带包括的十七幅图像中，有十三幅体现了这一主题。

巫鸿在《武梁祠——中国古代画像艺术的思想性》中，讨论了武梁祠壁面上的这些孝子们所体现的"后世凯式，以正抚纲"的社会职能。有意思的是，在武梁祠的图像程序中，孝子图也被设计祠堂者安排在屋顶、山墙所寓意的仙界与下层围绕中心两层楼阁式建筑、车马出行队伍以及历史上忠臣、刺客等体现世俗生活的图像之间。武梁祠建于公元151年，原来耸立于山东嘉祥县

武梁墓前。祠堂内的屋顶、山墙以及三面墙壁满布画像。屋顶以
一系列的祥瑞图像代表着天界，它们排列成行，每个图画旁边都
刻有榜题；东、西山墙则围绕西王母、东王公两位主神构成东汉
时期民间信仰中的神仙世界；祠堂内三面墙壁分为上下四条水平
方向的壁画带，最上层以伏羲女娲的图像开始，依次刻画十一位
古代帝王的肖像以及生活在周代到汉代之间的三组历史人物——
列女、义士及忠臣；第二层图像包括十七幅画像，十三幅描绘
了历史上孝子的故事；下面两层中间有一两层的楼阁式建筑，
似乎表现的是拜谒的场景，楼阁周围的画面有忠臣、刺客等故
事以及大型车马队伍等场面（图 4 - 15）。

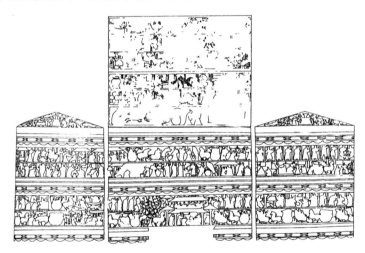

图 4 - 15　山东嘉祥武梁祠画像孝子义士分布示意图
（图片来源：《武梁祠——中国古代画像艺术的思想性》，197 页）

巫鸿对这一庞大的图像结构进行解释，"天以可见的征兆将
自己显现在武梁祠的屋顶上"，东、西山墙描绘的西王母和东王
公的仙境是人们寄托对永久幸福之向往的福地。而"武梁祠上描
绘的人类历史遵循了汉代史学的基本线索"，"这个图像历史始于

伏羲和女娲"，而跟随他们的"古帝王像对应于司马迁《史记》中的第一部分《本纪》；随后对著名历史人物的描绘则与该书的《列传》和《世家》部分平行。如王延寿在其《鲁灵光殿赋》中所说，这些人物是'忠臣孝子、烈士贞女'。武梁祠画像使我们了解的是这些人物形象在一个礼仪建筑中所构筑的完整的图像程序"，"在这个框架内，画像石的设计者将历史记载转化为道德教训，将所描绘的男女主人公转化为教化者。一个接一个的历史故事把观者引向最后一幅画面"[79]。在这里，孝子与历史上的古帝王、列女、忠臣、义士一起，构成人类历史表述中的一部分。

在武梁祠中的孝子故事中，虽然在曾子画像的榜题中曾提到"曾子质孝，以通神明"的字样，但是，从画面上看，图像主要表现的倒不是"以通神明"的场面，而更加宣扬一种"孝"的行为，正如榜题中提到的那样，具有"后世凯式，以正抚纲"的教化功能。例如，在武梁祠董永行孝[80]故事中，画面榜题告诉我们右侧坐在树荫下手推车上的人是"永父"，他手持拐杖，似乎在对董永说话，左侧董永则站在父亲面前，回首听父亲说着什么，榜题注明"董永千乘人也"（图4-16a）。而另一幅榜题有"曾子质孝，以通神明，贯（感）神祇，著号来方，后世凯式，（以正）抚纲"、"谗（言）三至，慈母投杼"[81]的画面上，曾子的母亲坐在织机前，转过身来，左边跪着一个男子，可能是曾参（图4-16b）。而闵子骞行孝故事[82]则描绘了当闵子骞的父亲发现真相后闵子骞恳求父亲不要将后母赶走这一时刻，画面上闵子骞同父异母的兄弟驾驭着马车，闵子骞则跪在马车后，他的父亲坐在马车上，转过身来，把手放在他的肩上，画面榜题注明"闵子骞，与假母居，爱有偏移，子骞衣寒，御（车）失棰"、"子骞后母弟，子骞父"字样。

图 4－16　山东嘉祥武梁祠孝子图像
a. 董永行孝；b. 曾子行孝
（图片来源：《武梁祠——中国古代画像艺术的思想性》）

从这些榜题上的文字和图像描绘的内容上来看，武梁祠的孝子故事似乎更加倾向于宣扬"孝"这一行为本身，而对于"孝"所产生的结果较少提及。在这里，"孝"的行为与"忠"、"义"一起体现的是儒家德行之根本。但是，这样的图像描述方式在北魏似乎发生变化。

20 世纪 30 年代以来，在山西大同、河南洛阳及宁夏固原陆续出土多件刻有孝子图像的北魏葬具。现藏美国明尼阿波利斯美术馆的元谧石棺上满布精美画像，石棺前档正中有一尖形拱门，门两侧各立一门吏，门楣正上方刻有莲花托起的摩尼宝珠，宝珠两侧各画一畏兽，后档正中也为一畏兽，上下描绘有山林。孝子画像（图 4－17）分布在左右两帮，均分为上中下三个部分，下部描绘连绵山峦，中部描绘孝子图，上部描绘青龙、白虎、朱雀、畏兽、骑凤鸟的持节仙人及各式流云和莲花瓣。左右两帮各刻画孝子画像六福，均有榜题，左帮为"孝子伯奇母赫儿"、"孝子伯奇耶父"、"孝子董笃父赎身"、"老莱子年受百岁哭内"、"母欲煞舜焉得活"、"孝孙弃父深山"，右帮为"丁兰事木母"、"韩伯余母与丈和颜"、"孝子郭巨赐金一釜"、"孝子闵子骞"、

"眉间志妻"、"眉间志与父报酬"。在这个石棺上，最为明显的一个变化就是"孝"这种行为被强调，并与反映仙界的图像融合在一起。

图 4 – 17　元谧石棺（两帮）拓片

（图片来源：《汉唐之间的视觉文化与物质文化》，359 页）

另一具现藏美国堪萨斯纳尔逊·阿特肯斯艺术博物馆的孝子棺左右两帮也刻画了六幅孝子图。画像按照六朝《孝子传》中所记载的孝子的先后次序，分别刻画了舜、董永、郭巨、原谷、蔡顺、王巨尉（琳）等孝子的故事。值得注意的是，在这个孝子棺上，宣扬孝行和孝通于神明的故事情节并存，呈现出孝子画像在墓葬图像功能上的转换。例如，左帮第一组画面以并蒂树区分，左侧刻画董永穿着短衣裤，在林间锄地，身后手推车上坐着一位老人，右侧则描绘董永在林间凝望，一位裙带飘扬的仙女从天而降，表现了董永孝感通天、织女下凡帮助董永的故事。右帮第二组绘画以连续性的三个情节描写了郭巨夫妇向坐在矮榻上的母亲进食，画面左侧偏下，为一棵并蒂树，树下郭巨持锹掘地，欲埋子，意外得金，画面偏上，郭巨妻高兴地怀抱着幼子与郭巨肩抬釜金而归。

邹清泉在《北魏孝子画像研究——〈孝经〉与北魏孝子画像身份的转换》中认为，北魏中晚期孝子石棺的流行是受到当时北魏宫廷孝风骤盛的直接影响，孝道思想从汉代的"昭孝事祖"到北魏的"孝悌之至，通于神明"，体现了孝子图像在墓葬中体现出来的功能转化，从而成为北魏孝道思想的核心内容[83]。

"孝"这一行为，从东汉时期开始，就已经具备有天人感应的色彩。例如，《太平经》中就曾以"天师"的口气教诫人们须行"上善"，做一个忠臣孝子，谓天地神明喜人为善，怒人为恶，赏善罚恶，报应不爽。

东晋葛洪《抱朴子·对俗》[84]说：

> 人欲地仙，当立三百善，欲天仙，立千二百善。

又：

> 欲求仙者，要当以忠孝和顺仁信为本。若德行不修，而但务方术，皆不得长生也；积善事未满，虽服仙药，亦无益也，若不服仙药，并行好事，虽未便得仙，亦可无卒死之祸矣。

忠、孝、顺、仁、信等儒家基本德行成为长生、成仙的首要条件。历代的诸道派所制定的各种约束道徒的戒律，皆以忠孝为本，如道戒之基"初真十戒"首条即云：

> 不得不忠不孝不仁不信，当尽节君亲，推诚万物。

　　道教将这种极具威慑力、引诱力的伦理教化，以道言、戒律、功过格等形式进行规范，并普及于民间，对民间生活的影响极为深广。

　　唐宋道教经典中，更是将儒家伦理德行的忠、孝行为直接与孝的结果——成仙——对应起来。如唐代段成式《酉阳杂俎》[85]卷二中说：

> 　　夏启为东明公，文王为西明公，召公为南明公，季札为北明公，四时主四方鬼。至忠至孝之人，命终皆为地下主者，140年乃授下仙之教，授以大道。有上圣之德，命终受三官书，为地下主者，一千年乃转三官之五帝，复一千四百年方得游行太清，为九宫之中仙。又有为善爽鬼者，三官清鬼者，或先世有功，在三官流，逮后嗣易世炼化，改世更生，此七世阴德，根叶相及也，命终当道遗脚一骨，以归三官，余骨随身而迁。男左女右，皆受书为地下主者，二百八十年乃得进处地仙之道矣。

《文昌孝经》孝感章第六[86]中说：

> 　　人果孝亲，惟以心求，生集百福，死到仙班，万事如意，子孙荣昌，世系绵延。

《云笈七签》卷八十六[87]地下主者言：

> 　　太微金简玉字经云：尸解地下主者，按四极真科一百四十年乃得补真官，于是始得飞华，盖驾群龙登太极游九宫也，夫至忠至孝之人既终，皆受书为地下主者，一百四十年乃得受下仙之教，授以大道，从此渐进得补仙官，又一百四十年听一试进也。至孝者能感激于鬼神，使百鸟山兽驯其坟埏也。

"至忠至孝"之人，命终能为地下主者，一百四十年后得受"下仙之教"，"从此渐进得补仙官"，对于普通民众而言无疑具有非常大的诱惑。

不仅道教大力宣扬孝行，佛教在唐宋时期也开始强调孝报的重要作用。例如，唐总章元年（668）释道世著《法苑珠林》卷第十五弥陀部第四业因部[88]中称：

> 又观经云：令未来一切凡夫生极乐国，当修三业：一、孝养父母，事师不煞，修十善业。二、受三归，具足众戒，不犯威仪。三、发菩提心，深信因果，读诵大乘，劝进行者。如是三事是名净业。

同书卷第四十八诫勖篇第四十八诫罪部中记载：

> 如阎罗正五天使者经云：佛告诸比丘，人生世间，不孝父母，不敬沙门，不行仁义，不学经戒，不畏后世者，其人身死当堕地狱。[89]

而在卷四十九忠孝篇和不孝篇中，则记录下一系列孝子行孝获报或逆子不孝现报的故事。例如：

> 又杂宝藏经云：昔过去久远，雪山之中有一鹦鹉，父母都盲，常取好果先奉父母。当于尔时有一田主，初种谷时而作愿言：所种之谷要与众生而共啖食。时鹦鹉子以彼田主先有施心，常取其谷以供父母。田主行谷，见有虫鸟揃谷穗处，嗔恚懊恼，便设罗网，捕得鹦鹉。鹦鹉尔时语田主言：田主，先有好心布施，故敢来取，如何今者而见网捕？田主问言：取谷为谁？鹦鹉答言：有盲父母，愿以奉之。田主语言：自今以后，常于此取，勿生疑难，畜生尚尔，孝养父母，岂况于人。佛告比丘：昔鹦鹉者，今我

身是。时田主者，舍利弗是。盲父母者，今我父母净饭王、摩耶夫人是。由昔孝养，今得成佛。[90]

又杂宝藏经云：昔迦默国鸠陀扇村中有一老母，唯有一子。其子勃逆，不修仁孝，以嗔母故，举手向母，适打一下。即日出行，遇逢于贼，折其一臂。不孝之罪，寻即现报，苦痛如是，后地狱苦不可称计也。[91]

感应缘中则记录下舜子有事父之感、郭巨有养母之感、丁兰有刻木之感、董永有自卖之感、陈遗有燋饭之感等历史上的孝子故事，以及周王彦伟、齐何君平、隋妇养姑不孝现报的故事。唐代佛教的孝报思想，融合儒家的忠孝节义与佛教的净土、地狱观念，"孝"与"不孝"直接导致善报与恶报，表明"孝"已经不仅仅是儒家德行的宣扬，而更加倾向于表示"孝"与否将与人未来的归宿（净土或地狱）之间存在着某种必然的联系。

佛教为了在中国争取更多的信众，更易于佛教的传播，将中国儒家的孝义思想纳入佛教思想的体系中，在唐宋时期的佛教经筵与讲堂上，在佛窟寺观的壁画与雕塑中，都出现了宣扬孝义的题材，利用俗讲、变文、造像、壁画等大力宣传孝道，尤其在理学兴起后的宋代，有关孝的佛典、造像与经变画更为普遍。

例如，甘肃省博物馆中保存有一幅创作于北宋淳化二年（991）的报父母恩重经变绢画，画面共分为十五段，表现了怀胎。生养、哺乳、看护、怀抱嬉戏、让食、求妻、孝顺老年父母以及抨击不孝子女等内容。敦煌莫高窟第238窟（吐蕃时期）、第156窟（晚唐）、第170、449窟（宋）保存有四幅表现报父母恩重经变的壁画。五代宋初敦煌藏《故圆鉴大师二十四孝押座文》中宣扬"孝"是成佛积善之根本，"佛道孝为成佛本，事须行孝向耶娘。见生称意免轮回，孝养能消一切灾。
能向老亲行孝足，便同终日把经开"。山西高平开化寺大雄宝殿
保存由北宋画匠郭发依据《大方便佛报恩经》绘制并题记的四
铺佛说法图，西壁正中的说法图即表现的是释迦前生行孝成佛
的故事[92]（图4-18）。画面下部正中，表现一座由升腾的云气
承托的一座六角形木构楼阁式塔，塔左下方盘坐六位男子，抬
头望塔，塔右下方绘一菩萨，合掌跪坐，表现的是弥勒菩萨问
宝塔涌现缘由，释迦佛为之解答，引出释迦前生忍辱太子舍命
救父，因孝成就法身的故事。壁画上缘，表现一铺祥云之中的
佛说法场面，中央佛结跏趺坐在仰莲台座上，两侧各绘有六仕
女，该组画面应为释迦佛在忉利天为母说法；说法图右上方表
现一铺授记场面，中间仰莲花台座上云气升腾，上面立着一位
身裹袈裟的佛陀，上方一身躯高大的佛立在云端，眉间白毫处
放射出一束光芒，直照下方佛的头部。坛左侧立着五位女子，两

图4-18　山西高平开化寺大雄宝殿西壁正中的说法图
（图片来源：《历代寺观壁画艺术·高平开化寺壁画》）

位持幡，三位捧物。表现的是释迦佛从忉利天下降来迎优填王所造之佛像的情景。此铺说法图着重表现释迦因孝成佛，成佛仍不失孝道的主题。

　　无论是道家所宣扬的"孝"得补仙官，还是佛家的"孝"报思想，都表明至少到晚唐的时候，儒家的"孝"行观念，就已经成为儒、佛、道三家共同宣扬的道德准则，它不仅仅是一种"成教化，助人伦"德性的宣扬，而更为重要的是直接将"孝"这个行为与人的来世联系到一起。孝则可得补仙官、成佛、入净土或仙境；反之，不孝则遭天谴，死后入阿鼻地狱。"孝"这个行为正是因为拥有与或善或恶的来世的密切关联，孝子图才会在北宋中原北方地区仿木构砖雕壁画墓中逐渐流行起来，它的目的是冀望通过强调"孝"的行为，在墓主人的现世生活与死后来世的过程中架起一座寓意着墓主人去往仙境或者净土而不是地狱的桥梁。

第三节　升仙图的意义

　　登封黑山沟宋墓中夫妻对坐图位于墓室下层图像的西北壁，与此相对应的是位于西北壁上层的男女图像，"左侧一男子，着白色窄袖长袍，腰带打结。右侧一人，着白色褙子，腰间垂大带，下束淡赭色白褶裙。二人均双手举于胸前，应为墓主夫妇。画面上部残缺，云上二人头失"[93]。这两幅出现在墓室西北壁上下两层的墓主人夫妇的图像，在整个墓室图像程序中，表明了墓主人夫妇的魂灵由地升天的路径。

　　接下来，我们注意到墓主人夫妇的魂灵从西北方升入天界以后，在手持莲花或招魂幡的女子、击钹的道士、云端的菩萨的引领下，经过南壁的桥，最终的目的地是北壁上层云雾缭绕的仙庭。这幅位于墓室上层八个梯形界面的图像以连续性的画面构成了墓主人夫妇去往仙境的过程。在这幅《升仙图》中，结构性的图像有三个，一个是位于西北壁上层素服装扮的墓主人夫妇（图4－19c），一个是位于南壁上层的桥（图4－19b），一个就是位于北壁上层云雾环绕的仙庭（图4－19a）。

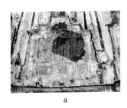 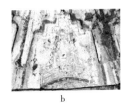 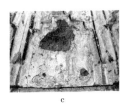
a   b   c

图4－19　登封黑山沟宋墓墓室上层梯形界面上所绘的《升仙图》
a. 北壁；b. 南壁；c. 西北壁
（图片来源：《郑州宋金壁画墓》，106～109页）

　　有趣的是，在宋金中原北方地区仿木构砖雕壁画墓中，类似的表达并不是黑山沟宋墓所独有。河南新密平陌壁画墓[94]为宋大观二年（1108）墓，墓室上部的梯形界面图像中，西北壁同样有墓主人夫妇的形象。画面上绘制了墓主人夫妇二人，跪在一块赭色地毯上，两人双手合十，面对左侧团祥云中站立的三人，三人中间为头戴铁锈红圆顶风帽的泗洲大圣，两侧分立一僧一女子，画面右侧榜题上书写"泗洲大圣度翁婆"字样。西壁、东壁、东南壁分别绘制孝子故事，西南、南部图像脱落。东北壁绘制祥云中的仙桥一座（图4－20a），桥上围绕着墓主人夫妇共绘有一行八人，从右向左，缓缓行进，墓主人夫妇均合掌于胸前，毕恭毕敬。前后侍女，有的手持招魂幡，有的手捧方盒，桥上柱子顶端均为莲花状，上面绘一仙鹤。北壁同样绘制了一幅祥云围绕的仙庭图像。

a   b

图 4－20 墓主人夫妇《升仙图》

a. 河南新密平陌宋墓东北壁上层图像；b. 山西长子小关村金代壁画墓南壁西侧上层图像（图片来源：《郑州宋金壁画墓》，48 页；《文物》2008 年第 10 期）

渡桥的场景也出现在禹县白沙二号宋墓[95]的墓顶，虽然此墓墓顶大部分壁画都已经脱落了，但是，西南面尚存拱桥一处，桥下流水，桥右侧绘有二人意欲渡桥的场景。

此外，山西长子县小关村金代大定十四年（1174）墓[96]墓室南壁墓门券洞东西两侧分别砖砌窗，窗上绘制壁画，东侧描绘一持幡引路的女子，身后绘制手持念珠的一男一女，似为墓主人夫妇，女子右手牵着一男童，画面左侧一棵大树，树前有二男子，一人手持长枪，一人貌似钟馗；西侧绘一桥梁，桥下绘流水，桥上有一女子，身后似为手托册封供物的墓主夫妇，桥头前还绘有武士和貌似钟馗的人物，好像是来迎接墓主人夫妇的到来（图 4－20b）。

一 桥与宫殿

以上几幅画面虽然在表现形式上有所差别[97]，但是，却不约而同地呈现同一个主题，即墓主人夫妇，渡过一座桥，去往某一地方。画面中云雾缭绕表明这一过程并不是墓主人夫妇一次普通的旅行，更可能是表现墓主人夫妇死后的魂灵去往仙境的过程。

这样一组用桥和宫殿来寓意墓主人夫妇死后连续性的图像描述，在中国古代墓葬图像系统中并不陌生。1973 年，山东省苍山县发现汉墓[98]，该墓坐北向南，以六十块石板构筑成前、后二室，其中十块石板上刻有画像。后室设计的画像皆属于神话内容，标志方位的四神和天上的神兽以及后室入口处的立柱上双交龙的图像表明后室空间属于仙界，而前室东、西两壁的上层雕刻一幅有丧葬车马行列的画像，以体现"立郭（椁）毕成，以送贵亲"的场景（图4-21）。根据墓室中的题记，西壁的画像表现了送葬的车马过卫（渭）桥的场景；东壁的画像则显示送葬的队伍抵达一个门扉半启半闭的建筑（都亭）门前，几个人从门后探出身来，一个人赶忙出来迎候。巫鸿在《超越"大限"——苍山石刻与墓葬叙事画像》中曾探讨过苍山墓的丧葬叙

图4-21　山东苍山元嘉元年墓前室东、西两壁上层图像
（图片来源：《礼仪中的美术——巫鸿中国古代美术史文编》上卷，217 页）

事结构，认为"苍山墓前室中的这两幅画像是对葬礼的象征性描绘"，"在这里，'死亡'不再是一瞬间的事情，而被表现为一个持续的过程"，而"两个关键的图像对这一过程的时间性和空间性做出限定：'河'将这一过程与生者的世界分隔开来；'亭'又使这一阶段与未来的世界相区分"[99]。巫鸿注意到，墓室题记对画像设计的叙述是从放置死者遗体的后室开始，接下来对前室图像程序的叙述首先描绘的是西壁过渭桥的场景，继之描绘的就是东壁"驱驰相随到都亭"的场面。这种文字的描述方式和图像行列的行进方向一致，即表示送葬的队伍从墓室前室的西北角开始，向南"上卫（渭）桥"，经过前室的西—西南—南—东南，最后到达位于前室东北角的"都亭"门口。

苍山墓前室"对葬礼的象征性描绘"中，墓主人是以隐喻的方式存在于送葬的马车上，而送葬的车马随从、渭桥以及目的地都亭，与登封黑山沟宋墓中表现墓主人夫妇的灵魂走向仙庭连续性的图像组成方式有着惊人的相似。第一，它们都以连续性的画面描绘出一个具有时间持续性的相关墓主人死后去向的过程；第二，在这一组图像中，皆以桥的场景作为一个连接点，最终目的地都是一个门扉半启半闭的建筑；第三，都描绘有一群陪同墓主人前往目的地的人，无论是送葬的车马随从，还是手持招魂幡的侍女、头戴莲花冠的道士。而两者根本不同的地方在于：苍山汉墓以两幅画像描绘的是"立郭毕成，以送贵亲"的送葬场面，黑山沟宋墓则以八幅画面描绘的是墓主人的魂灵在菩萨、道士、手持招魂幡的女子招魂引渡去往仙庭的场面。

渭桥有三座。汉代景帝前元五年（前152），景帝为给他修建坟墓即阳陵的需要而修造了东渭桥，从此，渭桥因为连接汉都与陵庙所在，成为体现生与死的象征[100]。渭桥的图像在汉代画像石与壁画墓中多见。例如，内蒙古和林格尔县新店子东汉壁画墓[101]中绘制一座桥梁，桥上正中车骑上端坐二人，车前榜题"长安令"，前后左右有女子骑马相随，上边榜题"七女为父报仇"，桥下榜题"渭水桥"字样，肯定这座桥就是汉长安的渭水桥。

用桥来跨越天河，寓意着生、死之别的丧葬观念，在汉代以后一直存在。例如，唐代段成式《酉阳杂俎》[102]中记载有：

> 明经赵业贞元中选授巴州清化县令，失志成疾，恶明，不饮食四十余日。忽觉室中雷鸣，顷有赤气如鼓，轮转至床，腾上，当心而住。初觉精神游散如梦中，有朱衣平帻者引之东行。出山断处，有水东西流，人甚众，久立视之。又东行，一桥饰以金碧。过桥北入一城，至曹司中，人吏甚众。见妹婿贾奕，与己争煞牛事，疑是冥司，遽逃避至一壁间，墙如黑石，高数丈，听有呵喝声。

《太平广记·女仙》"妙女"[103]一条中记载：

> 其前生有一子，名遥，见并依然相识。昨来之日，于金桥上与儿别，赋诗，惟记两句曰："手擎桥柱立，滴泪天河满。"时自吟咏，悲不自胜。如此五六日病卧，叙先世事。

同书《神仙》"陈惠虚"[104]条载：

> 陈惠虚者，江东人也，为僧，居天台国清寺。曾与同侣游山，戏过石桥，水峻苔滑，悬流万仞，下不见底，众皆股栗不行，惠虚独超然而过，径上石壁，至夕不回。群侣皆舍去。惠虚至石壁外，微有小径，稍稍平阔，遂及宫阙，花卉万丛，不可目识。台阁连云十里许，见其门题额曰"会真

府"，左门额曰"金庭宫"，右额曰"桐柏"，三门相向鼎峙，皆有金楼玉窗，高百丈。

这些文字记载中的"桥"虽然不是直接指认渭桥，但是，用"桥"来寓意着生与死、今生与来世、人间与仙界、阳间与冥途之间的界限，在唐宋时期，似乎成为一种符号式的表达。

过了桥，苍山墓的终点是都亭。"亭"在汉代是旅行者驻马歇脚的地方。巫鸿认为在这里却"象征的是一座墓葬。一旦进入亭内，死者就将永远生活在这座为他准备的地下家园中。"紧接着，他注意到，进入"亭"的墓主在接下来的一幅画像中以真实的形象出现在墓门正面横梁上的一幅车马出行画中。"这幅车马出行图与前室中的两幅出行图在内容上有根本的差别，它所描写的不再是葬礼，而是葬礼之后死者灵魂出行的场面。"而这一车马出行的行列，"就正对着右门柱上所刻画的神话中长生不老的西王母，因此明确反映出其死后升仙的主题思想"[105]。

苍山墓前室以车马出行为主线，以一系列的位置转换为关节，描绘出墓主人死后被送往墓地，而他的灵魂最后去往西王母所代表的仙境的过程。在这整个过程中，仙境由象征着长生不老的西王母的图像来表示，明确了墓主人最后的归宿。

而在黑山沟宋墓中，墓主人夫妇一行的目的地是位于北壁上层云雾缭绕的仙庭。仙庭为正面庑殿顶门楼，正楼立于高台阶上，板门两侧装饰两层柱子，表示楼为两层。两侧门楼采用挟屋形式，单层。门楼板门均装铺首衔环及门钉。院两厢为厢房，脊两端为鸱吻。后为庑殿，门扇半掩。院前团云簇拥，院后松树环列。在这里，仙界既不指向充斥着神异符号的西王母统治下的昆仑山，也没有佛教西方极乐世界中描绘的宫殿、圣众、八宝、莲花，而是与现实生活中的殿堂或者是陵墓没有什么两样。区分现实与仙界的图像依据仅仅在于这座庑殿顶门楼下祥云围绕，表明这座殿堂不是人间普通的宫殿，而是天上的仙境入口。

　　用宫阙来表明仙俗之间的界限，在四川、河南、山东等地出土的汉墓图像中较为常见，特别在四川地区的画像石棺上广为流行。例如，四川宜宾南溪县长顺坡砖室墓 3 号石棺[106]棺身仅右侧和前后挡有画像，前挡刻双阙，后挡为凤鸟，右侧分为上下两幅，下方从右至左分别描绘夫妻惜别、乘鹿升仙、仙人半开门、墓主拜谒西王母，体现了墓主人升仙的过程，上方图像则是博弈仙人，云气纹、倒山形纹等装饰仙境。简阳县鬼头山东汉崖墓[107]出土 6 具石棺，其中，三号石棺上刻有珍贵的图像与榜题（图 4 – 22），前挡为凤鸟，后挡刻有伏羲女娲，伏羲、女娲两尾之间有一玄武，女娲左侧有一站立小鸟，榜题 "九"（鸠），右棺壁上为天门图，中间为双阙，阙上停着凤鸟，上有榜题 "天门" 二字，门内站一人，为 "大司"，天门右侧为一干栏式建筑，上有榜题 "大苍（仓）"，天门左侧有白虎，棺身左侧为仙境图，有日月神、白稚、仙人骑鹿、仙人博弈、青龙和鱼，上部正中有辆马车，象征墓主已乘车到达仙境。

图 4 – 22　东汉晚期简阳县鬼头山崖墓 3 号石棺右壁画像拓片
（图片来源：《文物》1991 年第 3 期）

　　此外，重庆巫山东汉墓中出土一批榜题为"天门"的铜牌（图4-23）。这些铜牌原来是装在木棺前端正中的位置。铜牌均为圆形，中心有一装泡钉的圆孔。例如，巫山县东江咀干沟子汉墓[108]出土的一块铜牌中间围绕圆孔刻出一玉璧，玉璧两侧为高大的双阙，两阙之间，有一三角形条带相连，条带之下为隶书"天门"二字，条带之上立一凤鸟，玉璧之下两阙之间，刻有一巨大的神人，双手交拱，头上戴方冠，端坐在双阙之间，双阙之外刻有天狗、长尾神鸟以及祥云，整个画面烘托了天国富丽堂皇的气派。

图4-23　四川巫山县东江咀干沟汉墓出土铜牌线描图
（图片来源：《四川文物》1990年第6期）

　　"天门"，即天之门户。《楚辞·九歌·大司命》称："广开兮天门。"《淮南子》天文篇中称："天阿（门）者，群神之阙也。"汉墓画像中这些由双阙、凤鸟、大司、祥云组成的"天门"意味着神仙的居所、仙俗之间的界限，同时，通过这些围绕在墓主人尸骨周围的棺椁图像来明确表示墓主人死后已经升仙这一美好的祈盼。

　　汉画像中以西王母、东王公为主神的灵异世界是汉代人对于神仙世界的想象，而随着东汉后期佛教的传入，道教的进一步演化，人们对于仙境与来世的想象日趋复杂和丰富。佛教为人们塑造了一个以西方三圣为主神的净土世界：宫殿楼阁、歌舞升平、莲花宝器，尤其是盛唐时期，寺窟壁画中描绘了大量充满着盛唐气象的大型西方净土变，为人们描绘出净土世界的绚丽与祥和。与此同时，道教也延续着中国古代的天庭观念，融合佛教的三圣，建立了以三清为最高主神的神仙谱系。人们对于仙境的想象已不再单单是汉代西王母东王公统治下的神异世界，而掺杂了佛教的西方净土世界，道教的天庭观念，甚至是人间的宫廷生活等等，重新构成了人们对于来世或者仙境的总体期待与想象。

　　而用祥云中的宫阙来表示仙境，在唐宋三教合流的文化总体趋势下，无论是佛教还是道教都似乎不约而同地将它形成了一个符号化的图像方式，而并不强调这个来世究竟是佛教的西方净土世界还是道教的天庭。

　　例如《太平广记·女仙第二》"庞女"[109]一条中记载：

　　　　仙人亦至山顶不散，即便化出金城玉楼，璚宫珠殿，弥满山顶，有一人自山而下，身光五色，来至女前，召女升宫阙之内，众仙罗列，仪仗肃然。

同书《女仙第二》"妙女"条中亦载：

　　　　方说初昏迷之际，见一人引乘白雾，至一处，宫殿甚严，悉如释门西方部。其中天仙，多是妙女之族，言本是提头赖吒天王小女，为泄天门间事，故谪堕人世，已两生矣。

敦煌藏经洞、西夏黑水城出土的多幅引路菩萨像中（图4-

24），对于西方净土世界的表述不再是盛唐时期的气象，而将净土世界仅仅描绘成祥云围绕的宫殿，空中飞翔着佛教吉祥八宝。

a

b

图 4 - 24　引路菩萨图中的天宫楼阁

a. 俄罗斯冬宫博物馆收藏的《接引图》（局部）（编号为 X - 2411）；b. 法国吉美博物馆收藏的五代时期引路菩萨图（局部）（图片来源：《丝路上消失的王国——西夏黑水城的佛教艺术》；《敦煌藏经洞流失海外的绘画珍品：西域绘画·3（菩萨)》）

这样一些混杂着道教、佛教对仙境的文字和图像描述，表明在唐宋之际，人们对于来世究竟去往何处似乎并不确定，也并不强调。这种三教合流式的对来世的想象，将仙境总括为一个符号式的"金城玉楼"，成为北宋对于仙境的总体描述。

二　升仙，或往生

登封黑山沟宋墓中引领墓主人夫妇的魂灵前往仙境最前面的一幅人物图像位于墓室东北壁的上层，画面中描绘了两位手持莲枝的女子，脚下的祥云表示行进的路线是从右至左的方向；接下去的图像是两位头戴莲花冠、双手击钹的道士，他们位于墓室上层东壁梯形界面；紧随其后的东南壁和南壁上层均绘制两位手持

招魂幡的女子；西南壁上的图像已经残缺，仅能看出云端上站立
二人；西壁祥云中端坐的是一位头戴花冠、衣饰璎珞的菩萨，菩
萨有头光和背光。这前后十三个人物组成的队伍均立于云端，自
右向左，缓缓前行，引领着西北壁上层墓主人夫妇的魂灵去向仙
境（图 4 - 25）。招魂幡、击钹的细节透露出这幅《升仙图》似
乎和民间的丧葬仪式有着密切关联。

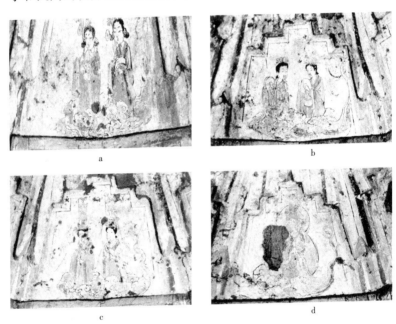

图 4 - 25　登封黑山沟宋墓上层梯形界面图像
a. 东北壁；b. 东壁；c. 东南壁；d. 西壁
（图片来源：《郑州宋金壁画墓》，106 - 109 页）

河南荥阳槐西村北宋绍圣三年（1096）石棺[110]左侧刻画
了一幅送葬图。该图由四组人物组成（图 4 - 26）：第一组三人
皆为女性，髻上簪花，身着宽袖长衫，装饰着荷叶披肩，束腰

系裙，最前面的女子手执香烟袅袅的有柄香炉，后面的二位女子则手持招魂幡；第二组为四个僧人，他们均身着袈裟，三僧双手击钹，一僧口吹法螺；第三组五人，前面一人颔下有须，身穿圆领长袍，束腰拱手，接下去的三人似为女子，皆头戴孝巾，双手合十，末尾一人回首牵一鞍马，鞍马身后则为一所庭院。整幅画面描述的是由宅院向墓地出行的送葬场面。这幅充满着民俗意味的送葬场面被描绘在一排廊桥上面。与此相对应的石棺另一面描述的则是墓主人夫妇坐在桌后观赏杂剧、出行、庖厨等生活场面。

图 4－26　河南荥阳北宋石棺线刻画

（图片来源：《中原文物》1983 年第 4 期）

山西长治安昌村金代二号墓[111]墓室东壁上部也有一幅类似图像（图 4－27）。画面由十二人组成，从左向右，右首最前面的人物头戴高帽，身穿宽袖袍服，手持长带飘曳的招魂幡，一名恭敬地端着死者灵位的服袍者紧跟其后，后面第三、第四人为身穿袈裟、拍着钹、吹法螺的僧人，僧人身后跟随一名肩担双包的行者，有一名顶冠披帛的佛事主持，左手拿着灯侧身招呼后面送葬的随行，其后的人物皆神情肃穆，双手合十或者拢袖作躬行状。这两幅反映现实生活送葬仪式中的图像表现出与

黑山沟宋墓升仙图的人物相似的排列顺序，即前面是手持香炉、
莲花、招魂幡的女子，紧随其后的是击打钹或吹法螺的僧人或
道士，再后面的人物则是神情肃穆双手合十的送葬人或者墓主
人。但是，这两幅描绘民间送葬仪式的行列恰恰与黑山沟宋墓这
幅升仙图的人物行进方向相反，即手持招魂幡的人物排在了画面
的最右端，整个行列是从左向右的前行。巫鸿先生曾在苍山墓的
讨论[112]中注意到描述葬礼的场景与葬礼之后死者魂灵的出行方
向是一种相反的行进方式，而这一特征在中原地区北宋丧葬图像
中依然存在。

图 4－27　山西长治安昌村金代砖雕墓东壁上层的送葬图
（图片来源：《文物世界》2003 年第 1 期）

　　登封黑山沟宋墓升仙图所体现出来的从右至左的行进方式以
及人物的排列方式，体现在一幅被认为是北宋初期的白描作品
《八十七神仙卷》（图 4－28）中。这幅作品被认为描绘的是道教
东华大帝、南极天帝、扶桑大帝三位帝君以及真人、仙侯、金童
玉女、神王力士等八十七位神仙朝拜道教三清的场景[113]。它最
开始被认为是唐代吴道子的真迹，但随后对它的年代判定有多种
质疑[114]。

图 4 - 28　　《八十七神仙卷》
（图片来源：《八十七神仙卷》临摹范本）

　　《八十七神仙卷》高 35、横 250 厘米。画面中围绕三位主神的众神仙被安置在与画面平行的仙桥上。桥下莲花盛开，祥云舒卷，桥上神仙们由右至左，列队前行，他们或手持莲花宝瓶，或高擎旗帜经幡，或手握各类宝器。值得注意的是，《八十七神仙卷》中行列前面的人物除了开道的神王力士以外，最为引人注目的是一位手持莲花的玉女。这位玉女，身着长带飘曳的仙衣，手持一枝盛开的莲花和荷叶，从莲心中生长出一个幢，走在队伍的前列（图 4 - 29）。

　　莲花和幢的这一组合，似乎表示这位玉女和唐代"引路菩萨"之间有着某种联系。所谓"引路菩萨"，是唐代佛教净土世界里负责引导亡魂前往西天极乐世界的菩萨。按照净土信仰，任何人只要修持念佛，称念阿弥陀佛名号，临终之际，阿弥陀佛或其圣众就会示现，他们将手持宝台，接引死者往生西方极乐世界。阿弥陀佛信仰，最早在后汉支谶译出的《般舟三昧经》中出现。其经文大意，说修持者一心想念"西方阿弥陀佛"，死后可以生往"阿弥陀佛国"。南朝刘宋畺良耶舍译《佛说观无量寿佛经》则教人进入

图4-29 《八十七神仙卷》行列前端持莲花玉女
(图片来源:《八十七神仙卷》临摹范本)

禅定后专心观想西方"阿弥陀佛极乐世界",从日想、水想、地想、树想……无量寿佛身想、观世音菩萨想、大势至菩萨想,以及众生(分为上、中、下三品,每品又分为上、中、下三品,共九品)往生的情景之想,共有十六观;说任何人只要修持念佛(包括观想阿弥陀佛和称念阿弥陀佛的名号),皆可在死后往生西方极乐世界,但因为各类众生情况不一,往生方式和得到的境界也是不同的[115]。这一部佛经是净土宗重要的经典之一。敦煌莫高窟初唐的"观经变相"中,就已经出现九幅"九品往生图"。每幅往生图均绘一栋楼阁建筑,阁中一人榻上坐,当是亡者,阁外阿弥陀佛坐乘祥云来接引,亡者胸口化出一缕云气,上现亡者乘坐宝台,与弥陀圣众升空而去。往生西方净土思想是西方净土变在唐代寺观壁画中盛行的主要原因,而引路菩萨的出现正是在这样的宗教背景下形成的新的菩萨样式。

　　现藏大英博物馆的一幅引路菩萨像（图4－30a），画面上菩萨脚踩莲花，立于画面的左侧，左手持莲花，莲花上挂着一小幡，右手持有柄香炉，画面右边一盛装贵妇袖手恭敬跟从，画面左上角绘有一团祥云，云上为宫殿式建筑，右上角有榜题，前面文字不清，只余下"引路菩"三字，贵妇与菩萨的画像均显示出晚唐仕女画的特征，应该是一幅晚唐时期作品。而另一幅现藏于法国吉美博物馆中书有"女弟子康氏奉亡夫薛诠，画引路菩萨一尊一心供养"字样的五代康氏为其亡夫薛诠供养的引路菩萨绢画（图4－30b），画面中引路菩萨身形较大，脚踩莲花，左手持一香炉，右手持一大幡，菩萨回首望着身后双手合十恭敬虔诚的一名男子，菩萨前面还有一名举幢的侍女，一行三人行走在祥云之上，天空中飞翔着七宝，远处的天宫若隐若现，一派欢乐祥和的气氛。

图4－30　敦煌藏经洞出土引路菩萨图

a. 大英博物馆收藏　唐；b. 法国吉美博物馆收藏　五代（图片来源：《敦煌藏经洞流失海外的绘画珍品：西域绘画·3（菩萨）》）

据李翎的研究，这一类引路菩萨因其头上有化佛，可推定此菩萨应是阿弥陀佛的协侍菩萨之一观音菩萨，而引路菩萨的图像样式，"最初依然保持了传统的持莲花标识，即左手持莲花，只是在莲花上端缀有一个小小的冥幡，正是这个象征死亡的小幡，标示了持莲花手观音在汉地造像样式与功能上的细微变化。于是观音由西方极乐佛国教主的助手——持莲菩萨，变为负责接引死者往生西方极乐佛国的'引路菩萨'。其图像特征是：手持莲花引导跟随他的死者走向佛国，在他所持的莲花上，系有一个飘扬的冥幡，这是他作为引路菩萨的标识。这个图像进一步的发展是：作为引路菩萨，幡的标识性比莲花更为突出，'人道'救主'莲花手'观音，原本标识性的莲花退居次位甚至消失，只以手持冥幡为标识，于是救度人道的世间尊观音（莲花手），在内地净土宗的盛行下，脱胎出一种新的图像样式：持幡引路菩萨。五代时，引路菩萨的样式基本定型，其特征是：菩萨身形，头冠上有无量光化佛，一手持长柄香炉，一手持一长杆，长杆上缀着一面迎风飘摆的大幡，原本作为观音标志性的持物——莲花，在这种新样中完全消失了"[116]。原本西方净土信仰阿弥陀佛的协侍菩萨持莲的观音菩萨，在汉地逐步演变成一手持长幡、一手持有柄香炉的引路菩萨，其功能是引导死者往生西方极乐世界。

幡在往生西方极乐世界中的作用，我们可以在道宣（596～667）《四分律删繁补阙行事钞》[117]瞻病送终篇中看到：

　　若依《中国本传》云：祇桓西北角日光没处为无常院，若有病者安置在中，以凡生贪染见本房内衣众具多生恋着无心厌背故，制令至别处堂。号无常，来者极多，还反一二，即事而求，专心念法。其堂中置一立像，金薄（当作箔）涂之，面向西方，其像右手举，左手中系一五彩幡，脚垂曳地。当安病者在像之后，左手执幡脚作从佛往净刹之意。瞻病者烧香散华，庄严病者，乃至若有屎尿吐唾随有除之，亦无有罪。

这段文字记载了无常院堂中立像，面向西方，右手上举，左手中系一五彩幡，当笃信佛法的信徒重病将死的时候，将他的病床安放在立像的身后，病者手持五彩幡的幡脚，作从佛往生净土之意。幡也就构成了死者与西方净土之间的链接之一

莲花与香炉是引导亡者往生西方净土世界另外两个标志性的器物。《佛说观无量寿佛经》提到九品往生的观念时，就曾提到"上品上生"与"上品中生"之人，临终之际可见观音菩萨与大势至菩萨手捧宝台前来接引。这样的画面在20世纪初期俄国探险家科兹洛夫在西夏黑水城发现的一批十二三世纪的接引图中得以呈现。现藏冬宫博物馆的一幅接引图（编号X－2410），描绘的是西方阿弥陀佛与二协侍菩萨足踏莲台，迎接亡者的情景：阿弥陀佛站在画面的右侧，双手分作与愿印和安慰印，左侧观音菩萨与大势至菩萨合捧莲花台，一个赤身裸体的化生童子正欲登台，画面右下角枯树下端坐一双手合十的比丘，比丘头顶升起一缕白烟，与阿弥陀佛白毫间放出的白光交接处，均指向正欲登台的化生童子，巧妙地表现出亡者往生西方阿弥陀佛世界一刹那间的情景。而另一幅也藏于冬宫博物馆编号为X－2411的《接引图》（图4－31a）描绘的是同样的场景，此画以红色为底色，阿弥陀佛身披背光，站在画面的右侧，观音与大势至二位协侍菩萨手捧金色莲台前来接引，画幅右下角的亡者，为一位双手合十秃顶髡发的西夏贵族，头顶一缕红云，直接指向红云上站立的化生童子，他双手合十，仅披天衣，穿着白靴，神情严肃，正在跳上金色莲台。在这帧画面中，空中有各式乐器飘舞，并有一朵红色祥云，一座宫殿建筑浮现其间，代表西方净土的七宝楼阁。在这两幅接引图中，代表亡者的图像有两个，一个是双手合十的亡者，一个就是跳上莲花宝台的化生童子，体现了亡者现世与往生的两

a　　　　　　　　　　　　　　b

图 4 - 31　西夏黑水城出土绘画

a. 接引图；b. 水月观音（图片来源：《丝路上消失的王国——西夏黑水城的佛教艺术》，187 页、199 页）

种不同的形象。冬宫博物馆编号 X - 2416 号《接引图》，则描绘阿弥陀佛足踏双莲，乘着祥云，立于画面的右侧，他双手分持与愿印和安慰印，眉间放出一缕白光，直照左下角二位身着华服的供养人，其中，女供养人双手合十，男供养人手持香炉，表现了弥陀信众临终之际，不仅看见阿弥陀佛"毫间放光"，且"垂手下接"时的场景。西夏黑水城还出土了一幅绢画，画面下半部表现一队送葬的队伍立于悬崖边，从崖边升起一团祥云，云上立着一位白发老人与一侍童，老人手持一长柄香炉，香炉中飘出大簇莲花，画面上半部绘制水月观音像一铺，他悠闲自得地坐在岩石上，右上角绘一化生童子立于云端，朝向水月观音（图 4 - 31b）。在这幅画面上，虽然没有出现阿弥陀佛，表现的主题依然是亡者以现世与化生两种形象，往生西方净土世界的过程。莲花与香炉共同构成了亡者往生西方净土的链接。

汉地引路菩萨图以隐喻的方式描述了亡者往生西方净土过程中的一个场景，引路菩萨作为西方阿弥陀佛的协侍菩萨之一，无论手持香炉、莲花还是长幡，都体现了这些器物在往生西方净土世界中的功能，画面上层的天宫楼阁似乎暗喻着西方净土世界的所在。西夏黑水城出土的这一批接引图则将这一过程以图示的方式，直白地描绘出来，亡者或亲见阿弥陀佛来迎，或其化生进入西方阿弥陀佛二协侍手捧的莲花台中，直接进入阿弥陀佛世界，手持莲花与香炉依然构成了往生西方净土世界最为重要的链接。

西方净土信仰中的接引观念在晚唐五代之际深刻地影响到道教图像与民间丧葬的仪式中。前述《八十七神仙卷》描绘道教东华、南极四天帝王率众朝拜道教三清的场景中，围绕着三位主神展开的行列，手持莲花、宝幢、长幡、香炉的玉女行走其间，引领着各色神仙前往道教仙境。而在民间丧葬风俗中，送葬队伍以手持长幡、莲花、香炉开路，表明整个送葬的行列似乎模拟着引领亡者往生西方净土的过程。

因此，在笔者看来，黑山沟北宋砖雕壁画墓的这幅《升仙图》是融合了民间丧葬仪式、西方净土的往生观念及其道教的升仙思想为一体的综合图示。图像描述的并不在于强调墓主人夫妇最终将会进入净土世界或者道教仙境，而是以祥云中的天宫楼阁形象标示出一个或佛或道的仙境，而整个引路的行列也以一种或佛或道的各色菩萨、侍女、道士表明了引领墓主人夫妇往生的过程，体现出北宋儒、道、释三教合流的文化趋势。

〔1〕　宿白：《白沙宋墓》，文物出版社，2002 年。

〔2〕　叶万松、余扶危：《新安县石寺李村的两座宋墓》，收入中国考古学会主编《中国考古学年鉴（1985）》，文物出版社，1985 年，173 页。

〔3〕　山西省考古研究所：《平阳金墓砖雕》，山西人民出版社，1999 年。

〔4〕　洛阳市文物工作队：《河南新安县梁庄北宋壁画墓》，《考古与文物》1996

年 4 期，8 ~ 14 页。

〔5〕　开封市文物工作队、尉氏县文物保护管理所：《河南尉氏县张氏镇宋墓发掘简报》，《华夏考古》2006 年 3 期，13 ~ 18 页。

〔6〕　山西省考古研究所侯马工作站：《侯马两座金代纪年墓发掘报告》，《文物季刊》1996 年 3 期，65 ~ 78 页。

〔7〕　山西省考古研究所晋东南工作站：《山西长子县石哲金代壁画墓》，《文物》1985 年 6 期。

〔8〕　康保成、孙秉君：《陕西韩城宋墓壁画考释》，《文艺研究》2009 年 11 期，79 ~ 88 页。

〔9〕　山西省考古研究所侯马工作站：《山西稷山马村 4 号金墓》，《文物季刊》1997 年 4 期，41 ~ 51、40 页。

〔10〕　中央美术学院美术史系中国美术史教研室编著：《中国美术简史》，中国青年出版社，29 页。

〔11〕　马汉国主编：《微山汉画像石选集》文物出版社，2003 年，图版一。画像题记为：永和四年四月丙申朔廿七壬戌恒桑终亡二弟文山叔山悲哀治此食堂到六年正月廿五日毕成自念悲痛不受天佑少终有一子男伯志年三岁却到五年四月三日终俱归黄泉何时复会慎勿相忘传后世子孙令知之。

〔12〕　陕西省考古研究院、榆林市文物研究所、靖边县文物管理办公室：《陕西靖边东汉壁画墓》，《文物》2009 年 2 期，32 ~ 43 页。

〔13〕　洛阳市第二文物工作队：《洛阳市朱村东汉壁画墓发掘简报》，《文物》1992 年 12 期。

〔14〕　郑岩：《墓主画像研究》，收入山东大学考古学系编《刘敦愿先生纪念文集》，山东大学出版社，1997 年，450 ~ 467 页。

〔15〕　魏晋时期壁画墓的分区采用的是郑岩在《魏晋南北朝壁画墓研究》中的分区办法，即把魏晋南北朝时期壁画墓分为四区：东北地区、西北地区、南方地区、中原地区。其中，东北地区主要包含辽阳和朝阳，中原地区则据有河北、河南、山西、山东、陕西、宁夏六省。

〔16〕　郑岩：《魏晋南北朝壁画墓研究》，文物出版社，2004 年，190 页。

〔17〕　王银田、刘俊喜：《大同智家堡北魏墓石椁壁画》，《文物》2001 年 7 期，40 ~ 51 页。

〔18〕　山西省考古研究所、太原市文物考古研究所：《太原北齐徐显秀墓发掘简报》，《文物》2003 年 10 期，4 ~ 40 页。

〔19〕　王策：《燕京汽车厂出土的唐代墓葬》，《北京文博》1999 年 1 期。

〔20〕　贺梓城:《唐墓壁画》,《文物》1959 年 8 期。

〔21〕　高小龙:《北京清理唐砖室墓》,《中国文物报》1998 年 12 月 20 日。

〔22〕　张德卿、耿建北:《登封清理唐砖室墓》,《中国文物报》1998 年 6 月
　　　　10 日。

〔23〕　资料由裴明相、安金槐两先生写成简报发表在《文物参考资料》1954 年 6
　　　　期和 1958 年 5 期。

〔24〕　河南省文物研究所、巩县文物保管所:《宋太宗元德李后陵发掘报告》,
　　　　《华夏考古》1988 年 3 期,19～46 页。

〔25〕　[晋]司马彪:《后汉书》第八册,卷六十四,中华书局,1973 年,
　　　　2124 页。

〔26〕　王文锦译解:《礼记译解》上,中华书局,2005 年,80 页。

〔27〕　同上,83 页。

〔28〕　同上,84 页。

〔29〕　[唐]杜佑:《通典》卷第一百三十八,中华书局,3516 页。

〔30〕　同上,卷第一百三十九,3542～3544 页。

〔31〕　[宋]司马光:《司马氏书仪》卷八,中华书局,1985 年,90 页。

〔32〕　[汉]王充:《论衡·四讳篇》,上海人民出版社,1974 年,355 页。

〔33〕　[汉]应邵:《风俗通义校》,天津人民出版社,1980 年。

〔34〕　[宋]李昉等:《太平御览》卷 560 礼仪部三十九冢墓四,中华书局,2530
　　　　页。

〔35〕　[唐]杜佑:《通典》卷第四十八,北京,中华书局,1346 页。

〔36〕　同上,2133 页。

〔37〕　同上,1348 页。

〔38〕　[宋]欧阳修、宋祁:《新唐书》,中华书局,1975 年,455 页。

〔39〕　[唐]杜佑:《通典》卷第一百二十一,中华书局,3088 页。

〔40〕　[宋]叶梦得:《石林燕语》卷一,收入《全宋笔记》第二编,十,大象
　　　　出版社,2006 年,14 页。

〔41〕　[宋]司马光:《司马氏书仪》卷第十,中华书局,1985 年,115 页。

〔42〕　同上,116 页。

〔43〕　巫鸿:《无形之神:中国古代视觉文化中的"位"与对老子的非偶像表
　　　　现》,《礼仪中的美术——巫鸿中国古代美术史文编》,生活·新知·读书
　　　　三联书店,2005 年,512 页。

〔44〕　关于在墓室中的"座"所象征的神灵,巫鸿先生还列举了满城中山王刘胜

墓中心设置的两个空座。"该墓建于山崖之内，主要部分是一个设置得像个大祠堂的大墓室，其中心是两个空座，原以帷帐覆盖。排列整齐的器物和俑分列于中央座位的前方和两旁，显然在模拟一个礼仪性的供奉环境。"并且指出："这种'座'并非仅属于社会上层的专利，一些考古遗迹表明，在汉代和汉代以后，这一丧葬礼俗同样也为低层官吏乃至于平民阶层所享有。这段时期的许多中、小型墓葬中都在前室建有一个特别的'台'或'坛'，其上的祭品和陶制器皿往往围绕一块空地，因此构成死者的'位'。如在洛阳附近七里河发现的一座2世纪砖室墓中，其前室西部为特别修造的平台所据，台上一块空地的前方设有一个几案，其上摆着碟子、盘子、耳杯和筷子，几案的外部是舞蹈、杂技陶俑。"同上，515页。

〔45〕 甘肃省文物考古研究所：《敦煌佛爷庙湾西晋画像砖墓》，北京，文物出版社，1998年，35页。

〔46〕 ［宋］宋敏求：《春明退朝录》，收入《全宋笔记》第一编，六，大象出版社，2003年，273页。同样的记载在 ［宋］欧阳修：《归田录》，收入《全宋笔记》第一编，五，大象出版社，2003年，277页。

〔47〕 ［宋］司马光：《司马氏书仪》卷第十，中华书局，1985年，115页。《司马氏书仪》多记载了司马光游历北宋两京地区所见民俗，因此，基本上能够反映出北宋中原北方地区的风俗习惯。

〔48〕 ［宋］朱子：《家礼》卷五，收入《景印文渊阁四库全书·经部一三六·礼类》，［台湾］商务印书馆，2008年，142~572。

〔49〕 ［宋］司马光：《司马氏书仪》卷五，中华书局，1985年，54页。

〔50〕 同上。

〔51〕 同上，卷七，83页。

〔52〕 同上，卷八，90页。

〔53〕 同上，卷六，62页。

〔54〕 甘肃省文物考古研究所：《甘肃天水市王家新窑宋代雕砖墓》，《考古》2002年11期，42~49页。有意思的是，此墓中与南壁上层中间位置的桌椅恰好相对的是北壁上层中间位置的伎乐砖雕，似乎是为了墓室中这个没有外在形貌的神灵专设的表演。

〔55〕 许淑珍：《山东淄博市临淄宋金壁画墓》，《华夏考古》2003年1期，21~26页。

〔56〕 姜彬、冯耀武：《山西左权发现宋代双层墓》，《文物世界》2005年5期，44~45页。

〔57〕　李清泉:《宣化辽墓:墓葬艺术与辽代社会》,文物出版社,2008 年,
127 页。

〔58〕　郑州市文物考古研究所编著:《郑州宋金壁画墓》,科学出版社,2005 年,
123 页。

〔59〕　[宋] 程颐、程颢:《二程遗书》卷二十二上,上海古籍出版社,2000 年,
341 页。

〔60〕　[宋] 司马光:《司马氏书仪》卷七,北京,中华书局,1985 年,83 页。

〔61〕　同上,卷十,113 页。

〔62〕　同上,卷五,54 页。

〔63〕　同上,卷五,54 页。

〔64〕　同上,卷七,83 页。

〔65〕　同上,卷十,113 页。

〔66〕　郑州市文物考古研究所编著:《郑州宋金壁画墓》,科学出版社,2005 年。

〔67〕　该墓墓室上层梯形界面的西南、南壁图像已经完全脱落,图像不详。

〔68〕　徐苹芳:《僧伽造像的发现和僧伽崇拜》,《文物》1996 年 5 期,50~58
页。僧伽传为观音化身的故事见于《太平广记》"僧伽大师"条,条中记
载:"至 (唐) 景龙四年三月二日,(僧伽大师) 于长安荐福寺端坐而终。
中宗即令于荐福寺起塔,漆身供养。俄而,大风歘起,臭气遍满于长安。
中宗问曰:是何祥也? 近臣奏曰:僧伽大师化缘在临淮,恐是欲归彼处,
故现此变也。中宗默然心许,其臭顿息,顷刻之间,奇香郁烈。即以其年
五月,送至临淮,起塔供养,即今塔是也。"后中宗问万迥师曰:僧伽大
师何人耶? 万迥曰:是观音化身也,如法华经普门品云:应以比丘、比丘
尼等身得度者,即皆见之而为说法,此即是也。赞宁《宋高僧传》"唐泗
州普光王寺僧伽传"中云:尝卧贺跋氏家,身忽长其床榻各三尺许,莫不
惊怪,次现十一面观音形。其家举族欣庆,倍加信重,遂舍宅焉。

〔69〕　郑州市文物考古研究所编著:《郑州宋金壁画墓》,科学出版社,2005 年。

〔70〕　焦作市文物工作队:《河南焦作白庄宋代壁画墓发掘简报》,《文博》2009
年 1 期,18~24 页。

〔71〕　郑州市文物考古研究所:《郑州宋金壁画墓》,科学出版社,2005 年。

〔72〕　洛阳市第二文物工作队:《嵩县北元村宋代壁画墓》,《中原文物》1987 年
3 期,37~42 页。

〔73〕　洛阳市第二文物工作队、宜阳县文物管理委员会:《河南宜阳北宋画像石
棺》,《文物》1996 年 8 期,46~50 页。

〔74〕 黄明兰:《洛阳出土北宋画像石馆》,《考古与文物》1983 年 5 期, 104 ~
　　　105 页。

〔75〕 李献奇、王丽玲:《洛宁北宋乐重进画像石馆》,《文物》1993 年 5 期, 30 ~
　　　39 页。

〔76〕 巩县文物管理所、郑州市文物工作队:《巩县西村宋代石棺墓清理简报》,
　　　《中原文物》1988 年 1 期, 34 ~ 36 页。

〔77〕 孝子图在中原北方地区的宋金墓葬中相对集中的出现在三个区域。第一个
　　　区域是河南的登封、新密、荥阳、巩义、洛阳、焦作等豫中地区, 它们往
　　　往以绘制的形式出现在墓室壁面图像上的中层, 或者阴刻在棺具的两帮;
　　　第二个区域则出现在山西东南部长治、壶关、潞城一带以及河南北部的林
　　　县、河北南部的武安三省交界地区, 图像流行用画像砖砌筑在墓室四壁须
　　　弥座的束腰部位或者门窗左右, 也有在墓室四壁上层砌筑, 绘制的墓例也
　　　有, 但是极少; 第三个区域主要集中在陇中地区的兰州、会宁、清水、天
　　　水等地, 图像主要以画像砖的形式砌筑在墓室壁面。

〔78〕 邓菲:《关于宋金墓葬中孝行图的思考》,《中原文物》2009 年 4 期, 75 ~
　　　81 页。

〔79〕 [美] 巫鸿:《武梁祠——中国古代画像艺术的思想性》, 生活·读书·新
　　　知三联书店, 2006 年, 239 页。

〔80〕 《太平御览》中董永行孝讲述的是:"前汉董永, 千乘人。小失母, 独养
　　　父。父亡无以葬, 乃从人贷钱一万。永谓钱主曰:'后若无钱还君, 当以
　　　身作奴。'主甚怜之。永得钱葬父毕, 将往为奴, 于路忽逢一妇人, 求为
　　　永妻, 永曰:'今贫若是, 身复为奴, 何敢屈夫人之为妻。'妇人曰:'愿
　　　为君奴, 不耻贫贱。'永遂将妇人至。钱主曰:'本言一人, 今何有二?'
　　　永曰:'言一得二, 于理乖乎!'主问永曰:'何能?'妻曰:'能织耳。'
　　　主曰:'为我织千匹绢, 即放尔夫妻。'于是索丝, 十日之内, 千匹绢足。
　　　主惊, 遂放夫妇二人而去。行至本相逢处, 乃谓永曰:'我是天之织女,
　　　感君之孝, 天使我偿之。今君事了, 不能久停。'语讫, 云雾四垂, 忽飞
　　　而去。"参见 [美] 巫鸿:《武梁祠——中国古代画像艺术的思想性》, 生
　　　活·读书·新知三联书店, 2006 年, 300 页。

〔81〕 该榜题有两个独立的曾子故事构成。第一个出于东汉王充《论衡》:"曾
　　　子之孝, 与母同气。曾子出薪于野, 有客至而欲去。曾母曰:'愿留, 参
　　　方到。'即以右手搤其左臂。曾子左臂立痛, 即驰至, 问母(曰):'臂何
　　　故痛?'母曰:'今者客来, 欲去, 吾搤臂以呼汝耳。'盖以至孝与父母同

气，体有疾病，精神辄感。"第二个故事则出于《战国策》："昔者曾子处费，费人有与曾子同名族者而杀人，人告曾子母曰：'曾参杀人。'曾子之母曰：'吾子不杀人。'织自若。有顷焉，人又曰：'曾参杀人。'其母尚织自若也。顷之，一人又告之曰：'曾参杀人。'其母惧，投杼逾墙而走。夫以曾参之贤，与母之信也，而三人疑之，则慈母不能信也。"武梁祠的曾子故事描述的就是这个场景。参见〔美〕巫鸿：《武梁祠——中国古代画像艺术的思想性》，生活·读书·新知三联书店，2006 年，289 页。

〔82〕　闵子骞行孝故事："闵子骞，兄弟二人。母死，其父更娶，复有二子。子骞为其父御车，失辔，父持其手，衣甚单，父则归，呼其后母儿，持其手，衣甚厚温，即谓其妇曰：'吾所以娶汝，乃为吾子。今汝欺我，去无留。'子骞前曰：'母在一子单，母去四子寒。'其父默然。故曰：孝哉闵子骞，一言其母还，再言三子暖。"〔唐〕欧阳询：《艺文类聚》，上海，中华书局，1965 年，369 页。

〔83〕　邹清泉：《北魏孝子画像研究——〈孝经〉与北魏孝子画像身份的转换》，文化艺术出版社，2007 年

〔84〕　〔东晋〕葛洪：《抱朴子》内篇第三卷，上海古籍出版社，1995 年，14～20 页。

〔85〕　〔唐〕段成式：《酉阳杂俎》卷二，中华书局，1981 年。

〔86〕　骆承烈编：《中国古代孝道资料选编》，山东大学出版社，2003 年，135 页。

〔87〕　〔宋〕张君房辑：《云笈七签》卷八十六，齐鲁书社，2002 年，487 页。

〔88〕　〔唐〕释道世：《法苑珠林校注》，周叔迦、苏晋仁校注，中华书局，2003 年，512 页。

〔89〕　同上，1454 页。

〔90〕　同上，1475 页。

〔91〕　同上，1497 页。

〔92〕　谷东方：《高平开化寺北宋大方便佛报恩经变壁画内容考释》，《故宫博物院院刊》2009 年 2 期，89～150 页。

〔93〕　郑州市文物研究所编著：《郑州宋金壁画墓》，科学出版社，2005 年，101 页。

〔94〕　郑州市文物考古研究所编著：《郑州宋金壁画墓》，科学出版社，2005 年，41～54 页。

〔95〕　宿白：《白沙宋墓》，文物出版社，2002 年，75 页。

〔96〕 长治市博物馆：《山西长子县小关村金代纪年壁画墓》，《文物》2008 年
10 期，60～69 页。

〔97〕 类似的表达还见湖北襄阳磨基山北宋徽宗崇宁二年（1103）墓。该墓为八
角形仿木构砖室墓，在墓室穹隆顶中部悬挂有一面铜镜，镜纽周围为故事
人物画，内容为左边与下方为山峦起伏、古树参天、小桥、流水、桥上行
人等，右边云雾环绕一宫殿，宫殿下有三人。这幅画面将墓主人升仙的过
程以一幅画面连续性地表达出来。襄樊市博物馆：《襄阳磨基山宋墓发掘
简报》，《江汉考古》1985 年 3 期，26～30 页。

〔98〕 张其海：《山东苍山元嘉元年画像石墓》，《考古》1975 年 2 期，124～134
页。考古报告上认为这座画像石墓的"元嘉元年"为南朝刘宋文帝元嘉元
年（424），但是多数学者认为这一纪年为东汉恒帝元嘉元年（151）。此墓
在侧室门洞中央和右边立柱上刻有题记，原文为："元嘉元年八月廿四日，
立郭（椁）毕成，以送贵亲。魂零（灵）有知，怜哀子孙，治生兴政，
寿皆万年。薄（簿）疎（疏）郭（椁）中画观。后当，朱爵（雀）对游
冥（戏）抽（仙）人，中行白虎后凤皇（凰）。中直柱，双结龙，主守中
雷辟邪央（殃）。室上硬，五子舆（舉），僮女随后驾鲤鱼。前有白虎青
龙车，后□被轮雷公君。从者推车，平桿冤厨。上卫桥，尉车马，前者功
曹后土薄（簿），亭长、骑佐胡便（使）弩。下有深水多鱼者，从儿刺舟
渡（度）诸母。使坐上，小车耕，驱驰相随到都亭，游徼候见谢自便，后
有羊车椽（像）其槽。上即圣鸟乘浮云。其中画，椽（像）家亲，玉女
执尊杯案桙（盘），局怅稳杭好弱貌。堂硬外，君出游，车马道（导）从
骑吏留，都督在前，后贼曹。上有虎龙衔利来，百鸟共持至钱财。其硬
内，有倡家，生（笙）汗（竽）相和化（比）吹庐（芦），龙爵（雀）
除央（殃）𪁉喝（啄）鱼。堂三柱：中直□龙非详（飞翔），左有玉女
与仙人；右柱□□请丞卿，新妇主侍（侍）给水将（浆）。堂盖花好，
中瓜叶□□包，末有盱（鱼）。其当饮食就夫（太）仓，饮江海，学者
高迁宜印绶，治生日进钱万倍。长就幽寰（真）则决绝，闭旷之后不
复发。"

〔99〕 ［美］巫鸿：《超越"大限"——苍山石刻与墓葬叙事画像》，载《礼仪中
的美术——巫鸿中国古代美术史文编》生活·读书·新知三联书店，
2005 年。

〔100〕 巫鸿在对这组墓葬叙事画像进行研究时，认为："第一座渭桥即中渭桥
是由秦始皇修建的，用以连接咸阳宫和长乐宫；第二座渭桥即东渭桥是

由汉景帝修建的，用以连接都城和皇帝的陵墓；第三座渭桥即西渭桥是
由汉武帝修建的，用以连接都城和他自己的陵墓。汉代修建的这两座渭
桥都是皇帝陵墓工程的一部分。"因此，苍山石刻中的渭桥"应有着宽
泛和象征的意义"，即"灵车在皇帝殡葬卫兵和数以百计官员的护送下
通过该桥去往陵区，渭河因此成为人们心目中死亡的象征"。巫鸿：《超
越"大限"——苍山石刻与墓葬叙事画像》，载《礼仪中的美术：巫鸿
中国古代美术史文编》上卷，生活·读书·新知三联书店，2005 年，
217 页。

〔101〕　内蒙古文物工作队、内蒙古博物馆：《和林格尔发现一座重要的东汉壁画
　　　　　墓》，《文物》1974 年 1 期。

〔102〕　[唐] 段成式：《西阳杂俎》卷二，中华书局，1981 年。

〔103〕　[宋] 李昉等编：《太平广记》，岳麓书社，1996 年，第一册，295 页。

〔104〕　同上，215 页。

〔105〕　巫鸿：《从哪里来？到哪里去？汉代丧葬艺术中的"柩车"与"魂车"》，
　　　　　载《礼仪中的美术——巫鸿中国古代美术史文编》生活·读书·新知三
　　　　　联书店，2005 年。

〔106〕　崔陈：《宜宾地区出土汉代画像石棺》，《考古与文物》1991 年 1 期，
　　　　　34 页。

〔107〕　内江市文管所、简阳县文化馆：《四川简阳县鬼头山东汉崖墓》，《文物》
　　　　　1991 年 3 期，20 ~ 25 页。

〔108〕　赵殿增、袁曙光：《"天门"考——兼论四川汉画像砖（石）的组合与主
　　　　　题》，《四川文物》1990 年 6 期，3 ~ 11 页。

〔109〕　[宋] 李昉：《太平广记》，岳麓书社，1996 年，269 页。

〔110〕　吕品：《河南荥阳北宋石棺线画考》，《中原文物》1983 年 4 期，91 ~
　　　　　96 页

〔111〕　商彤流、杨林中、李永杰：《长治市北郊安昌村出土金代墓葬》，《文物
　　　　　世界》2003 年 1 期，3 ~ 7 页。

〔112〕　"这幅车马出行图（墓门正面横梁上）与主室中的两幅出行图在内容上
　　　　　有着根本的差别，它所描写的不再是葬礼，而是葬礼之后死者灵魂出行
　　　　　的场面。它的行进方向也变为由左向右，与葬礼中车马自右而左的方向
　　　　　相反。这个方向的转变并非偶然，一旦向右行进，这一行列就正对这右
　　　　　门柱上所刻画的神话中长生不老的西王母，因此明确反映出其死后升仙
　　　　　的主题思想。"巫鸿：《从哪里来？到哪里去？汉代丧葬艺术中的"柩

车"与"魂车"》，载《礼仪中的美术——巫鸿中国古代美术史文编》，生活·读书·新知三联书店，263 页。

〔113〕 《八十七神仙卷》全图无款，但从画面人物的数量与场景来看，与另一幅被传为北宋初期武宗元的白描作品《朝元仙杖图》如出一辙，应出于同一稿。《朝元仙杖图》上大部分神仙的上方都标明有表示其身份的题名牌，这些题名牌说明《朝元仙杖图》描绘的是东华天帝、南极天帝、扶桑大帝三位帝君以及其他真人、仙侯、仙伯、金童玉女、神王力士共八十七位神仙朝拜道教始祖老子的画面。因此，《八十七神仙卷》也应该是表现的这一场面。关于《朝元仙杖图》主神组合的具体讨论，请参见吴羽《传北宋武宗元〈朝元仙杖图〉主神组合考释——兼论其与唐宋道观殿堂壁画的关联》，《故宫博物院院刊》2008 年 1 期，80～92 页。

〔114〕 《八十七神仙卷》的年代归属一直是一个较有争议的话题。这幅白描作品最初被徐悲鸿从一位德国籍夫人手中购买，依据画中人物数量，徐悲鸿将其定名为《八十七神仙卷》，并推定其作者为唐代画圣吴道子。这个观点被张大千、谢稚柳认同，但在十年后，谢稚柳和张大千不约而同地提出新的看法，认为此卷与晚唐画风相同，这实际上否认了《八十七神仙卷》为吴道子原作。徐邦达在徐悲鸿去世后不久发表不同的观念，认为《八十七神仙卷》应为南宋人之作，并指出《八十七神仙卷》与另一幅被传为北宋初期武宗元的白描作品《朝元仙杖图》出于一稿，《八十七》是在《朝元》基础上的正式画卷。这一说法大致得到杨仁恺、黄苗子的认同，他们均表示《八十七》为宋人所绘，《八十七》要晚于《朝元》这一观点。而东南大学郁火星通过《八十七》与《朝元》图像分析研究之后，又重新主张《八十七》为吴道子的真迹，北京大学李凇则认为《八十七》不是唐画，又在南宋时期摹本《朝元》之前，很可能是北宋初期的作品。以上对《八十七神仙卷》年代的学术整理，见李凇：《论〈八十七神仙卷〉与〈朝元仙杖图〉之原位》，《艺术探索》2007 年 3 期，5～24 页。

〔115〕 《佛说观无量寿佛经》言，凡得上品上生、上品中生和上品下生者，临终之际，不但阿弥陀佛将放大光明，光照行者，授手接引，而且观音及大势至这两位弥陀的协侍菩萨也会执持宝台，示现于行者之前，行者将乘宝台往生西方净土。凡得中品上生者，则仅见阿弥陀佛与众比丘眷属围绕来迎。得中品中生者，仅见阿弥陀佛与诸眷属放光，持七宝莲华来迎。

得中品下生者，不见圣众来迎，殁后，遂往生西方。七日以后，始得见观音与大势至。得下品上生者，临终时仅有化佛、化菩萨和化观音与化大势至菩萨接引行者。至于下品中生者和下品下生之人，临终之际，并无来迎之迹。下品下生，生前犯有"五逆"、"十恶"的大罪，如果死前听人劝告而专心念佛，就可以灭罪，死后往生西方净土；虽生在净土，但须在莲花中注满十二大劫，莲花才开，他才能听闻观世音菩萨和大势至菩萨的说法。［刘宋］畺良耶舍《佛说观无量寿佛经》，收入《净土宗大典》二，全国图书馆文献缩微复制中心，2003 年。

〔116〕 李翎：《"引路菩萨"与"莲花手"——汉藏持莲花观音像比较》，《西藏研究》2006 年 3 期，59～62 页。

〔117〕 ［唐］道宣：《四分律删繁补阙行事钞》，收入《大正新修大藏经》律疏部论疏部，No. 1804。

第五章　先天图式：登封黑山沟宋墓图像构成

　　孝子图"通于神明"，连接着登封黑山沟宋墓下层图像墓主人现世的生活和上层墓主人夫妇升仙或往生的过程。西北壁下层的夫妻对坐图和西北壁上层的墓主人夫妇素服合掌立于云端的形象相对应，显示出整个墓室上下两层图像之间在西北方发生交接。此外，北壁下层的砖砌假门（图5-1）以及上层彩绘的仙庭也形成了一个在方位上的对应。北壁下层砖砌假门砧、地栿、立颊、门额、柱、上额、门扇组成，门扇已被村民毁坏，承参与发掘工作的郑州文物考古研究所汪旭先生见告，门扇上不见有宋金仿木构砖室墓中流行的妇人启门图（图5-2）。有趣的是，墓主人夫妇从西北壁升天以后，并没有直接进入邻近的北壁上层祥云缭绕的天庭，而是在菩萨、道士、手持莲花、招魂幡的仙众的导引下，按照西北—西—西南—南—东南—东—东北的行进路线，从右向左，缓缓前行，最终到达北壁上层的天庭。

图 5 - 1　登封黑山沟宋墓墓室北壁下层砖砌假门
（图片来源：《郑州宋金壁画墓》，110 页）

图 5 - 2　禹县白沙一号墓后室北壁的《妇人启门》
（图片来源：《白沙宋墓》）

第一节 "门"的意义

从目前发现的材料来看，中原北方地区在墓室北壁砖砌假门的做法大约从中唐开始。1998 年，河南登封唐庄乡村民发现唐代中晚期长方形砖室墓[1]，该墓坐北朝南，墓壁四角砖垒砌仿木角柱，东壁雕灯台、熨斗等，西壁砖雕一桌二椅，北壁正中砖砌假门；河南安阳唐文宗太和三年（829）赵逸公墓[2]墓室被四根柱子分成东、西、南、北四部分，北壁中央一扇假门；河南洛阳伊川后晋天福五年（940）孙璠墓[3]为圆形砖砌单室砖墓，墓室周壁对称八根方形倚柱，墓室北壁砖砌假门；山东济南北宋太祖建隆元年（960）吴从实墓北壁砖砌一门二窗。以上墓例说明至迟到北宋初年，墓室北壁砖砌假门就已经成为宋北仿木构砖室墓中较为流行的样式。

那么，为什么要在墓室北壁砖砌假门？这假门后的空间究竟意味着什么呢？

唐王希明《太乙金镜式经》推八门所主法曾谓[5]：

> 玄妘天有八门，以通八风也。地有八方，以应八卦之纲纪、四时，主于万物者也。开门直乾，位在西北，主开向通达；休直坎，位正北，主休息、安居；生门直艮，位东北，主生育万物；伤门直震，位正东，主疾病、灾祸；杜门直巽，位东南，主闭塞不通；景门直离，正位南，主鬼怪亡遗、惊恐奔走；死门直坤，位在西南，主死丧、葬埋；惊门直兑，位正西，主惊恐奔走。开、休、生三门大吉，景门小吉，惊门小凶，死、伤、杜门大凶。

元《大汉原陵秘葬经》辨掩闭骨殖篇[6]称：

> 孝子向埏道咒曰，开冢道，塞冢埏，地祇护迫，急急如
> 律令。诸孝子去孝服向休门面立。遁甲云，生门临四宫，随
> 孝子诸亲于东南生门出，万恶不见，人人大吉也。

经中所记载着的休门、生门等观念，延续了唐王希明《太乙
金镜式经》中推八门所主法中"天有八门，以通八风也。地有八
方，以应八卦之纲纪"的传统。

正北为休门，直坎，主休息、安居，说的是后天八卦的方
位。所谓北方"壬癸亥子，皆水王之地，其卦为坎，一阳陷二
阴，中为险、为劳、为隐伏"，"坎者，水也，正北方之卦也"。
"其方曰幽都，又曰朔方，朔之为言，苏也，万物至此死而复苏，
犹月之晦而有朔，日行至是则沦于地中，万象幽暗"。意思是说，
万物至北方死而复苏，所以北方既称之为幽都，又称之为朔方。
程颐说："朔，初也。谓阳初始生之方也，如彼北方终其阴而始
其阳。"邵雍也说："朔易以阳气，自北方而生，至北方而尽，谓
变异循环也。"程颐又说："既成今岁之终，又虑来岁之始，曰终
曰始，曰今岁曰来岁，皆成两义，又坤变坎一卦变成两卦，去岁
阳气至此而终，今岁阳气又自此生起。"[7]这也就是说，北方既代
表着终，又代表着始。

《墨子·非儒下》中记载儒家殡葬之礼："其亲死，列尸弗
敛，登屋窥井，挑鼠穴，探涤器，而求其人。"[8]也就是说，人刚
死，陈尸于堂，还没有装殓，复者举衣登屋，向北方而号，是谓
复礼，窥井、挑鼠穴、探涤器都是招魂的手段。余健认为，此举
的目的是"引鬼归（北）斗"[9]。而笔者以为，"挑鼠穴"的目
的是生者冀望从子位（北）召回死者的魂灵，从而复生。"窥井"
的目的则是与阴间相通。《太平广记》"唐晅故事"[10]记载：

> 开元十八年，晅以故入洛，累月不得归，夜宿主人，梦其妻隔花泣，俄而窥井笑，及觉，心恶之，明日就术者问之，曰隔花泣者，颜随风谢，窥井笑者，喜于泉路也，居数日果有凶信。

"窥井"与"泉路"相接。人死以后赴黄泉，是谓"阳气施种于黄泉，孳萌万物，为六气元也，变动不居，周流六虚，始于子"[11]，"尔雅曰：'在子为困敦'。孙炎云：'困敦，混沌也。言万物初萌，混沌于黄泉之下也'"[12]。

"子者，滋也；滋者，言万物滋于下也"[13]。这个过程，正如鲍云龙所说[14]：

> 一日之夜，犹一岁之冬，天神地灵，阳魂阴魄，冬至子半，夜至子半，相与会合于黄泉之宫，所以胎育元造萌芽万物也，故曰男女会精气而后生人，曰以阳精交地气而后生物，知此则知性命之学也。

这也就是说，这个"胎育元造萌芽万物"的地点就是位于北方子位的黄泉之宫。

通过以上对北方的辨析，笔者认为，这个设置于北壁的假门，从形式上看似乎代表着堂寝之别，但另一方面却又暗示着休门、坎、水、子宫、黄泉等一系列主休养生息"胎育元造萌芽万物"的去处。它设置在墓室的北壁，与西北壁下层寓意墓主人夫妇在现世生活中最后接受享祀的灵座的夫妻对坐图形成一个直接的对接，这就表示，墓主人夫妇死后，他们的魂灵的一途，将进入这个"胎育元造萌芽万物"的北门，开始新一轮的生化循环。

第二节　先天图式：登封黑山沟宋墓图像构成

接下来的关键问题是，为什么上、下两层的墓主人形象会在西北连接？墓主人夫妇的魂灵的另一途，从地升天以后，为什么不直接进入北壁的天庭，而是采取从西北—西—西南—南—东南—东—东北的行进路线？整个墓室图像设置的依据又是什么？笔者认为，黑山沟宋墓整个墓室上、下两层的图像设置模拟的是中国"天道左旋，地道右旋"的宇宙运行模式，其构成方式是依据北宋邵雍确立的先天图式。

那么，何谓"天道左旋，地道右旋"呢？简明地说，就是中国古代先民"仰观天象，俯察地理"，通过长期对天文地理的观察得出他们对于天地运行模式的理解。古老的盖天说以"天以圆覆，地以方载"原始朴素地表达了先民对天地形状的认识，在这种"天覆地载"的宇宙模式中，"天旁转如推磨而左行，日月右行，随天左转"[15]。浑天说反对盖天说的理论主张，认为："浑天如鸡子，天体圆如弹丸，地如鸡中黄，孤居于内，天大而地小。"但是，浑天说也不反对日月右行说。东汉张衡《灵宪》称："阳道左回，故天运左行"，"文曜丽乎天，其动者七，日月五星是也。周旋右回"。东汉时期，出现了地动说。地动的方向，也是右旋。《春秋元命苞》曰："地所以右旋者，气浊精少，含阴而起迟，故转右迎天，佐其道。"[16]

南宋鲍云龙详细地描述了天地运行的过程："古书粗义曰，天轮自西而东左旋，日月自东而西右旋，又曰二十八宿皆随天运左转，日月五星皆顺地道右行"，"天道左旋，日月右转，阳左阴右，昼夜相禅，其说有三：曰天道，日月一也；河图洛书二也；
先天图三也。其位以坐北面南分东左西右为次，然先天图左右以
法河图洛书而见，河图洛书亦以天左旋，日月右行而见，故曰：
悬象著明，莫大乎日月，于戏天之示人至矣"[17]。

关于"左旋"、"右旋"的理解，一个关键的问题是观者的定
位问题，也就是鲍云龙所强调的"其位以坐北面南分东左西右为
次"。中国处于地球的北半球，决定了坐北朝南是整个中华民族上
观天文下查地理的一个基本方位定势。李零曾在《淮南子》的
《天文》、《地形》、《时则》三篇的叙述系统中注意到"《天文》
所叙，'九野'、'二十八宿'是按中、东、东北、北、西北、西、
西南、南、东南排列（右旋排列），'五星'、'五官'是按东、
南、中、西、北排列（左旋排列），'八风'是按东北、东、东
南、南、西南、西、西北、北排列；《地形》所叙，'九州岛'是
按东南、南、西南、西、中、西北、北、东北、东排列（左旋排
列），'八风'、'八极'是按东北、东、东南、南、西南、西、
西北、北排列（左旋排列）；《时则》所叙，'十二月'是按东、
南、西、北排列（左旋排列），'五位'是按东、南、中、西、北
排列（左旋排列）"[18]等。从排列的方位来看，他所议论的左旋
或者右旋排列方式，是以坐南向北左西右东的次序进行的观察。
而笔者认为，《淮南子》三篇中的方位叙述恰恰体现的是"天道
左旋，地道右旋"的排列顺序，即：天道的排列方式是按中—东
—东北—北—西北—西—西南—南—东南的左旋排列；地道的排
列方式则是按照东南—南—西南—西—中—西北—北—东北—东
的右旋排列，其排列的顺序则是"以坐北面南东左西右"的观察
方位。

按照天地运行模式模拟宇宙生成万物的过程，是邵雍构造先
天之学的基础。邵雍说："先天学，心法也，故图皆自中起，万
化万事生乎心也。"[19]"邵雍之所谓心，是指宇宙的法则，也就

是理，也就是道，也就是太极。"[20]《皇极经世书·观物外篇》：
"太极既分，两仪立矣。阳下交于阴，阴上交于阳，四象生矣。
阳交于阴，阴交于阳，而生天之四象；刚交于柔，柔交于刚，而
生地之四象，于是八卦成矣。"[21]邵雍以阴阳为两仪而作《伏羲
始画八卦图》，一分为二，二分为四，四分为八，是为八卦，八
卦的次序（图 5 - 3），从右向左，"乾一，兑二，离三，震四，
巽五，坎六，艮七，坤八"，这就是八卦数。

图 5 - 3　伏羲八卦次序图
（图片来源：《天原发微》）

《观物外篇》接着又说："八卦相错，然后万物生焉。是故一
分为二，二分为四，四分为八，八分为十六，十六分为三十二，
三十二分为六十四，故曰'分阴分阳，迭用柔刚，易六位而成章
也'。"按照邵雍的理论，六十四卦还可以继续生下去，"十分为
百，百分为千，千分为万，犹根之有干，干之有枝，枝之有叶，
愈大则愈少，愈细则愈繁，合之斯为一，衍之斯为万"[22]，这就
是太极生万物的过程。《伏羲六十四卦次序图》（图 5 - 4）形象

地演绎了太极分为六十四卦的过程。在这张图中，六十四卦的次序，依然从右而左，乾一、夬二、大有三、大壮四……剥六十三、坤六十四，这就是六十四卦的卦数。

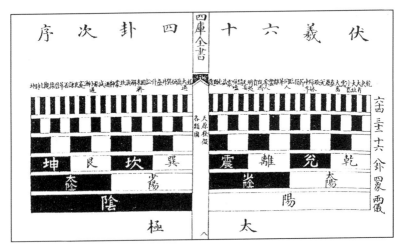

图 5-4 伏羲六十四卦次序图
(图片来源:《天原发微》)

《观物外篇》又说：“震，始交阴而阳生；巽，始消阳而阴生。兑，阳长也；艮，阴长也。震、兑，在天之阴也；巽、艮，在地之阳也。故震兑上阴而下阳，巽艮上阳而下阴。天以始生言之，故阴上而阳下，交泰之义也。地以既成言之，故阳上而阴下，尊卑之位也。乾坤定上下之位，离坎列左右之门，天地所阖辟，日月之所出入。是以春夏秋冬，晦朔弦望，昼夜长短，行度盈缩，莫不由乎此矣。”[23] 按照阴阳消长的原理，体现了《易大传》所言：“天地定位，山泽通气，雷风相薄，水火不相射，八卦相错，数往者顺，知来者逆，是故易逆数也”，“雷以动之，风以散之，雨以润之，日以烜之，艮以止之，兑以说之，乾以君之，坤以藏之”。并以此做《八卦正位图》，也就是《伏羲八卦方

位》图（图5-5）。邵雍说："八卦相错者，相交错而成六十四卦
也。数往者顺，若顺天而行，是左旋也，皆已生之卦也，故云数
往也。知来者逆，若逆天而行，是右行也，皆未生之卦也，故云
知来也。"[24]图中左半圈乾至震四卦，皆为阳卦，左向而旋，犹
如顺天左旋；右半圈巽至坤四卦皆为阴卦，右向而转，犹如逆天
右旋。

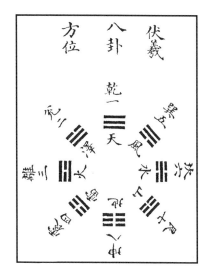

图5-5　伏羲八卦方位图

（图片来源：《天原发微》）

在《伏羲八卦方位图》的基础上，将《伏羲六十四卦次序
图》在复、姤之间中分，拗成两个半圆，围成一圈，即得《伏羲
六十四卦圆图》（图5-6），也就是《先天图》圆图。在圆图中，
左半圆自乾左旋至复，每八卦为一组，共四组，其内卦分别是
乾、兑、离、震。每组中八卦的外卦，都依次是乾、兑、离、
震、巽、坎、艮、坤左旋。此四组，后人称为乾宫、兑宫、离
宫、震宫。同例，右半圆自姤右旋至坤，依次为巽、坎、艮、坤

四宫，其内卦如《八卦正位图》右向而转，外卦亦是按照乾、兑、离、震、巽、坎、艮、坤的次序右旋，犹如逆天右旋。南宋鲍云龙《天原发微》对此图的解释是："先天图说见前此但取左右行以明天道尔。数往者数，图上已往所生之卦也，乾兑离震，以一二三四为序，卦皆自南而北也，左旋者。天之阳气自十一月子半生于复震，冬至一阳，离兑之中春分二阳，乾立夏六阳，卦皆下而上数，其已往，一如天道顺行于东南以生物于春夏。知来者数，图上未来方生之卦也，巽坎艮坤以五六七八为序，卦自西而北也，右行者。天之阴气自五月午半生于姤巽，夏至一阴，坎艮之中，秋分二阴，坤立冬六阴，卦皆自上而下推，其未来一如天道逆行于西北，以成物于秋冬。"[25]

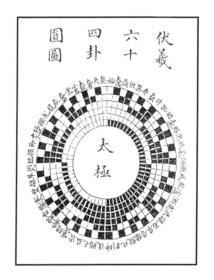

图 5-6　伏羲六十四卦圆图
（图片来源：《天原发微》）

邵雍在阐述圆图时说："无极之前，阴含阳也。有象之后，阳分阴也。阴为阳之母，阳为阴之父。故母孕长男而为复，父生长女而为姤。是以阳起于复，而阴起于姤也。"[26] 无极，指坤、复二卦之间，阳将生未生之际。无极之前，指从坤返于姤，图的右半圈；有象之后，指从复至乾，图的左半圈。从复至乾，阳分生于阴；从姤至坤，阳被阴所敛藏。乾初交于坤而生复，坤初交于乾而生姤。这也就是邵雍所说"夫易根于乾坤而生于姤复，盖刚交柔而为复，柔交刚而为姤，自兹而无穷矣。"[27] 的道理。

邵雍以伏羲六十四卦建立起来的圆图，实际上是卦气图，体现的是阳长阴消、阴长阳消，阴阳两种力量不断循环往复而生成万物的过程。《观物外篇》说："乾、坤定上下之位，离、坎列左右之门，天地之所阖辟，日月之所出入。是以春夏秋冬，晦朔弦望，昼夜长短，行度盈缩，莫不由乎此矣。"就正北而言，坤之尽处即子前半之尽处，复之始处即子后半之始处。朱熹形容说："天地间有个局定底，如四方是也，有个推行底，如四时是也，属北方便有二义。如冬至前四十五日属今年，后四十五日属明年，子时前四刻属今日，后四刻属明日。"[28] 坤、复之间，就是"阴极则阳生"的那个"一动一静"之间，这也就是邵雍所说的："夫一动一静者，天地之至妙者欤？夫一动一静之间者，天地人之至妙至妙者欤？"[29] 而这也就是为什么"康节以太极居坤、复之间也"[30] 的道理。

关于复卦的卦辞，《易》曰："复，其见天地之心乎。"程颐《伊川易传》的解释是："复，序卦，物不可以终尽，剥穷上反下故受之以复。物无剥尽之理，故剥极则复来，阴极则阳生，阳剥极于上而复生于下，穷上而反下也，复所以次剥也，为卦一阳生于五阴之下，阴极而阳复也。岁十月阴盛既极，冬至则一阳复生于地中，故为复也，阳君子之道，阳消极而复反君子之道，消极而复长也，故为反善之义。复，亨。出入无疾，朋来无咎。复亨，既复则亨也。阳气复生于下，渐亨盛而生育万物。君子之道既复则渐以亨通，泽于天下，故复则有亨盛之理也，出入无疾，出入谓生长，复生于内入也，长进于外出也，先云出语顺耳阳生非自外也来于内故谓之入，物之始生，其气至微，故多屯艰，阳之始生，其气至微，故多摧折，春阳之发为阴寒所折，观草木于朝暮则可见矣，出入无疾谓微阳生长无害之者也，既无害之而其类渐进而来则将亨盛，故无咎也"，"一阳始生至微，固未能胜群阴而发生万物，必待诸阳之来，然后能成生物之功而无差忒，以朋来而无咎也。三阳子丑寅之气生成万物，众阳之功也。若君子之道既消而复，岂能便胜于小人，必待其朋类渐盛则能协力以胜之也。"[31]程颐用卦辞来阐发义理，但是，"阳气复生于下，渐亨盛而生育万物"，"三阳子、丑、寅之气生成万物，众阳之功也"，所依据的还是阴阳消长的道理。

《序卦》中，复卦的前一卦就是剥卦，这也就是"阴极则阳生，阳剥极于上而复生于下，穷上而反下也"的道理。程颐接着说："剥，序卦贲者，饰也，致饰然后亨则尽矣，故受之以剥，夫物至于文饰，亨之极也，极则必反，故贲终则剥也。卦五阴而一阳，阴始自下生渐长至于盛极，群阴消剥于阳，故为剥也。"[32]五阴盛而一阳将消，在邵雍的先天六十四卦中，从数而言是第六十三卦，从象而言，则是全阴坤卦的前一卦，指的就是阳气殆尽的最后时刻。

阳气始动于复，而终于剥，"阴极而阳生"，又循环往复为始、终（复、剥）。所以，邵雍说："夫易根于乾坤，而生于姤复，盖刚交柔而为复，柔交刚而为姤，自兹而无穷矣。"南宋鲍云龙解释曰："皇极经世书以一岁之月、一日之辰配一元之会、一运之世，皆十二也。亥子（坤复）之交，混沌始判，巳午（乾姤）之交，升、降攸分，一日十二时如此，一岁十二月如此，一元十二会皆如此。俯仰乾坤之消息，上下古今之盛衰，观此十二卦亦可见矣。"因此："乾坤为大父母，故生复姤；复姤为小父母，以生一阴一阳，阴阳之一往一来始于此矣。由复姤而临遁，则二阴二阳之往来，是为丑未之月；由临遯而否泰，则三阴三阳之往来，是为寅申之月；以至四阴四阳之往来而为观为壮；五阴五阳之往来而为夬为剥；终于六阴六阳交相转易复姤，复为乾坤。"[33]这个循环的过程，按照邵伯温经世一元消长之数图所示："盖天地之运未尝有一息之停，至戌旋旋不行，故闭于戌，至亥则天交于地，结而为魄，至子则其魂渐复，故天开于子，至丑其魂魄既成又化尽天地旧时渣滓，故地辟于丑，至寅其气机渐渐复行，故开于寅，此天地之所以再造而生生不穷也。"[34]这种"天地再造而生生不穷"的循环方式，依据十二辰的方位而言，就是：天地之运，至戌旋转不行，物闭于戌；而天交地于亥；至子复生，则天开于子；地辟于丑；而物开于寅。按照十二辰所属八卦方位而言，这个过程就是：物闭于西北（戌），而天与地亦交于西北（亥）；至正北（子）复生；地辟而物开（人生）于东北（丑寅）。

　　将这样的过程与墓室图像对应，登封黑山沟宋墓图像构成方式（图5-7）逐渐清晰起来。西北壁因其位于"闭物"的戌位以及"天交地"的亥位，在那"天交地"的一瞬间为上、下两层墓主人夫妇从地升天提供了相连接的通道。下层的夫妻对坐图，对应着戌位的闭物、阳气渐剥的方位，寓意着墓主人夫妇这一生化过程的终点，右旋进入位于北壁这个通向"胎育元造"的黄泉之门（子位）的砖砌假门[35]，"阳气施种于黄泉，挈萌万物"，阴极而复生，进入另一个一元消长的生化过程；墓室下层东北壁的侍儿图，对应的是"魂魄既成又化尽天地旧时渣滓"的丑位，也表示"其气机渐渐复行"的寅位，预示着人之初生；而东壁下层的侍寝图、东南壁下层的侍洗图以及西南壁下层的备宴图则分别寓意着一生休养生息的过程。西壁下层的伎乐图表现三个女子，其中右边两人为女乐，一个双手捧笙吹奏，另一个则高举节板，体现的是"以音乐荣其送终"的丧葬习俗。整个墓室下层图

像按照北—东北—东—东南—南—西南—西—西北的运行方式，
体现的是地道右旋的运行方式。而另一途则在"天交于地"的亥
位，经过孝子图"通于神明"的功能，从地升天，表现为对应于
西北壁上层的墓主人夫妇素服合掌虔诚的形象，又随着天道的左
旋运行，按照西北—西—西南—南—东南—东—东北—北的前行
方式在仙人、道士、菩萨等的引领下，缓缓前行，最后是位于北
壁子位上层寓意着"天开于子"的庑殿顶门楼式的仙庭。

〔1〕 张德卿、耿建北：《登封清理唐砖室墓》，《中国文物报》1998 年 6 月 10 日
第一版。

〔2〕 张道森、吴伟强：《安阳唐代墓室壁画初探》，《美术研究》2001 年 2 期，
26 ~ 28 页。

〔3〕 四川大学历史文化学院考古系、洛阳市第二文物工作队：《洛阳伊川后晋孙
璠墓发掘简报》，《文物》2007 年 6 期，9 ~ 15 页。

〔4〕 王银田、解廷琦、周雪松：《山西大同市辽代军节度使许从赟夫妇壁画墓》，
《考古》2005 年 8 期，34 ~ 47 页。

〔5〕 ［唐］王希明：《太乙金镜式经》，收入《景印文渊阁四库全书》子部十九
术数类二，［台湾］商务印书馆，1986 年。

〔6〕 ［金元］张景文：《大汉原陵秘葬经》，收入《永乐大典》第 4 册卷八一九
九，中华书局，1998 年重印，3827 页。

〔7〕 《墨子·非儒》，辽宁教育出版社，1997 年，78 页。

〔8〕 以上对北方的论述，参见［宋］鲍云龙，［明］鲍宁辩正：《天原发微》卷
一上"辨方"，收入《景印文渊阁四库全书·子部一一二术数类》，［台湾］
商务印书馆，2008 年，806 - 58。

〔9〕 余健：《堪舆考源》，中国建筑工业出版社，2005 年，171 页。余健以《诗·
幽风·七月》中"穹窒熏鼠，塞向墐户。嗟我妇子，曰为改岁，入此室
处"与《墨子·非儒》中的记载相对照，认为"鼠"，子之喻也，北之位，
"挑鼠穴"的目的就是引鬼归北斗。

〔10〕 ［宋］李昉等编：《太平广记》，岳麓书社，1996 年，1793 页。

〔11〕 ［汉］班固：《汉书·律历志》，中华书局，1962 年，959 页。

〔12〕 ［汉］司马迁：《史记·天官书第五》，中华书局，1997 年，335 页。

〔13〕 ［汉］司马迁：《史记·律书第三》，中华书局，1962 年，1244 页。

〔14〕　［宋］鲍云龙，［明］鲍宁辩正：《天原发微》卷二下"太阳"，收入《景印文渊阁四库全书·子部一一二术数类》，［台湾］商务印书馆，2008年，806～113。

〔15〕　［唐］房玄龄等：《晋书·天文志》，中华书局，1974年，279页。

〔16〕　［唐］欧阳询：《艺文类聚》卷第六，中华书局，1965年，100页。

〔17〕　［宋］鲍云龙，［明］鲍宁辩正：《天原发微》卷四下"左右"，收入《景印文渊阁四库全书·子部一一二·术数类》，［台湾］商务印书馆，2008年，806～238。

〔18〕　李零：《中国方术考》，东方出版社，139页。

〔19〕　［宋］邵雍：《皇极经世书》卷十三观物外篇上，收入《景印文渊阁四库全书·子部一〇九·术数类》，［台湾］商务印书馆，2008年，803～1069。

〔20〕　王铁：《宋代易学》，上海古籍出版社，2005年，53页。

〔21〕　［宋］邵雍：《皇极经世书》卷十三观物外篇上，收入《景印文渊阁四库全书·子部一〇九·术数类》，［台湾］商务印书馆，2008年，803～1064。

〔22〕　同上。

〔23〕　［宋］邵雍：《皇极经世书》卷十三观物外篇上，收入《景印文渊阁四库全书·子部一〇九·术数类》，［台湾］商务印书馆，2008年，803～1064。

〔24〕　同上，803～1065。

〔25〕　［宋］鲍云龙，［明］鲍宁辩正：《天原发微》卷四下"左右"，收入《景印文渊阁四库全书·子部一一二术数类》，［台湾］商务印书馆，2008年，806～240。

〔26〕　［宋］邵雍：《皇极经世书》卷十三观物外篇上，收入《景印文渊阁四库全书·子部一〇九·术数类》，［台湾］商务印书馆，2008年，803～1065。

〔27〕　［宋］邵雍：《皇极经世书》卷十三观物外篇上，收入《景印文渊阁四库全书·子部一〇九·术数类》，［台湾］商务印书馆，2008年，803～1065。

〔28〕　［宋］鲍云龙，［明］鲍宁辩正：《天原发微》卷一上"辩方"，收入《景印文渊阁四库全书·子部一一二术数类》，［台湾］商务印书馆，2008年，806～58。

〔29〕　［宋］邵雍：《皇极经世书》卷十三观物外篇上，收入《景印文渊阁四库全书·子部一〇九·术数类》，［台湾］商务印书馆，2008年，803～1038。

〔30〕　"先天图乾南坤北，乾来交坤成坎，坤去交乾成离，阳生子中，阴生午中，坎离交媾，子与午对，阳为主而阴为臣，天与人皆背北面南，故南见北潜，辰极居北，众星环共，而数四方皆以北为尊，南为对，而后次东

次西，宜太玄以罔冥为北，康节以太极居坤、复之间也"。［宋］鲍云龙，
［明］鲍宁辩正：《天原发微》卷一上"辩方"，收入《景印文渊阁四库全
书·子部一一二术数类》，［台湾］商务印书馆，2008 年，806～58。

〔31〕 ［宋］程颐：《伊川易传》，上海古籍出版社，1990 年，92 页。

〔32〕 同上，89 页。

〔33〕 ［宋］鲍云龙，［明］鲍宁辩正：《天原发微》各类图，收入《景印文渊阁
四库全书·子部一一二术数类》，［台湾］商务印书馆，2008 年，806～16。

〔34〕 ［宋］邵子：《皇极经世》，收入《古今图书集成·理学汇编·学行典》，
成都，巴蜀书社，2001 年。关于邵雍的宇宙循环论的论述，请参见陈美东
先生的著作《中国古代天文学思想》第一章《宇宙本源与演化学说》。陈
美东：《中国古代天文学思想》，中国科学技术出版社，2007 年。

〔35〕 关于宋元中原地区仿木构砖砌墓葬中流行墓室北壁砖砌假门寓意着通向黄
泉之宫的宫门，有一个直接的例证，即 2004 年河北平山乡西郭桥村发现的
元代仿木构砖室墓，墓主人郭达，墓室北壁砖砌假门，门前立一妇人，门
上有"郭进之宫"题记，表示北壁假门后是墓主人郭达死后的去处。材料
见樊书海、赵战护：《河北平乡发现元代仿木结构纪年壁画墓》，《中国文
物报》2004 年 7 月 14 日第一版。

第六章 登封黑山沟宋墓图像形成的原因

第一节 宋易象数学的复兴对登封黑山沟宋墓图像构成的影响

万物始萌于北，元气起于子，转在西北而终，然后物终当更反始，循环往复，元气又起于北，万物再生长的观念，在汉代就已经形成。

《史记·律书第三》[1]说："王者制事立法，物度轨则，一禀于六律，六律为万事根本焉"，"律历，天所以通五行八正之气，天所以成熟万物也。"司马迁将这种"王者制事立法"的"轨则"，以八方之风、八节之气、二十八星宿、天干地支、十二律、十二月共同构建了一个集天、地、时、空为一体的成熟万物的宇宙模式。这个宇宙模式以"汉初依秦以十月为岁首"作为阳气的起始，规范着从西北方亥位"阴杂阳气藏塞，为万物作种"开始，依次循环为北方子位"万物滋于下"，而"阳气踵黄泉而出"，到东北方寅位"万物始生"，到东方"万物茂也"的卯位，至东南方"言阳气之已尽"、"万物之始衰，阳气下注"的巳位，然后是"阳气道竟"、"阴阳交"、万物"且就死"的南方，到西南方未位"万物皆成"、申位"阴用事"、酉位"万物之老也"，最后在西方"阳气就藏"、"阖黄泉"、"言万物尽灭"的戌位。整个过程描述了万物以西北的亥位"为万物作种"，滋于北方子位，始生于东北方的寅位，而灭于西方戌位的循环。

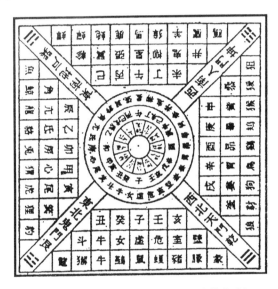

图6-1 铜式正面示意图（上海博物馆藏）
（图片来源：李零《中国方术考》，99页）

班固《汉书·律历志》中则以北方子位的黄钟为律本，"黄钟：黄者，中之色，君之服也；钟者，种也"，"故阳气施种于黄泉，孳萌万物，为六气元也"[2]。黄钟为元气律者，"变动不居，周流六虚，始于子"，接下来依次为"旅助黄钟宣气而牙物"的丑位，"阳气大，奏地而达物"的寅位，"阴夹助太族，宣四方之气而出种物"的卯位，"阳气洗物辜浩之"的辰位，"微阴始起未成，着于其中旅助姑洗宣气齐物"的巳位，

"阳始导阴气使继养物"的午位，"阴气受任，助蕤宾君主种物使长大茂盛"的未位，"阳气正法度，而使阴气夷当伤之物"的申位，"阴气旅助夷则任成万物"的西位"阳气究物，而使阴气毕剥落之，终而复始，亡厌已也"的戌位，"阴气应亡谢，该臧万物而杂阳阂种"的亥位[3]。班固"统气类物"，以十二律配十二地支（辰），用阴阳二气消息的循环过程说明万物生灭的时辰、方位，在司马迁"五行八正之气"的基础上，受西汉京房、孟喜倡扬的"卦气说"的影响，所建构起来的律历，明确规定了"三统"、"三正"，即"三统者，天施，地化，人事之纪也"[4]，"其于三正也，黄钟子为天正，林钟未之冲丑为地正，太族寅为人正"[5]。这也就是说，天正位于子，地正位于丑，人正位于寅，再加上"阳气究物，而使阴气毕剥落之，终而复始"的戌位，共同建构起宇宙万物终而复始、往复循环的构成模式。

而以十二地支配以十二月（图6-2），再取《周易》六十四卦中复、临、泰、大壮、夬、乾、姤、遁、否、观、剥、坤十二卦，以阴阳两爻递相消长的变化过程，来寓意自然界万物阴阳力量的消息，是汉易的重要内容。魏末王弼注《易》，则一反汉易的象数之学，重又重视起《象传》、《象传》的某些概念并加以发展，以爻与位的阴阳及其比应、承乘等关系，比附于人事来解经辞，在易学史上开启了与象数学相对立的义理学派，并一直统治易学长达七百余年。唐太宗时期将以王弼注为底本，由孔颖达等人奉诏撰作的《周易本义》确定为唐代科举考试的依据，可以视为唐代易学义理派对象数派的全面胜利。北宋前期、中前期，也是义理派易学蓬勃发展的时期。

与此同时，易学象数派在唐宋之际也有较大的发展。"汉儒孟喜、京房、荀爽、郑玄、虞翻等人的易学著作及《易纬》，至唐代还存在，唐代士大夫还多有研究之者"，"唐代学者中亦有颇

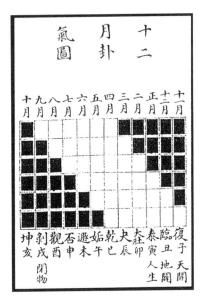

图6-2　十二月卦气图
（图片来源：《天原发微》）

为留意易占的研究，如贞观年间的成玄英、中唐的刘禹锡、宪宗时代的高定、五代的蒲干贯等等"[6]，而北宋初、中期的易学家胡旦，"则明确地赞赏京房、《易纬》的易学，这是后来邵雍、晁说之等人重新研究京氏《易》的前兆"[7]。在易学史上，始于唐代后期的"不为旧说所囿，崇尚创新，疑经改经"的风气，是从考订经传文字开始的，而"宋儒对《周易》经传的重新编排，则是在复古旗号下的创新。他们要重建经与传截然相分的古本，目的就是要为象数学的发展扫清道路"[8]。而邵雍则把《易传》之学称为后天之学，他自己要追踪伏羲的先天学，从而将这种复古的创新推向极致。北宋中期出现的《河图》、《洛书》、《太极图》、《先天图》，使汉代以来的象数学出现了一个崭新的局面，其最为重要的特点是"汉代的象数学，且不论粗浅的互体、卦变，即使如孟喜、京房的卦气、纳甲，也不过是以卦爻模仿自然界时序的变换，或作为五行的符号，而构造起来的一些占验体系"，而"宋代的易数学则是对形上学的探究，对本体的思考"[9]。这也就是说，宋易象数学家对《易》的理解与运用和汉儒并不是在同一个层面上，而是在更高层面的宇宙本体论的建构中。

周敦颐的《太极图说》（图6-3）所建构的"无极而太极"的宇宙生成论，说明"乾道成男，坤道成女，二气交感，化生万物"[10]的过程。这个生化的过程，用元明时期道士张三丰在《大道论》描述得更为形象："夫道者，统生天、生地、生人、生物而名，含阴阳动静之机，具造化玄微之理。统无极生太极。无极

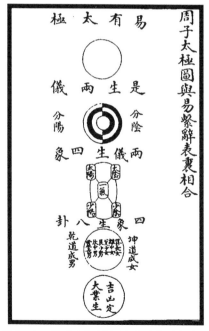

图6-3　周子太极图与易系辞表里相合图
（图片来源：《天原发微》）

为无名，无名者，天地之始；太极为有名，有名者，万物之母。因无名而有名，则天生、地生、人生物、生矣。今专以人生言之，父母未生以前，一片太虚，托诸于穆，此无极时也。无极为阴静，阴静阳亦静也。父母施生之始，一片灵气投入胎中，此太极时也。太极为阳动，阳动阴亦动也，自是而阴阳相推，刚柔相摩，八卦相荡，则乾道成男，坤道成女矣。故男女交媾之初，男精女血，混成一物，此即是人身之本也。"[11]元初，江南全真道李道纯则将"无极而太极"的宇宙论和内丹学紧密地结合起来，"用以说明顺则生人，逆则成仙的道理"[12]。

而邵雍的先天图实质上是用汉代律历或卦气演绎太极生成万物的过程。在这个过程中，他一方面继承了汉代律历的"三正"观念和汉易象数学的卦气理论，一方面又有新的创见。正如在《元史·隐逸卷·杜瑛传》中所言："其于历，则谓造历者，皆从十一月甲子朔夜半冬至为历元，独邵子以为天开于子，取日甲月子、星甲辰子，为元会运世之数，无朔虚，无闰余，率以三百六十为岁，而天地之盈虚，百物之消长，不能出乎其中矣。论闭物开物，则曰开于巳，闭于戌。"[13]这也就是说，邵雍以"天开于子、开物于巳、而闭物于戌"，与汉代的"天正、地正、人正"有一定的区别。但笔者认为，邵雍所认为的"开物于巳"的巳位，在先天圆图中所对应的恰恰是泰卦，可以说，邵雍依然是以十二辟卦来说明天开于复（子），开物于泰，而闭物于剥（戌）的循环往复的过程。鲍云龙在解释十二月卦气所显示的天开于子（复、十一月）、地辟于丑（临、十二月）、人生于寅（泰、正月）以及闭物于戌（剥、九月）与先天圆图之间的关系时说："圆图六十四卦而四分之左，自复一阳至临二阳民历十六卦，以蹻四分之一，临之二阳至乾六阳所历之八而四，四而二，二而一，不过四分之一，右之阴亦然。始极缓，终极速。盖震、离生于少阴，乾、兑生于太阳，震一阳动而为复，即其初少阴中之一阳也，阴中之阳其进也缓，此复之后所以历十六卦而后为临也，临下体兑自一阳进而二阳已得其初太阳之阳矣，阳中之阳其进也速，此临之后所以不越十六卦而为泰为壮为夬为乾也，右之阴亦然。"[14]将先天圆图与汉代以来的卦气说融合在一起。对于邵雍的宇宙循环论，宋元之际的吴澄做过归纳总结，并有所发展，他指出："一元凡十二万九千六百岁，分为十二会，一会计一万八百岁。天地之运，至戌会之中为闭物，两间人物俱无矣。如是又五千四百年而戌会终。自亥会始五千四百年当亥会之中，而地之重浊凝结者，悉皆融散，与轻清之天混合为一，故曰浑沌。清浊之混逐渐转甚，又五千四百年而亥会终，昏暗极矣，是天地之一终也。贞又起元，又肇一初，为子会之处，仍是混沌，是谓大始，言一元之始也，是谓太一，言清浊之气混合为一而未分也。自此逐渐开明，又五千四百年，当子会之中，轻清之气腾上，有日、有月、有星、有辰，日月星辰四者成气而共为天，故曰天开于子。浊气虽搏在中间，然未凝结坚实，故未有地。又五千四百年而子会终。又自丑会之始五千四百年当丑会之中，重浊之气凝结者始坚实而成土石；湿润之气为水，流而不凝；燥烈之气为火，显而不隐。水火土石四者成形而共为地，故曰地辟于丑。又五千四百年而丑会终。又自寅会之始五千四百年，当寅会之中，两间人物始生，故曰人生于寅也。"[15]邵雍的先天学延续着汉代以来的传统，以天开于北方（子）、人生于东北方（寅）、而死于西北方（戌）来体现一个系统的循环往复、终而复始的"顺则生人，逆则成仙"的结构关系。

　　登封黑山沟宋墓墓室图像所体现的墓主人夫妇升仙与生化的过程，以墓室北壁下层的砖砌假门和上层的象征"天开于子"的天庭，以及东北壁下层象征着人生的育婴图，再到西北壁下层寓意着闭物的《夫妻对坐图》和上层表示天地相隔的墓主人夫妇升仙图，以及"天道左旋，地道右旋"的生化和升仙的路线，在整个墓室图像的构成关系中，突现出北宋象数学在北宋中期以后的兴起，对民间墓室建筑的直接影响。

第二节　礼从宜，事从俗：唐宋中原北方地区丧葬观念的转变

北宋程颐说："冠昏丧祭，礼之大者，今人都不以为事。某旧曾修六礼，将就后，被召遂罢，今更一二年可成。家间多恋河北旧俗，未能遂更易，然大率渐使知义理，一二年书成，可皆如法"，"礼从宜，事从俗，有大故害义理者，须当去。"[16]程颐主要活动范围之一是以洛阳为中心的两京地区，其所认定的"礼从宜，事从俗，有大故害义理者，须当去"，可推知程氏"六礼"，还是以"义理"为先，但是"礼从宜，事从俗"的编修原则，能够反映出程氏"六礼"据北宋时期社会风俗及从其简易议定仪注的主要特征。南宋朱熹对此的评价是："二程与横渠多是古礼"，而评价与二程交往甚密且亦主要活动于北宋两京地区的司马光所著仪注为"大概本仪礼，而参以今之所可行者"，他说"温公较稳，其中与古不甚远，是七分好"[17]。因此，笔者认为，司马光所编修的《司马氏书仪》之丧仪是基于仪礼，又参考了北宋中原北方地区世俗丧葬活动而制定的，能够反映出北宋两京地区丧葬活动的真实面貌。

所谓"礼从宜，事从俗"，指的是宋人在议定"冠婚丧祭"等礼仪大事时遵循从其简单易行及社会风俗习惯的原则。这个原则在《司马氏书仪》丧仪的议定中有许多记载。例如，《司马氏书仪》丧仪一复礼称："侍者一人，以死者之上服"，"就寝庭之南，北面招以衣，呼曰某人复。凡三呼，毕，卷衣入，覆于尸

上”。按照唐代《开元礼》复礼过程为“复于正寝，复者三人（四品五品则二人）”，“升自前东溜（六品以下则升自前东荣）。每招，长声呼某复，三呼而止，以衣投于前，承之以篚，升自阼阶，入以覆尸”。司马光说：“今升屋而号，虑其惊众，故但就寝庭之南面而已。”[18]此为“从宜”的证据之一。

其二，《开元礼》有言：“初终，男子易以白布衣，被发徒跣，妇人易以青缣衣，被发不徒跣。为人后者为本生父母，素冠不徒跣，女子已嫁者髽，齐衰以下，丈夫素冠，妇人去首饰，内外皆素服。”司马氏则认为：“然白布青缣衣，素冠素服，皆非始死所能办，故但释去华盛之服。本应三年丧者，则去冠及上服，期丧以下，士大夫帽子皂衫，青黄勒帛，庶人不改常服。”[19]

其三，《司马氏书仪》丧仪“将沐浴，则以帷障卧内，侍者设床于尸所卧床前，纵置之，施簟席箪枕，不施毡褥”，考：“古者沐浴及饭含皆在牖下，今室堂与古异制，故于所卧床前置之，以从宜也。古者沐浴设床祖簀，祖簀者，夫席，今藉以箪不设毡褥，亦于沐浴便云。”[20]

其四，《司马氏书仪》丧仪沐浴毕，“侍者别设袭床”，“置浴床之西，迁尸于其上”，“移置堂中间”，其遵循的依据是“郑玄丧大记曰：正尸，谓迁尸于牖下南首也。今室堂既异于古，故置堂中间，取其容男女夹床哭位也”。沐浴正尸，然后设奠。“《开元礼》五品以上，如士丧礼六品以下，含而后奠。今不以官品高下，沐浴正尸，然后设奠，于事为宜。”[21]

其五，《司马氏书仪》丧仪设置魂帛，“结白绢为之，设椸于尸南，覆以帕，置椅桌其前，置魂帛于椅上”。司马氏称：“重，主道也，始死未作主，以重主其神也”，“今国家亦用之”，“士民之家，未尝识也，皆用魂帛。魂帛亦主道也。礼大夫无主者，束帛依神，今且从俗，贵其简易”[22]。

其六，吊酹之仪。《司马氏书仪》曰：“凡吊人者，必易去华盛之服。"据司马氏考证："古者吊服有绖，唐人犹着白衫，今人无吊服，但易去华盛之服，亦不当着公服。"[23]关于赙襚之仪，司马氏云："今人皆送纸钱赠作，诸为焚为灰烬，何益丧家，不若复赙襚之礼，既不珠玉，则含礼可废，又今人亦无以车马助丧者，则赗礼亦不必存也。凡金帛钱穀之类，皆可谓之货财，其多少之数，则无常准，系其家之贫富，亲之远近，情之厚薄，自片衣尺帛，百钱斗粟以上，皆可行之。"[24]

其七，小敛之日陈袭衣。"古者士袭衣三称，大夫五称，公九称，小敛尊卑通用十九称，大敛，士三十称，大夫五十称，君百称"，而司马氏议："此非贫者所办也，今从建议。袭用衣一称，大小敛，则据死者所有之衣，及亲友所襚之衣，随宜用之，若衣多，不必尽用也。"

其八，小敛。"执事者举床自西阶升堂，设于中间袭床之南。"其依据为："古者小敛席于户内，设床第于两楹之间，既敛，移于堂。今堂室之制异于古，且从简易，故小敛亦于中间。"[25]

其九，大敛讫，"复设灵座于故处"。按："开元礼三品以上将奠，执巾几席者，升自阼阶，入设于室之西南隅，东面，赞者以馔升入室，西面设于席前。六品以下，设于灵座前席，殡于外者，施盖讫，设大殓之奠于殡东，既殡，设灵座于下室西间，东向，施床几案屏障服饰。""无下室，则设灵座于殡东"，而"古时室中牖在西，户在东，故设神席于西南隅，东面，得其宜也。今士大夫家，既不可殡于厅事，则正室之外，别无燕寝，又朝夕之奠，何尝不用饭，而更设灵座于下室西间，东向，两处馈奠，甚无谓也。又灵座若在殡，而奠于殡东，亦非礼也。今但设奠于灵座前，庶从简易"[26]。

其十，始闻亲丧，"裂布为四脚，白布衫，绳带麻屦"。按："古者，未成服者，素委貌，深衣，恐非本所有，且非仓促所班，

今从便。"〔27〕

其十一，闻丧，"则为位而哭"。按："古礼，闻父母妻之党，及师友知识之丧，哭皆有处"，"今寝庙异制，不能如古，但闻尊长之丧，则为位于正堂，卑幼之丧，为位于别室而哭之"。

其十二，丧中饮食，"今参取其中而用之，人食饮多少不同，食粥者，取饱而已，不为限量。凡居丧，虽以毁瘠为贵，然亦须量力而行之"。

其十三，丧次，则"中门之外，择朴陋之室，以为丈夫丧次"，"妇人次于中门之内别室或居殡侧，虽斩衰不寝苫，但彻去帷帐衾褥之类华丽者，可也"。其议定依据是："垩室及大功以下幕次，不必每人为之，共处可也。（一孝一庐）非富家大第不能备此礼，故但择朴陋之室居之，斩衰居一室，齐衰居一室，可也。"〔28〕

其十四，丧服制度，则因"近世俗多忌讳，自非子为父母，妇为舅姑，妻为夫，妾为君之外，莫肯服布"，"下俚之家，或不能备此衰裳之制，亦可随俗，且作粗布宽袖襕衫，然冠绖带不可阙也。古者妇人衣服相连，今不相连，故但随俗作布大袖及裙而已"〔29〕。

其十五，"启殡之日，执事者纵置席于影堂前阶上、及厅事中央，仍帷其厅事"，是据"今人既载遂行，无祖于庭，难施哭位，故但祖于厅事。丧事有进而无退，无厅事者，但向外之屋可置柩者，皆可也"。五服之亲"皆来会，各服其服"，依据"开元礼，主人及诸子皆去冠绖，以邪巾帕头，按自启殡至于卒哭，日数甚多，今已成服，若使五服之亲皆不冠而袒免，恐其惊俗，故但各服其服而已"。祝"北向立于柩前，抗声三，告曰：谨以吉辰启殡"，而"开元礼，祝三，声噫嘻，今恐惊俗，但用其辞"〔30〕。

其十六，柩行，则"途中遇哀则哭，无常准"。司马氏注：

"若墓远，经宿以上，则每舍设灵座于柩前，设酒果脯醢，为夕哭之奠，夜必有亲戚宿其旁守卫之，明旦将行，朝奠，亦如之。馆舍迫隘则灵座于柩之旁侧，随地之宜。"

其十七，既葬，反哭，及家，望门，入，至厅事，主人升自西阶，丈夫从升，如柩在厅事之位。司马氏据"古今堂室异制，又祖载不在庙中，故但反哭于厅事，如昨日柩在厅事情之位，反诸其所作也"。

此后，虞祭、卒哭祭、小祥、大祥、禫祭，所供蔬果，"若家贫或乡土异宜，或一时所无，不能办此，则各随所有蔬果肉面米食，不拘数品，可也"。至于朝夕馈食，则"各从其家法"。大祥祭，"丈夫夫人各设次于别所，置禫服其中"。按："《开元礼》云备内外受服。禫祭云，仍祥服，又云，着禫服。按世俗无受服，谓大祥为除服即着禫服，今从众。"[31]

综上所引《司马氏书仪》丧仪要义，可见司马光在《仪礼》及《开元礼》的基础上，依据北宋社会风俗以及从其简易的原则，对北宋时期丧礼进行改良，充分反映了伊川先生"六礼"的议定中"礼从宜，事从俗"的特点。司马光《司马氏书仪》一定程度依据"从宜"、"从俗"原则对原有的礼仪制度进行了北宋化的改造，同时也对北宋时期世俗生活中一些违经背礼的现象进行了抨击，其主要方面涉及以下几点：

第一，礼俗大坏。

《司马氏书仪》记录了晚唐五代以来社会生活礼制衰败的景象：1. "今人奔丧及从柩行者，遇城邑则哭，是有人则为之，无人则不为，饰诈之道也"；2. "然则五代之时，居丧食肉者，人犹以为异事，是流俗之弊，其来甚近也"，"今之士大夫，居丧食肉饮酒，无异平日。又相从宴集，腼然无愧，人亦恬不为怪，礼俗之坏，习以为常，悲夫。乃至，鄙野之人，或初丧未敛，亲宾则斋酒馔往劳之，主人亦自备酒馔，相与饮啜，醉饱连日，及葬，亦如之。甚者，初丧，作乐以娱尸，及殡葬，则以乐导輀车，而号哭随之，亦有乘丧即嫁娶者，噫！习俗之难变，愚夫之难晓，乃至此乎"[32]；3. 启殡，轝枢制度，"今既难备，略设帷荒花头等，不必繁华高大"，但"今世俗信轝夫之言，多以大木为轝，务高盛大其华饰，至不能出入大门，纸为幡花，缤纷塞路，徒欲夸示观者，殊不知轝重大门，多触碍，难进退，遇峻隘有倾覆，彼轝夫但欲用人多，取厚直，岂顾丧家之利害耶"[33]；4. 穿圹制度，"古者乃天子得为隧道，自余皆悬棺而窆，今民间往往为隧道，非礼也，宜悬棺以窆"[34]。

第二，拘于阴阳禁忌甚。

司马光《葬论》中说："今人葬不厚于古，而拘于阴阳禁忌则甚焉"。这一点在《司马氏书仪》的议论中有直接的体现：1. "今人皆择日举哀，凡悲哀之至，在初闻其丧，闻丧则当哭之，何暇择日，又举哀挂服皆在僧舍，盖以五服年月，敕不得于州县公厅内举哀，若不在州县公廨，何必就僧舍不于本家，盖由今人多忌讳故也"[36]；2. 五服制度规定，"凡齐衰以下，皆当自制其服而往会丧，今人多忌讳，皆仰丧家为之，丧家若贫，亲戚异居者，自制而服之"，"然则唐五代之际，士大夫家丧服犹如古礼也。近世俗多忌讳。自非子为父母，妇为舅姑，妻为夫，妾为君之外，莫肯服布，有服之者，必为尊长所不容，众人所讥诮，此必不可强，此无知之何者也。今且于父母舅姑夫君之服，粗存古制度，庶几有好礼者，犹能行之"[37]；3. "既殡，以谋葬事，既择地，得数处"。司马光议论说："孝经曰，卜其宅兆而安措之。谓卜地决其吉凶而，非若今阴阳家相其山冈风水也。""世俗信葬师之说，既择年月日时，又择山水形势，以为子孙贫富贵贱，贤愚寿夭，尽系此。又葬师所有之书，人人异同，此以为吉，彼以为凶，争论纷纭，无时可决，其尸枢或寄僧寺，或委远方，至有终身不葬，或累世不葬，或子孙衰替，忘失处所，遂弃

捐不葬者。凡人所贵身后有子孙者，正为收藏形骸耳，其子孙所
为乃如此，曷若初无子孙，死于道路，犹有仁者见而殣之邪，且
阴阳家，谓人所生年月日时，足以定终身禄命，信如此所言，则
人之禄命，固已定于初生矣，岂因殡葬而可改邪，是二说者，自
相矛盾，而世俗两信之，其愚惑可谓甚矣。"[38]司马光对"今人
葬"而"拘于阴阳禁忌甚"这一现象的批评应当可以代表当时一
大批有识人士的态度。程颐也说："世间术数多，惟地理之书最
无义理。"[39]宋祁在对家人交代后事的时候一再强调："慎无为阴
阳拘忌。"[40]

第三，佛、道教的诳诱。

《司马氏书仪》称："又世俗信浮屠诳诱，于始死及七七日，
百日，期年，再期，除丧，饭僧，设道场，或作水陆大会，写经
造像，修建塔庙，云为此者，灭弥天罪恶，必生天堂，受种种快
乐，不为者，必入地狱，剉烧舂磨，受无边波咤之苦，殊不知人
生含气血，知痛痒，或剪爪剔发从而烧斫之，已不知苦，况于死
者，形神相离，形则入于黄壤，腐朽消灭，与木石等，神则飘若
风火，不知何之"，"且浮屠所谓天堂地狱者，计亦以劝善而惩恶
也，苟不以至公行之，虽鬼可得而治乎"[41]。

《司马氏书仪》是"大概本仪礼，而参以今之所可行者"，对
现实生活丧葬活动的严厉批评正是体现在其基于"本仪礼"的立
场上。司马光、程颐等人私家注仪，体现了北宋新儒学重建社会
秩序的努力，这种努力通过学者们的力行倡导和理学的传播，对
民间社会产生巨大的影响。但是，应该看到，这种在经过晚唐五
代时期的乱世以后，在"礼制未修，奢靡相尚"的时代背景中所
重新确立的礼法制度，已经不可避免地打下了时代的烙印，即寻
找一种在规则和现实之间的妥协，这就是"礼从宜，事从俗"。

中原地区唐宋丧葬观念的"从俗"转变，不仅体现在世俗丧
葬活动与礼制的议定中，也体现在墓室建筑的形制、规模、图像

内容、配置方式等各个方面。以河南省唐宋时期壁画墓或砖雕壁画墓的考古资料为例来观察，这种墓室建筑的"从俗"转变大致起始于中晚唐时期。目前，河南仅仅在洛阳发现有唐睿宗开元二十八年（740）贵妃豆卢氏壁画墓[44]、唐睿宗孺人晋昌唐氏、清河崔氏墓三座壁画墓，这三座墓"除了结构简化较甚之外，基本上与关中盛唐壁画墓没有太大差异"[45]，可以说是对唐代在"北朝隋唐墓葬形制的基础上，发展形成了一种规范性较强、等级森严、时代特征鲜明的墓葬礼仪制度"[46]的继承。此外，河南安阳地区发现的唐代大（太）和三年（829）赵逸公壁画墓[47]为单室砖墓，墓室平面圆形，四周四根仿立柱将壁面分成东、南、西、北四部分，北壁中央设一扇假门，东壁正中砖砌一壁炉，上面画有火焰纹，壁炉上方黑猫两个，周围则绘制侍女，西壁棺床上方最右边画窗户，其余部分为三扇花鸟画屏风，南壁西侧绘黄色红花布屏，甬道东壁绘四个男子，居中者着官服端坐椅上，西壁绘有胡人，天井东壁小龛两侧绘侍女，西壁小龛两侧绘一男子和拱手而跪的胡人，墓室内仿居室设有门、窗、炕、烛台等。赵逸公墓比洛阳地区的三座贵族墓葬大约晚80年的时间。这种仿木构单室砖墓以及北壁假门、壁面上画窗户的做法，与前文所提及的河南省登封市唐庄乡屈村唐代中晚期长方形穹隆顶砖室墓一起，显示了北宋河南仿木构砖雕壁画墓的初始形态。这种"前承后启"的墓例虽然不多，但恰好显示河南中晚唐时期丧葬文化在两个层面上的变化。

　　一个层面是体现在贵族墓葬中。李星明研究认为："已经发掘或清理的唐代壁画墓已超过120座，其中80%集中于陕西关中唐代京畿地区，均为皇室、贵戚、王公、大臣和高官的墓葬。另外几个唐代壁画墓比较集中的地区是山西太原、宁夏固原、新疆阿斯塔那、湖北郧县和浙江临安，这些地区均为当时重镇，聚集着许多贵族官员。因此，唐代墓室壁画属于贵族文化的一部分。"[48] 而这种"贵族文化"大约在唐中宗复辟以后的一系列皇室成员和外戚的高规格墓葬中得以充分发展的同时，就已经开始出现简化的趋势。"从安史之乱到唐末150多年的漫长时期内，中央皇权逐渐衰落，能够直接控制的区域范围愈来愈小，皇帝的权威时常遭到挑衅。藩镇的势力不断膨胀，相互之间的征战时有发生，时局动荡不安。在这种社会政治背景下，本来在盛唐时期就已经趋向简化的皇室贵族、大臣高官的壁画墓进一步的简化在所难免。"[49] "初盛唐时期以墓葬结构体现等级的做法在中晚唐时期逐渐淡化"，"中晚唐时期保留天井结构的壁画墓已不多见。而大多数壁画墓都是由墓道、甬道、和墓室构成的无天井单室墓，采用这种形制的墓主人级别悬殊很大，可以是没落的贵族，也可以是公主和至尊的天子，单凭墓葬形制已经不大能够明确地表示墓主人的级别和官品"[50]。

这种情况在河南地区持续到北宋建立。河南地区考古发掘的北宋皇陵以及品官墓葬呈现出两种趋势。一种是皇家等级制度的重建。这一点在皇家园陵的建设中，表现为北宋皇陵以及陪葬墓都自成墓园，其封土的规模、墓园的大小、墓室规格的建设、陪葬品的数量，在葬制中都有明确的规定，并且国家颁布丧葬令，委派专门的官员规范世俗丧葬活动。但是，这种等级规范在实际的操作过程中，却具有非常大的灵活性。首先，是严格的等级制度主要局限在帝陵、后陵、皇太后陵的建筑中，从目前对巩县皇陵的考古发掘中显示："在埋葬时间上，北宋皇帝严格实行'七月葬期'，皇后或皇太后一般为薨后三月至五月，而皇室似没有严格的限制，往往是集中后成批安葬；北宋帝、后实行同茔合葬，即同茔不同穴，而陪葬墓则往往实行夫妻同穴合葬制"[51]。从现在已经发掘的宋魏王夫妻合葬墓（1094）的情况来看，除了规模较大以及有墓志的以外，与民间的仿木构砖室墓相似。其次，以地域性葬俗为特征的墓葬形式替代依赖墓葬形制和葬仪制

度反映墓主人身份等级的做法在品官墓葬中较为流行。例如，河
南密县发现的元祐九年（1094）宣徽南院使冯京夫妇墓，其葬制
为长方形并列四室石室墓，在冯京家乡湖北地区流行。河南郏县
三苏坟宣和五年（1123）承议郎苏适墓，则为长方形并列双室砖
墓，与四川成都平原地区的宋墓形制相同。河南方城发现尚书左
丞范致虚家族墓，使用长方形砖室石顶墓，则是范氏家乡福建地
区流行的葬制。此外，史书上也有记载各种原因造成品官墓葬多
样化特征的案例。例如，《江邻几杂志》中记载："吴春卿葬新
郑，掘地深二丈五尺，中更掘坑子，才足容棺。既下棺，于坑口
上布柏团以遮之，即下土，筑不用砖甓。吴氏葬其先，亦如此。
钱君倚学士说：江南王公大人墓，莫不为村人所发，取其砖以卖
之，是砖为累也，近日江南有识之家，不用砖葬，唯以石、灰和
筛土筑实，其坚如石，此言甚中理。"[52] 吴春卿（仁宗朝资政殿
大学士）在新郑葬自己和先祖的墓葬形式害怕"砖为累也"，而
采取了"才足容棺"、"不用砖葬"的方式，和平民墓葬类似。
《石林燕语》中记载的"大臣及近戚有疾，恩礼厚者多宣医。及
薨，例遣内侍监护葬事，谓之'敕葬'"，"'敕葬'，丧家无所
预，一听于监护官，不复更计费，惟其所欲，至罄家资有不能办
者"[53]，则是因为财力不够的原因。宋祁死前交代后事，则说：
"三日棺，三月葬，慎无为阴阳拘忌。棺用杂木，漆其四会，三
涂而止，使数十年足以腊吾骸、朽衣巾而已"，"掘冢三丈，小为
冢室，劣取容棺及明器。惟简惟俭，无以金铜杂物置冢中"，"不
可以请谥有司，不可受赗赠，又不宜求巨公作志及碑。冢上树五
株柏，坟高三尺，石翁仲兽不得用，盖自标置者，非千载永安计
而"，"勿得作方相、俑人、陈列衣服器用，累吾之俭"[54]，怕的
是有损自己的名声。北宋皇家园陵以及品官墓葬显示出来的多样
化特征，说明从中唐开始在贵族墓葬中出现的简化趋势，在北宋
时期已经有地域风俗、经济实力、墓主人的丧葬观念等多种因素

介入，虽然在一定程度上还是能够反映墓主人的身份，但是等级观念显然已经不是控制丧葬活动的主导因素。

另一个层面则是体现在民间墓葬中的变化。赵逸公墓和登封市唐庄乡屈村中晚唐墓所显示出来的墓葬形式虽然在河南地区中晚唐墓葬中并不是主流，但是，却预示着新阶段文化形式的雏形。值得注意的是，这一时期在河南地区民间墓葬中出现的一些新因素。据徐殿魁对河南地区隋唐墓葬的考察[55]认为，中唐墓（年代大约在八世纪中叶至九世纪初）在墓葬结构上的变化主要有二：一是墓道底部出现阶梯；二是在土洞墓周壁开始出现十二小龛，内按地支方位摆放十二生肖俑。在随葬器物上也体现了较大的变化：一是着重表现墓主人身份等级的俑群和三彩器急剧减少，直到完全消失；二是十二生肖俑以及大量的实用器皿（包括瓷器、金银器）进入墓葬。晚唐墓（年代大约在九世纪初至十世纪初）的墓葬结构基本保持中唐时期的风格，梯形与双梯形墓室平面是这一期具有代表性的特征。随葬器物除了中唐时期进入墓葬的实用器物、十二生肖俑之外，被视作镇邪厌胜与葬师之说有关的铁牛、铁猪等器物在晚唐墓内频频出现。十二生肖俑按照地支方位在墓室周壁的摆放方式以及流行与葬师之说有关的器物，表明晚唐时期河南地区民间墓葬的主导思想就是"拘于阴阳禁忌"。

阴阳禁忌对中国传统社会丧葬活动的影响从原始社会以来一直都存在着。东汉王充《论衡》中就已经有系统的图宅术及葬历，并且对世俗生活丧葬活动的影响亦是巨大的。笔者认为，与其讨论中晚唐丧葬文化从等级观念向阴阳禁忌的转变，还不如讨论魏晋隋唐丧葬文化中的等级观念是如何打破在丧葬文化一贯保持的阴阳观念而成为魏晋隋唐初盛期丧葬文化主流的。这是一个囿于篇幅和讨论对象的差异而本研究无法解决的相当重要的问题。笔者仅指出的是，中晚唐丧葬文化对"阴阳禁忌"的复归对于北宋的影响是全面而且深刻的，诚如北宋司马光《葬论》所言："今人葬不厚于古，而拘于阴阳禁忌而甚焉"。这个"今人"，既包括了北宋时期的平民墓葬，也包括品官墓葬甚至皇家园陵。冯继仁在《论阴阳堪舆对北宋皇陵的全面影响》一文中认为："此种（拘忌于'岁月'之利、'方位'之吉与否）堪舆术说与以山川水脉之态势而辨贵贱寿夭的'形势'说相比虽不是风水术的主流，却完全支配了北宋皇陵从全陵选址到各陵的相地择址、陵穴间相互方位关系乃至诸陵坟台、地宫的高阔深浅等各方面的建筑营造活动，这在历代帝王陵寝中实属罕见。"[56] 北宋皇陵"拘于阴阳禁忌"观念的兴盛，以至于司马光愤然疾呼："今山陵大事，当守先王之典礼，至于葬书，出于世俗委巷之言，司天阴阳官，皆市井愚夫，何足问也！"[57] 北宋"山陵大事"出于世俗委巷之言，充分说明了北宋皇家园陵的"从俗"特征。此外，这种"从俗"的倾向也体现在皇家陵墓的图像系统中。埋葬于北宋真宗咸平三年（1000）宋太宗元德李后陵[58] 的地宫建筑尽管从规模上体现出皇家气派，墓顶处也绘制宫室楼阁云朵星辰银河等反映天象的图像，这在河南地区民间砖室墓中所少见的，但在墓室周壁的图像设置上采用"北壁砖砌假门假窗，南壁墓门，西壁砖雕桌椅，东壁砖雕衣架、梳妆台"来表现现实生活的标准场景，却与中晚唐时期河南地区民间砖室墓中的图像配置相似。唐代贵族墓葬中那些反映贵族生活和等级观念的场景不见了，代之而起的是与士庶之家的墓葬图像系统相似的画面，说明北宋时期皇家园陵与民间墓葬丧葬观念的一致性。

　　通过以上的分析，笔者认为，无论是贵族墓葬还是民间墓葬，唐宋丧葬文化的变化归结为一条，就是风俗取代了等级，成为丧葬文化中最主导的因素。北宋仁宗朝以后，中唐以来一直延续到北宋初、中期装饰简单的仿木构砖室墓，逐渐发展成为北宋晚期壁面装饰华丽、多铺作仿木构件、以多角形墓或方形多角顶墓的墓室形制以及表示北宋世俗生活、文化、风俗题材的最具有代表性的仿木构砖雕壁画墓，是在中唐以来丧葬文化"从俗"取向的基础上的进一步"俗"化，黑山沟北宋砖雕画墓的墓室形制、图像内容，全面地反映了这一变化。

第三节 河南登封北宋民俗生活对黑山沟宋墓图像的影响

登封黑山沟宋墓出土买地券一块，青石质，上刻券文，记录此墓墓主为"大宋国西京河南府登封县天中乡"居住殁故亡人李守贵。李守贵，史料上不见记载，券文中也未说明其身份，但是，从墓室建筑来看，整个墓室结构考究，建筑彩画富丽堂皇，壁画绘制精细，墓主应该是有一定财力的乡绅或者富民。

登封县天中乡，北宋时指的是现在禹县白沙镇附近。据宿白先生考证[60]，河南禹县白沙，北宋属于西京登封县天中乡崛山村管辖，因此，墓主人李守贵应该居住并亡故于现在的禹县白沙附近。券文中称："李守贵今为三周记满未有住葬之处，今选定绍圣四年（1097）十二月二十九日己酉大葬愿此黄天父后土母社稷主边买得墓田一所……"，这说明李守贵葬于1097年，殁故却是在1094年左右。

清代施诚修、董钰编撰的《河南府志》中记载："登封民生淳朴，读书之外惟知力田，然疾病多乞灵巫觋。"[61]撰者称，此段文字是摘录于"河南郡之有志，自宋学士宋公次道始，序之者为相国司马温公，刻之者为留守文潞公"的旧府志，也就是说，这个旧府志为北宋大学士宋敏求所撰、司马光作的序，因此，这段文字能够反映出北宋时期河南府登封县民俗生活的基本特征。

笔者认为，它提示给我们一个重要的信息是，登封地区民俗生活中读书的风气浓厚。

登封地区民俗的读书风气首先是缘于这个地区悠久的文化传统。中岳嵩山，本《禹贡》外方，豫州之域，所谓"嵩山居五岳之中，士大夫率多博雅，四方隐沦之士，又常托此而逃"[62]。"嵩山之下，大者州邑城郭，小者宫室台榭，无有有无，不知其几变矣。此皆往古圣贤之所经理，英雄之所战争，帝王之所豫游，而方内方外之士之所栖托"。北魏卢元明《嵩高山记》云："嵩山最是栖神之灵薮"，登封历史上就因其独特的地理位置成为众多历代帝王将相、文人逸士寻仙探幽、归隐山林的理想之地。汉武帝元封元年（前110）就在嵩山太室万岁峰下建观，唐改名太乙观，至宋更名崇福宫，设提举管勾官，命朝臣领之。汉明帝永平十四年（71）在嵩山南麓建寺，历经魏晋隋唐五代的增建，至北宋仁宗庆历八年（1048），赐名为嵩山大法王寺。后魏孝文太和中，于少室北麓五乳峰下建立的少林寺，历唐太宗、高宗、武后朝的屡被恩宠，视为禅宗祖庭。道家王子乔、浮丘公等等，隐居嵩山，修炼飞升。道教祖师张道陵入嵩山，得授《黄帝丹经》。后魏寇谦之服食饵药，守志嵩岳，得太上老君《新科经戒》九卷、符箓十余卷。唐代嵩山更是成为道教的洞天福地，聚集着潘师正、吴筠、司马承祯、李含光等一大批名道。嵩山也是天竺佛教在中国传播最早的地区之一，天竺达摩大师历三年寒暑，达于中土，寓止嵩山少林寺，传播衣钵，至梁大同二年、魏天平三年（536）十月圆寂。慧光、僧稠以及唐代慧安、普寂、道安、一行等竺业高僧在嵩山地区的活动，使得嵩山成为入唐以后禅宗传播最重要的地区[63]。多种文化的交融，培育着登封地区民俗生活文化氛围异常浓厚的风气。而这种风气在北宋时期则由于印刷术的普遍使用，文化传播日益迅速，州县学的设立以及嵩阳书院的建立，在登封地区士庶之家得到进一步的普及。

  北宋时期教育的普及，得益于北宋"庆历中，诏诸路州郡皆立学，设官教授"[64]。这件事，在《续资治通鉴》卷四十六仁宗庆历四年（1044）中有详细的记载："范仲淹等意欲复古劝学，数言兴学校，本行实，诏近臣议。于是宋祁、王拱臣、张方平、欧阳修等八人合奏曰：'教不本于学校，士不察于乡里，则不能覆名实。有司束以声病，学者专于记诵，则不足尽人材。谨参考众说，择其便于今者，莫若使士皆土著而教之于学校，然后州县察其履行，学者自皆修饬矣'。乙亥，下诏令州县皆立县学，本道使者选属部官为教授，三年而代；选于吏员不足，取于乡里宿学有道业者，三年无私遣，以名闻。士须在学习业三百日，乃听预秋赋；旧尝充赋者，百日而止。亲老无兼侍，取保任，听学于家。"[65]

  北京庆历年间的教育体制改革，刺激了学术的繁荣。在思想领域里，出现了一批具有疑经惑传、创辟蜕脱精神的学者。诚如南宋陆游（务观）在论述宋代学风的转变时指出："唐及国初，学者不敢议孔安国、郑康成，况圣人乎！自庆历后，诸儒发明经旨，非前人所及。然排《系辞》，毁《周礼》，疑《孟子》，讥《书》之《胤征》、《顾命》，黜《诗》之《序》，不难于议经，况传注乎？""自汉儒至于庆历间，谈经者守训故而不凿。《七经小传》出，而稍尚新奇矣。至《三经义》行，视汉儒之学若土梗。"[66]宋学义理代替汉学考据，是经学发展史上的重大变革。登封嵩阳书院聚集着一大批在这场变革中最重要的学者。嵩阳书院，原为"太室书院，五代周时建。宋至道三年（997）四月，赐太室书院，藏九经。是年，河南府守臣上言，甘露降于书院讲堂"。"景祐二年（1035）九月，敕西京重修"，赐名为嵩阳书院。北宋理学的代表人物二程、司马光都在这里进行讲学，"闾里士大夫皆高仰之，乐从之游，学者皆宗师之，讲道劝义，行李之往来过洛者，苟知名有识，必造其门"，"士之从学者不绝于馆，有不远千里而至者"。"士大夫通过对经典的解释、道德的确认和政治的评论，特别是通过私人的讲学、收徒以及普遍的交游，越来越得到社会的尊重与拥戴，并大约在庆历（1041～1048）以后，逐渐形成一个庞大的以道德、知识与思想互相认同的阶层"[67]。嵩阳书院成为北宋理学的发源地，登封及嵩山西北的洛阳成为北宋时期思想界最为活跃的地区。

登封地区盛唐时期就有象数学的传统，据王铁的研究[68]，唐代研究象数学最有名的当数玄宗时代的僧一行。一行着有《周易论》、《大衍玄图》、《义诀》、《大衍论》等，又以易数为依据，订定《开元大衍历》。南宋朱震《易丛说》说："孟喜、京房之学，其书概见于一行所集"，说明一行的《易传》，是以孟、京学说为主的集解形式的著作。而这个僧一行，由于害怕"武三思慕其学行，就请与结交"，而"逃匿以避之。寻出家为僧，隐于嵩山，师事沙门普寂"[69]。北宋邵雍、二程和司马光都有紧密的交往，宋易象数学在理学宇宙本体论上的建构作用，使得儒家终于把道德理性提升到宇宙的本体，从而创立了天理论的哲学体系。这是一种集儒、道、释为一体的哲学思想，也成为元明时期儒、道、释体系的哲学基础。

登封民俗生活中浓郁的读书风气，知识广泛深入民间，从而使得宋易象数学建立起来的宇宙模式很快地体现在民间墓室建筑的设计以及图像构成方式中，是北宋丧葬活动"从俗"化的具体体现。

〔1〕 ［汉］司马迁:《史记·律书第三》，中华书局，1982 年，1243～1248 页。

〔2〕 ［汉］班固:《汉书·律历志》，中华书局，1962 年，958 页。

〔3〕 同上，959 页。

〔4〕 同上，961 页。

〔5〕 同上，962 页

〔6〕 王铁:《宋代易学》，上海古籍出版社，2005 年，3 页。

〔7〕　同上，8 页。

〔8〕　同上，21 页。

〔9〕　同上，2 页。

〔10〕　〔宋〕周敦颐：《太极图说》，上海古籍出版社，1995 年。

〔11〕　〔元明〕张三丰：《大道论》，收入《张三丰全集》卷一，方春阳点校，浙
　　　　江古籍出版社，1990 年，1 页。

〔12〕　卿希泰主编：《道教与中国传统文化》，福建人民出版社，1990 年，
　　　　133 页。

〔13〕　〔明〕宋濂等：《元史》，中华书局，1975 年，4475 页。

〔14〕　〔宋〕鲍云龙〔明〕鲍宁辩证：《天原发微·各类图》，收入《景印文渊阁
　　　　四库全书·子部一一二·术数类》，〔台湾〕商务印书馆，2008 年，806 ～
　　　　17 页。

〔15〕　〔明〕张九韶《理学类编》卷一，收入《景印文渊阁四库全书·子部一
　　　　五·儒家类》，〔台湾〕商务印书馆，2008 年，709 ～ 748。

〔16〕　〔宋〕程颐、程颢：《二程遗书》卷十八，潘富恩导读，上海古籍出版社，
　　　　2000 年，292 页。

〔17〕　〔宋〕司马光：《司马氏书仪》提要，中华书局，1985 年，1 页。

〔18〕　同上，卷五《复》，48 页。

〔19〕　同上，卷五《易服》，49 页。

〔20〕　同上，卷五《沐浴》，50 页。

〔21〕　同上，卷五《沐浴》，51 页。

〔22〕　同上，卷五《魂帛》，54 页。

〔23〕　同上，卷五《吊奠》，55 页。

〔24〕　同上，卷五《赙襚》，56 页。

〔25〕　同上，卷五《小敛》，59 页。

〔26〕　同上，卷五《大敛》，60 页。

〔27〕　同上，卷六《闻丧》，61 页。

〔28〕　同上，卷六《丧次》，66 页。

〔29〕　同上，卷六《五服制度》，68 页。

〔30〕　同上，卷七《启殡》，82 页。

〔31〕　同上，卷九《大祥》，101 页。

〔32〕　同上，卷六《饮食》，65 页。

〔33〕　同上，卷八《陈器》，88 页。

〔34〕　同上，卷七《穿圹》，79 页。

〔35〕　〔宋〕程颢〔宋〕程颐〔宋〕朱熹辑：《河南程氏文集》〔普通古籍〕卷一《论十事札子》，六安求我斋，清同治十年（1871）。

〔36〕　〔宋〕司马光：《司马氏书仪》卷六《闻丧》，中华书局，1985 年，62 页。

〔37〕　〔宋〕司马光：《司马氏书仪》卷六·五服制度，北京，中华书局，1985 年，65 页。

〔38〕　同上，卷七《卜宅兆葬日》，75 页。

〔39〕　〔宋〕程颢、程颐：《二程遗书》卷二十二上，潘富恩导读，上海古籍出版社，2000 年，346 页。

〔40〕　〔宋〕宋祁：《宋景文公笔记》下，收入《全宋笔记》第一编，五，大象出版社，2003 年，70 页。

〔41〕　〔宋〕司马光：《司马氏书仪》，中华书局，1985 年，81 页。

〔42〕　陈寅恪：《论韩愈》，载《金明馆丛稿初编》，生活·读书·新知三联书店，2001 年，332 页。

〔43〕　张泽咸：《"唐宋变革论"若干问题的质疑》，收入《中国唐学史会论文集》，西安，三秦出版社，1989 年。

〔44〕　洛阳市文物工作队：《唐睿宗贵妃豆卢氏墓发掘简报》，《文物》1995 年 8 期。

〔45〕　李星明：《唐代墓室壁画研究》，陕西人民美术出版社，2005 年，117 页。

〔46〕　同上，14 页。

〔47〕　张道森、吴伟强：《安阳唐代墓室壁画初探》，《美术研究》2001 年 2 期，26～28 页。

〔48〕　李星明：《唐代墓室壁画研究》，陕西人民美术出版社，2005 年，5 页。

〔49〕　同上，85 页。

〔50〕　同上，93 页。

〔51〕　河南省文物考古研究所编：《北宋皇陵》，中州古籍出版社，1998 年，462 页。

〔52〕　〔宋〕江休复：《江邻几杂志》，收入《全宋笔记》第一编，五，大象出版社，2003 年，156 页。

〔53〕　〔宋〕叶梦得：《石林燕语》卷五，收入《全宋笔记》第二编，十，大象出版社，2005 年，71 页。

〔54〕　〔宋〕宋祁：《宋景文公笔记》下，收入《全宋笔记》第一编，五，大象出版社，2003 年，70 页。

〔55〕 徐殿魁：《洛阳地区隋唐墓的分期》，《考古学报》1989 年 3 期。

〔56〕 冯继仁：《论阴阳堪舆对北宋皇陵的全面影响》，《文物》1994 年 8 期，55 ～
68 页。

〔57〕 ［宋］司马光：《言山陵择地札子》，收入《司马温公文集》卷四，中华书
局，1985 年。

〔58〕 河南省文物研究所等：《宋太宗元德李后陵发掘报告》，《华夏考古》，
1988 年 3 期，19 ～ 46 页。

〔59〕 葛兆光：《中国思想史·第二卷七世纪至十九世纪中国的知识、思想与信
仰》，复旦大学出版社，2001 年，187 页。

〔60〕 宿白先生根据白沙颍东第一五四号墓所出《宋故河南路君（路适）墓志》
云："（适子）平、诜将以政和四年（1114）七月二十九日卜葬于登封县
天中乡下曲之皇。"颍东第一五八号墓所出地券也记："维大宋宣和六年
（1124）西京登封县天中乡崛中村祭掌高通奉为故亡祖父高怀宝……现在
浅土，载谋迁座……宜于当乡本村赵□地内案葬……"，说明禹县白沙，
北宋属登封县天中乡。见宿白《白沙宋墓》绪言注释〔16〕，20 页。

〔61〕 ［清］施诚修、董钰等篆：《河南府志》［普通古籍］，乾隆，一百一十六
卷首四卷，清同治六年（1867）。节录于旧府志。"河南郡之有志，自宋
学士宋公次道始，序之者为相国司马温公，刻之者为留守文潞公，一时天
下操觚之士，翕然称之为良史"。

〔62〕 ［清］景日昣：《说嵩》，收入郑州图书馆文献编辑委员会编《嵩岳文献丛
刊》第三册，中州古籍出版社，8 页。

〔63〕 以上论述多依据明代傅梅编撰的《嵩书》，收入郑州图书馆文献编辑委员
会编《嵩岳文献丛刊》第一册，中州古籍出版社，2003 年。

〔64〕 ［宋］洪迈：《容斋随笔》，岳麓书社，1997 年，325 页。

〔65〕 ［清］毕沅编著：《续资治通鉴》，中华书局，1979 年。

〔66〕 ［宋］王应麟：《困学纪闻》，辽宁教育出版社，1998 年，190 页。

〔67〕 葛兆光：《中国思想史·第二卷七世纪至十九世纪中国的知识、思想与信
仰》，复旦大学出版社，2001 年，190 页。

〔68〕 王铁：《宋代易学》，上海古籍出版社，2005 年，1 页。

〔69〕 ［后晋］刘昫等：《旧唐书·方伎列传》，中华书局，1975 年，5112 页。

第七章 结　语

综上所述，笔者认为，河南登封黑山沟北宋砖雕壁画墓是目前考古发掘中原北方地区北宋砖室墓成熟形态墓例中有明确纪年且年代较早的一例。它在墓室建筑的平面和建筑空间象征性结构上与前代的墓室建筑空间相比有了一些新的变化：一是墓室平面采用规范化的八角形；二是多铺作的仿木构建筑对墓室空间的分割与抬升。八角形墓室平面的形成，体现的是"地象八方，以应八卦之纲纪"的传统观念。而整个墓室建筑，则是按照北宋时期人们对于宇宙模式的一种理解而进行的时代性的再创造，是中国传统墓室建筑"法天象地"思想在北宋朝的延续。

整个砖雕壁画墓图像的设计原则，依据的是北宋邵雍所创立的先天图式，其整个图像构成的循环方式是：墓主人夫妇"阳魂阴魄"，于"子半，相会合于黄泉之宫"，所以"胎育元造，萌芽万物"，从东北壁下层象征"生"的侍儿图开始，模仿地道的运行方式，依次右旋为象征着"养"的侍寝图、侍洗图、墓室入口、备宴图，在西壁"荣其送终"的伎乐图，旋转成于西北壁象征着"死"或"闭物"的夫妻对坐图，经过孝子图像"孝悌之至，通于神明"的成仙途径，在西北方随"阳气上天，阴气下地"而升入西北壁上层寓意着的墓主人夫妇已经升仙的图像，然后模仿天道的运行方式，在道士、菩萨、仙女等仙人们的引领下，依次左旋，最后进入北壁上层象征着"天开于子"的仙界楼宇。

登封黑山沟宋墓图像构成，反映了宋易象数学在北宋中期的复兴对民间墓室建筑以及图像设置方式产生的直接影响。登封地区因其得天独厚的文化传统和民俗习惯，以及北宋时期教育的普及、理学的兴起等诸多因素的影响，成为北宋时期思想知识领域最为活跃的地区之一，相应地促使了登封民间墓室建筑逐渐形成最具有北宋时代特征的墓葬形式。

附录一　中原北方地区北宋仿木构砖雕壁画墓（包括画像石棺）举例

序列	目录	年代	墓室形制	图像形式	墓室图像	资料来源
1	河南登封黑山沟北宋砖雕壁画墓	北宋绍圣四年（1097）	八角形单室砖墓	雕砖彩绘	墓室下部南壁甬道，北壁砖砌假门，倚柱间6幅壁画：西北壁为夫妻对坐图；西南壁伎乐图；东南壁备宴图；东壁侍寝图；东北壁绘制两妇人和小孩玩耍图，桌上猫衔黄雀。盝室拱同壁分绘8幅孝子故事图：西南曾参；西王武子；西北董永；北丁兰；东北王祥；东孟宗；东南鲍巨；南闵损泣墓。墓室上层梯形壁面上分绘：西北墓主夫妇；西祥云中菩萨；西南云中菩萨；南壁云中站立两人；东壁上层梯形壁面上分绘云中仙桥。上两大手持招魂幡的女子；东南双手持连枝的侍女；头戴莲花冠的道士。东北壁为手持连枝的侍女；北壁祥云环绕的仙界楼字。	[1]
2	河南登封城南庄宋代壁画墓	推测年代在1056～1097年	八角形单室砖墓	雕砖彩绘	墓室南壁甬道，北壁砖砌假门，门半启。墓室南壁两侧绘壁画。墓室周壁采取砖雕彩绘结合的方式，盆劳彩绘两个侍女：西壁南道两侧绘壁画。西南壁砖砌一桌二椅，左侧椅子上绘一头戴莲花冠的妇人，桌旁站立两侍女：西北壁砖砌烛台、柜；东壁砖砌灯架；驾斗等。供同壁均绘牡丹花，一幼儿嬉戏其间。东壁砖砌衣架；东壁梯形绘其间。上部梯形绘牡丹，莲花等图案。	

续表

序列	目录	年代	墓室形制	图像形式	墓室图像	资料来源
3	河南登封箭沟宋代壁画墓	推测在坡南庄宋墓的年代至1097年间	八角形单室砖墓	雕砖彩绘	南壁甬道两侧原绘有壁画，西壁为一路骆驼，东壁为马及马童，已毁。墓室西壁西侧绘帐下立一官样男子，侍奉图；西北壁画侍奉持茶图；北壁半开门，门内立一童子；东北壁夫妻对坐图；东壁伎乐图；东南壁侍乐图。栱间壁均为折枝牡丹。墓室上层梯形内绘牡丹。	
4	河南登封高村壁画墓	推测在1097年左右	八角形单室砖墓	雕砖彩绘	甬道两侧绘壁画：东侧出行图；西侧络饼图。墓室内壁画分为上、中、下三部分。下层图像北壁砖砌假门，一门半开；东南、西南壁均砖砌一梯形耳室。耳室两侧立侍者，表示升天的场景；西壁为备宴图；西北壁绘一桌一椅，椅子上端坐一男子，某后站立一妇人；东北壁为沈图。栱间壁绘制8幅孝子图，西南壁为蔡顺，西北壁为赵孝宗，东壁为尧舜，东北壁韩伯愉，东南壁孟宗，北壁王武子，南壁王祥。上层八个壁面上分别绘制人物，人物均立在云中，其中，北壁人物有背光，似为菩萨，其余为侍女形象。	(1)
5	河南登封刘碑宋代壁画墓	推测早于1097年	六角形单室砖墓	雕砖彩绘	墓室南壁甬道，甬道两侧残留壁画。墓室内西南壁奏乐图；西北壁夫妻对坐图；北壁中绘一门，两侧侍女，东壁梳妆图；东南壁侍儿图。栱眼壁绘红心牡丹。	

续表

序列	目录	年代	墓室形制	图像形式	墓室图像	资料来源
6	河南登封双庙小区宋代砖室墓	推测宋代早中期	八角形单室墓	雕砖彩绘	棺床上有吉井。墓室南壁墓门。墓室南壁砖雕，壁画脱落严重，仅留砖雕。东南壁局靠背椅子，中间书桌，上置观合笔架，桌右侧一烛台；东壁衣架；东南壁熨斗剪刀等；北壁砖雕眼门；西北方桌上碗杯；西壁金架一桌二碗。	[2]
7	河南新密下庄河宋代壁画墓	推测晚于1108年，但不出北宋	八角形单室墓	雕砖彩绘	墓室下部南壁为甬道，北壁为假门，其余简柱间绘有6幅壁画。西南壁为出行图；西壁砖两侍者。墓室为备宴图；东南壁绘制夫妻对坐图；东壁为备宴图，共8幅，内绘一老妪，右侧拱手站立两人（疑为夫妻求变度的场景）；东北壁左侧一女子，祥云环绕；东壁砖毁；东南壁绘制僧人疾行图；西南壁绘制僧人论法；南壁左侧绘僧半掩门；西北立两僧，门内立一木桩，鸟笼，右侧一人，僧人。墓画内容北壁正中一佛，左侧站立一僧；东北壁铺作上层梯形壁面红色边框，内绘，共8幅，东壁左侧，鸟笼，右侧一人，僧人论法；西壁三僧端坐，西壁左侧一人，右侧一人，僧人。墓顶彩绘。	[3]
8	河南新密平陌宋代壁画墓	北宋大观二年（1108）	八角形单室墓	雕砖彩绘	墓壁南壁为甬道，北壁为假门，其余6壁分绘壁画。西南壁梳妆图；西壁为夫妻对坐图；东壁为备宴图；东南壁为读写图。拱眼同彩绘花卉。上层梯形壁针对方向图绘超度，送葬时的场景。西北壁绘花卉；西南脱落；南壁绘无栖愿的孝子故事；东壁为鲍山与王祥孝子故事；东北壁梳妆图；西北壁绘童子捧砚；对面跪着一妇人写字。东北壁上层梯形壁针对方向图绘超度，送葬时的场景，孝子故事；西南脱落；南壁绘慈孝宗孝子故事；西壁为鲍山与王祥孝子故事；东北壁脱落；东南壁绘孝子故事；东北"四（泗）洲大圣度翁婆"；东壁壁为慈宗孝子故事；东北壁脱落，东南壁绘孝子故事；东北壁为鲍山与王祥孝子故事；南壁壁主人夫妇在扒幅女子的导引下，渡过仙桥，北壁为仙来楼字。	[3]

续表

序列	目录	年代	墓室形制	图像形式	墓室图像	资料来源
9	河南禹县白沙镇额东第119号墓	北宋哲宗元符二年（1099）	双室砖墓，前室方形，后室六角形	雕砖彩绘	甬道东壁绘三人，西壁绘三人一马。前室南壁入口东侧与西侧悬幔下分别绘制侍者，东壁悬幔下绘乐十一人，西壁悬幔下砌一桌二椅，桌上设注子、盏灯等物，椅子上砖雕夫妻对坐，画屏风，侍女，北壁入口东，西壁入口东砖砌窗、窗下画量罐、瓶等物。连接甬道东，西壁正中砖砌窗、西南壁悬幔下绘三女，似乎为侍梳妆的场景。后室南壁悬幔下绘三女一男，西南壁悬幔下绘五女，西北壁正中砌破子棂窗，窗侧绘灯具，剪刀、熨斗、猫等东北壁、北壁悬幔砖砌假门，假门后砖雕少女一个。	
10	河南禹县白沙镇额东第131号墓	据推测，此二墓应晚于一号墓，而下限应不晚于宣和六年（1124）	六角形单室砖墓	雕砖彩绘	甬道东壁绘二人，西壁绘二人一马。墓室东壁南壁悬帐下三女，西南壁悬帐下夫妻对坐图，南壁甬道口，北壁悬幔下砖砌假门，门扇微启，上绘女子启门，东北、西北悬幔下方墙面砖砌隔段。	[4]
11	河南禹县白沙镇额东第132号墓	北宋宣和六年（1124）	六角形单室砖墓	雕砖彩绘	四壁下部和墓顶壁画大部漫漶剥落。残存壁画为甬道东壁绘二人，西壁绘二人一马。东北、西北两壁悬幔下砌窗，墓室上部有墨画人物，大部脱落，惟西南壁悬幔下绘夫妻对坐图，椅子上，东侧女子袖手坐，左侧男子坐，西南面面相向，北壁砖砌假门，墓室上部有墨画人物，大部脱落，惟西南面有一人意欲渡桥，存拱桥一处，桥右侧有二人意欲渡桥。	

续表

序列	目录	年代	墓室形制	图像形式	墓室图像	资料来源
12	河南禹州龙岗电厂121号墓	推测宋末墓	双室砖墓，前室方形、后室六边形	雕砖	前室东西两壁有砖雕门。后室东北、西北两侧有雕砖门扉，北壁砖雕妇人启门，西南、西北壁有砖雕12人，两位侍者，10位戏曲人物雕砖，皆立于莲座上。	[5]
13	河南禹州市西坡街宋金壁画墓	推测宋末金初	八角形单室砖墓	雕砖彩绘	墓室下部砖砌须弥座，座上西壁绘客厅设宴图；东西两壁砖砌一窗，东北、北、西北壁中部皆砖砌两扇曲格子门、门侧绘侍女或狮子。	[6]
14	河南郏县仝楼村三座宋墓	推测为北宋中晚期	六角形单室砖墓	雕砖	三座末基本相同。墓壁束腰部弥座，墓室北壁砖砌假门，墓室东北、西北壁有砖砌窗，东南、西南素壁。	[7]
15	河南宝丰县李坪村宋金墓	推测末末金初	八角形单室砖墓	雕砖	墓室穹隆顶中部等距离镶嵌云纹雕砖，东北、西北壁砌假窗，东、西两壁砖砌假门，东南壁灯檠一、西南壁灯檠一具。	[8]
16	河南荥阳司村宋代壁画墓	推测在1107～1111年	六角形单室砖墓	雕砖彩绘	墓室南壁南甬道入口，北壁砖砌一桌二椅，西北壁砖砌一桌二椅。墓室南甬道入口，北壁为假门，直棂窗，西北壁砖砌一桌二椅，正中砌假门，东、西两壁砖砌假门，东北壁砖砌假门、直棂窗，墓室上部壁画分为三层，下层绘19幅孝行故事，中层绘两两相对的文官，上层绘牡丹花。	[9]

续表

序列	目录	年代	墓室形制	图像形式	墓室图像	资料来源
17	河南荥阳孤伯嘴壁画墓	推测与和司村壁画墓相同，或稍晚，但不出北宋	六角形单室砖墓	雕砖彩绘	墓室下部南壁墓门，北壁砖砌门，西北壁砖砌桌子一，西南壁砖砌一桌二椅。墓室上部壁画分两层，下层绘24幅行孝故事，上层绘双手持笏的文官。	[9]
18	河南荥阳槐西壁画墓	推测为北宋末至金初	长方形土洞单室墓	彩绘	壁画直接绘制在土洞壁上。壁画分上下两层。西壁下层北部绘夫妻对坐，南部绘僧倡；北壁下部绘妇人启门；东壁下层北部绘直尺、熨斗等，南壁下部绘梳妆图，西壁甬道口东侧下部绘梳洗图，西部绘出行图。四壁上层15幅孝子故事。	[10]
19	河南荥阳槐西村北宋石棺墓	北宋哲宗绍圣三年（1096）		阴刻	棺头正面浮雕门楼，门半掩，一女子半身启门。棺两侧阴刻人物。右侧画面为墓主人夫妻宴饮杂剧图，商阁图。左侧线画似为由宅院向墓地出行的送葬场面。后档部位绘栏杆刻画祥端动物。	[11]
20	河南郑州二里岗宋墓	推测为北宋初年	长方形单室砖墓	雕砖彩绘（彩绘已毁）	墓室南壁甬道东侧绘一人物，西侧浮雕井、锯轳、水桶；北部衣架、柜，北部砖砌灯檠；西壁砖砌门窗；墓室东壁南部砖砌一桌二椅，南部位长颈瓶，瓶上方显出墓室原有壁画，说明墓室原有壁画。	[12]

续表

序列	目录	年代	墓室形制	图像形式	墓室图像	资料来源
21	河南郑州南关外北宋砖室墓	北宋至和三年（1056）	长方形单室砖墓	雕砖彩绘	墓室内有壁画，保存不好。墓葬坐北朝南，墓室近方形，四壁皆镶嵌砖浮雕。南壁墓门，东壁衣架、剪刀；北壁假门假窗，梳妆台、侧灯檠。西壁一桌二椅，上置茶壶、酒杯，出土买地券。	[12]
22	河南尉氏县张氏镇宋墓	年代不早于北宋天圣元年（1031）	长方形单室砖墓	雕砖彩绘	墓室东、西、北三壁下部砖砌殿龛，西龛上雕文字"西库"，东龛内雕"后土之神"。北龛两侧分别绘墓主人肖像，商业经营图。东、西龛内雕"东仓"。西壁南侧绘制农业生产，商业经营图。肖像上绘制孝子故事。墓室上层绘飞天图。	[13]
23	河南巩县宋太宗元德李后陵	北宋真宗咸平三年（1000）	长斜坡墓道圆形单室砖墓	雕砖彩绘	南壁墓门线刻飞天门上武士像。墓室顶部绘有宫室楼阁云亮星辰银河。墓室周壁东侧砖雕衣架梳妆台；北侧砖砌假门假窗；西侧砖雕桌椅灯檠。	[14]
24	河南巩县稍柴宋墓	推测北宋墓葬	圆形单室砖墓	雕砖彩绘	东壁砖雕一桌二椅，椅上彩绘男女墓主人；南壁墓门西侧砖雕残留彩绘人物；北壁东侧砖砌窗。床上绘被子；西壁砖雕桌椅、柜、床，西壁东侧砖砌窗。	[15]
25	河南巩义涉村宋代壁画墓	推测在城南庄壁画墓至黑山沟壁画墓之间	圆形单室砖墓	雕砖彩绘	南壁甬道，甬道东侧绘两人，侍者，两人身前一长方形桌子，甬道西侧绘画脱落；北壁砖砌假门，门侧有直棂窗，上部左绘兄弟二人，椅子上彩绘男女墓主人，"五部兄弟见父母之处"，东壁下部砖雕"五部初结又兄弟之初见"，上部右侧绘画"五部兄弟见母□□□□之家庭"；西壁下部砖砌"五部初结又母砌桌一椅，上部左部绘人物故事，榜题一，右侧悬挂一鸟笼，下砌高几，花猫，上部左侧绘人物故事，榜题"五部见母处"，右侧自左至右各绘5人，题记"又君处"。	[16]

续表

序列	目录	年代	墓室形制	图像形式	墓室图像	资料来源
26	河南巩县西村宋代石棺墓	北宋宣和七年（1125）	长方形单室土洞墓	线刻	墓室西壁阴刻一幅幅画，画面上部横列二方连续卷须纹，中部为卷头夹棋拱案。石棺左右侧板分为十二格，格内线刻二十四孝图。棺前档刻妇人启门。	[17]
27	河南巩义米河乡半个店村宋墓	推测宋墓	八角形单室带石棺墓	雕砖	墓室周壁砌梳妆室、庖厨、客厅、书房等，葬具为石棺，左右棺板上阴刻孝子故事以及墓主人生平故事，棺头浮雕妇人启门。	[18]
28	河南偃师酒流沟水库宋墓	推测宋墓	长方形单室砖墓	雕砖画像砖	东、西两壁砖筑板门，两侧直棂窗；北壁六块人物画像砖，杂剧、庖厨；南壁甬道入口。	[19]
29	河南洛阳北宋富弼夫妻墓	北宋神宗元丰六年(1083)	长斜坡墓道圆形单室砖墓，墓室下为方形享室	彩绘	甬道西壁持剑武士图，墓室壁画大都脱落，仅在墓室西部起券处残存白云、飞鸟图案。	[20]
30	河南洛阳邙山宋代壁画墓	推测为北宋崇宁二年(1103)左右	方形墓室，东西两壁各砌一耳室	砖雕彩绘	墓室南壁墓门，门两侧砌筑窗，东侧窗已毁，西侧窗完整。南侧砌墨线勾绘椅子各一，某两侧砌墨线勾绘一猫，猫首向西；门北侧砖雕灯檠，灯檠北砖雕衣架，衣架后彩绘衣物支持，门口南侧勾绘一支持，均为花卉图，也为花卉。西壁耳室南侧也绘一支持，门北侧砖雕灯檠。东壁耳室残存西端一帐。北壁残存砖画一桌，挂轴画、挂轴画等，北壁耳室画绘于东壁和南、北壁，东壁两侧壁画一桌，灶側一侍女，灶旁正在烛火、北壁，正在灶中一灶，南壁为备食图。西耳室壁画绘于西壁和北、北壁，西耳室壁画绘于东耳室西图。	[21]

续表

序列	目录	年代	墓室形制	图像形式	墓室图像	资料来源
31	河南洛阳邙麓街宋墓	推测北宋晚期	方形单室砖墓	砖雕	墓室北壁砖砌板门，东西两壁砖砌直棂窗。	[22]
32	河南洛阳涧西宋墓（九·七·二号）	推测北宋晚期	八角形单室砖墓	砖雕	墓室周壁镶嵌有砖制浮雕：西南、西北、东北、东南砖砌门窗；西壁砖砌一桌，桌下三足凳一；北壁砖砌一桌二椅，桌上镶嵌砖雕茶盏；东壁砖砌桌子，桌下一柜。	[23]
33	河南洛阳市郊砖雕壁画墓	推测北宋墓	六角形单室砖墓	砖雕彩绘	墓室栱眼壁间绘花卉及人物故事，壁龛内壁画人物故事，北壁似为墓主人坐像。	[24]
34	河南洛阳龙门北宋墓	推测北宋早期	六角形单室砖墓	砖雕	墓各壁有小砖砌筑的桌子，门阙等。	[25]
35	河南洛阳涧西东方红机砖厂179号宋墓	推测为北宋晚期，上限不超过北宋	圆形穹隆顶单室砖墓	砖雕	墓室南壁甬道入口；西壁浮雕一桌二椅；北壁砖砌假门，两侧直棂窗；东壁浮雕桌、柜，灯檠。	[26]
36	河南洛阳涧西洛阳耐火厂13号宋墓	哲宗元祐年间（1086～1094）	方形单室砖墓	砖雕	墓室北壁正中双阙门，门留缝，门前站立一女子，门两侧为窗；西壁浮雕桌子和镜台，东壁浮雕桌二椅。	[26]

续表

序列	目录	年代	墓室形制	图像形式	墓室图像	资料来源
37	河南洛阳轴承厂职工医院15号宋墓	推测北宋晚期，上限不超过宋神宗元丰年间（1078～1085）	八角形单室砖墓	砖雕	东南、西南壁有一长方形破子棂窗；东、西、北三壁各雕四隅阙四隅格子门；西北、东北两壁浮雕门阙两阙，前者留有缝隙，后者紧闭；南壁为甬道入口。	[26]
38	河南洛阳铁路分局车辆整备厂油庙宋金雕砖墓	推测宋金时期	八角形单室砖墓		正北面门上两个石狮门环依然形神毕肖，两侧四隅砖雕格子窗精工细凿，上面的花卉、人物色彩鲜艳，图案为极为鲜见的散乐图和庖厨图。	[27]
39	河南洛阳北宋张君画像石棺	北宋徽宗崇宁五年（1106）		减地平雕阴线雕刻	棺楣中央阴刻牡丹，棺盖两侧为大朵牡丹，同以攀枝童子和骑鹤曾童子。棺前档浮雕门窗，门侧四个侍者，门中央，圆雕女侍右启门欲出。门窗上方阴刻牡丹，中央人物，前一老者拱手相随。"一翁"，再后一老妪，榜题"二婆"，墓主人身后都有女侍一。棺两侧前后半部分别刻持幡杖、端果品、捧宝瓶的仙女，仙女足下仙鹤翱翔，两帮后半部及后档刻孝子列女故事。	[28]

续表

序列	目录	年代	墓室形制	图像形式	墓室图像	资料来源
40	河南洛阳北宋王十三秀才画像石棺	北宋徽宗宣和五年(1123)		阴线雕刻	棺身前档上部刻二个双翼飞仙，飞仙同博山炉，中部列门窗，门两侧绘带金钱上坐着手持绶带的童子。棺侧及后档十五幅孝子故事，均有榜题。	[29]
41	河南洛宁大宋村乐重进画像石棺	北宋政和七年(1117)		单线阴刻	棺两档分上下两层，每层刻画五幅孝子烈女图，有榜题，共 20 幅。前档画面中央是一堂屋，乐重进观赏散乐图。散乐表演黄两侧，各有一窗棂式屏风，乐重进进酒图、进茶图。	[30]
42	河南新安县宋村北宋砖雕壁画墓	推测为北宋神宗、哲宗朝	方形单室砖墓	雕砖彩绘	墓室南壁两侧各立一人、人侧各砌一窗；东壁正中砖砌假门；北壁格扇门 5 扇，门板上浮雕花卉装饰纹样；西壁砖砌一桌二椅，椅后分立男女侍者。	[31]
43	河南新安县古村北宋壁画墓	推测为北宋神宗、哲宗朝	方形单室砖墓	雕砖彩绘	南壁甬道门两侧破子棂门；西壁砖砌假门，门上绘制妇人启门；北壁砖砌假门，门两侧破子棂窗；东壁高浮雕一桌二椅，上绘制夫妻对坐图。墓室上部栏上阑额彩绘仙鹤。拱眼间彩绘没骨花卉。	[32]

续表

序列	目录	年代	墓室形制	图像形式	墓室图像	资料来源
44	河南新安县梁庄北宋壁画墓	推测为北宋哲宗朝	八角形单室砖墓	雕砖彩绘	南壁墓门；北壁正中砖砌假门，东北、西北两壁上半部砖砌窗，下半部绘制牡丹大湖石，假山牡丹；东南、西南壁画相同，各绘一盆景，盆景后各绘一门吏，门吏站坐，身后站立三侍者；西壁绘制男墓主人端坐，身后亦侍者三人。	[33]
45	河南新安县石寺李村一号墓	北宋徽宗宣和八年（1126）	八角形单室砖墓	雕砖彩绘	此墓现在复原于洛阳古墓博物馆。墓室南壁墓门，牡丹、东南、西南壁砖砌假门，牡丹；东、西两壁均为砖雕格子门；东北、西北砖砌直棂窗，窗下绘制杂剧图，窗下分绘交租图、庖厨图；北壁为夫妻对坐图。	[34]
46	河南新安县石寺李村二号墓	推测北宋末年	八角形单室砖墓	雕砖彩绘	墓室南壁墓门；北壁妇人启门；东西两壁均砖雕格子门；西南直棂窗，西北砖砌格子窗，窗下牡丹；东北格子门窗下侍女；西北砖浮雕圆儿，局绘二侍女。	
47	河南陕县化纤厂一号宋墓	推测北宋	长方形单室砖墓	雕砖彩绘	墓室南壁墓门两侧花瓶各一；北壁砖砌假门，门上绘"妇人启门"，门侧亦绘彩有花瓶、花朵；东、西壁方格，内绘花饰。	[35]
48	河南陕县化纤厂三号宋墓			砖雕彩绘	墓室北壁砖砌假门，门侧彩绘人物；东西两壁砖砌直棂窗。	

续表

序列	目录	年代	墓室形制	图像形式	墓室图像	资料来源
49	河南三门峡化工厂49号北宋墓	推测北宋早中期	长方形单室砖墓	砖雕彩绘	墓道北壁和天井北壁上有土雕，墓道北壁上有启门，墓室东、西、北壁砖砌假门，直棂窗。	[36]
50	河南宜阳莲庄乡坡窑村北宋画像石棺	推测北宋徽宗朝		阴线雕刻	石棺前档为墓主夫妇对座图，后档正中为一双扇大门，三男子扛货物进门，左右两帮分刻五幅孝子故事。	[37]
51	河南嵩县北元村宋代壁画墓	推测末徽宗朝	八角形单室砖墓	雕砖彩绘	甬道内壁两侧分绘门神。墓顶七瓣莲花藻井，下八条白云，云间八只仙鹤翱翔，墨线勾画15幅孝子图。墓室上部仿木斗栱分上下两层，墓室两栯柱间为七对浮雕彩绘门窗，北壁砖砌假门，门下部栺插板为对坐男女墓主人，男西女东，均坐在长方形高足桌后，旁边侍女。	[38]
52	河南温县前东南王村宋墓	推测宋墓	八角形单室砖墓	雕砖彩绘	墓顶绘八瓣莲花藻井。墓室南壁墓门，北壁为四扇隔扇门，门下部栺插板雕刻两种对称图案：一为瓶插如意花草，一为狮子口衔如意花草，跨下骑花枝，中刻石榴、两旁刻二童子，跨下骑花枝；西北壁均镶嵌散乐、杂剧，庖厨等砖雕。东、西两壁雕砌隔扇门，东南壁均浮雕妇人启门。西南、东南壁均砖砌直棂窗。	[39]

续表

序列	目录	年代	墓室形制	图像形式	墓室图像	资料来源
53	河南温县西关宋墓	推测不早于北宋晚期	八角形单室砖墓	雕砖彩绘	墓室各壁下部各砌成束腰须弥座，束腰部分在西南、西、东南、东、西两壁相对砌版门，其中东门半启，半圆雕妇人启门；西北壁镶嵌一组杂剧人物雕砖；东北壁镶嵌乐人雕砖；北壁浮雕四抹格扇门。墓室斗栱部分原有彩绘。雕刻莲花或牡丹。座上东南、西南两壁砌破子棂窗；	[40]
54	河南济源市东石露头村宋代壁画墓	推测宋墓	方形单室砖墓	雕砖彩绘	东西两壁格子门南部分别绘制菩萨，格子门以北及北壁为夫妻对坐图，墓室顶东西分别绘制日、月。	[41]
55	河南焦作宋代澧全本墓	北宋徽宗崇宁四年(1105)	八角形单室砖墓	雕砖	墓室南壁墓门、北壁砖砌假门、西南、东南、东北、西北均直棂窗。	[42]
56	河南焦作北宋小尚冀国墓	北宋徽宗政和三年(1113)	八角形单室砖墓	砖雕彩绘	墓室以仿木构斗栱分为上中下三个部分。斗栱下部各壁，除了南壁为甬道外，余均砌门窗、台阶、护栏、桌、床、椅、悬幔等，在桌上彩绘画。北、东、西壁均砌一门二窗，门前砌平台，平台两侧砌筑上下台阶立的坡道；西北壁正中砌一仿木制柜桌，案上彩绘壶、盆、碗、鱼等，案上坐两个站立的侍女；东北壁正中则绘侍女一高案、案上砌一桌二椅，椅上坐墓主人夫妇；西南壁正中则绘侍女；西南壁正中砌一床、床上绘制帷帐，悬幔和一床被子。	[43]

续表

序列	目录	年代	墓室形制	图像形式	墓室图像	资料来源
57	河南焦作白庄宋代壁画墓	推测为北宋晚期	多室砖墓，主室六角形，西、北侧室为长方形	雕砖，彩绘	主室南壁、东南壁、北壁、西北壁与西南壁之间砖砌大门，其中，北壁、西北壁之间砖砌大门与西北壁相连，东北壁西侧与西壁栱眼壁分界。主室墓西南侧室为棺床。西侧室与北侧室砖雕砖，有榜题。东侧镶嵌侍女甬道雕砖，西侧室布彩绘孝子故事。	(44)
58	河南新乡丁固城宋墓M44	推测上限为北宋早期，下限不会晚于北宋哲宗朝	方形圆角单室砖墓	雕砖	墓室南壁甬道入口，北壁中期砖砌假门，门侧砖砌直棂窗，门侧及顶部直棂窗，上部砖砌直棂窗，下砌一桌一柜，东壁上部直棂窗，下部砌一桌一椅，椅子南侧砖砌灯檠。	(45)
59	河南林县城关宋墓	推测上限为北宋神宗熙宁年间，下限为北宋元符政和年间	长方形单室砖墓	雕砖，彩绘	墓室北壁砖砌一门二窗，门前立一女子，西窗左下角墨绘花猫，其下镶嵌两块孝子雕砖，东窗下亦镶嵌孝子雕砖；西壁嵌有十八块雕砖，均为孝子故事；东壁砖雕一桌二椅，椅子上绘男女墓主人对坐，南主人南边，砖雕双鱼灯檠，下部镶嵌孝子砖雕；南壁中为墓门，左为乐伎图，右为送行图。	(46)

续表

序列	目录	年代	墓室形制	图像形式	墓室图像	资料来源
60	河南林县一中宋墓	上限北宋哲宗元祐（1086～1093），下限北宋政和(1111)年	前后室与东西侧室，前室与东侧室八角形，后室长方形	彩绘	前室东南西北为门，壁画从上至下分可为12层。其中四神图案，孝子故事。孝子故事人，上皆背负一仙人。似为女墓主人，北壁残存一墓线绘制的男子像，余皆不存。东室壁画已基本被毁，残存的有西北壁，西南壁上孝子故事，孟宗哭竹，曾参，后壁壁绘假门。后室壁画基本浸漶。	[47]
61	河南林州市北宋雕砖壁画墓	推测北宋元丰年间（1078～1085）	方形单室砖墓	砖雕彩绘	墓室北壁中间砌筑假门假窗，门侧分布有雕砖行孝图。东壁北部砖砌一桌二椅，椅子上绘制夫妻对坐图，夫妻身后各站立一侍者，南部砌一灯檠，中下部砌四块行孝雕砖。西壁共分布三层雕砖，内容为行孝图或砌花开。	[48]
62	河南鹤壁鹿楼乡故县村北宋壁画墓	北宋绍圣元年(1094)	八角形单室砖墓	雕砖壁画	八壁除南壁砌门，余各壁均有壁画和砖镶嵌的桌、椅、门、窗、灯台等，所绘内容为墓主生前生活写照。	[49]
63	河南汤阴县大院宋墓	推测北宋墓	圆形单室砖墓	雕砖	墓室八根立柱，组成墓室八面，分别砖砌门窗桌椅。	[50]

续表

序列	目录	年代	墓室形制	图像形式	墓室图像	资料来源
64	河南安阳小南海宋代壁画墓	推测北宋徽宗朝	长方形单室砖墓	雕砖彩绘	此墓已迁至至县东北韩陵山定国寺旧址复原。甬道东壁绘大一，西壁绘鸡一。右方形单室砖墓，拱眼壁四壁绘制四神，墓室南壁左侧绘杂剧图，右侧则为备马图，东壁夫妻对坐图，背后屏风画山水画，北壁绘妇人启门，左侧为直棂窗，右侧为直棂窗，窗下帐猫；西壁中间一门，门侧绘制乘轿出游图，门右庖厨图。	[51]
65	河南安阳赵火炉墓	北宋宣和二年（1120）	八角形单室砖墓	彩绘	墓室南壁墓门；西南壁绘备宴的场景，西南壁没有墓主人；西北壁绘制侍者样女一个侍女，桌边没有墓主人，桌上被桦长叠意味着主人的捧物侍女。	[52]
66	河南安阳赵格墓	北宋宣和四年（1122）	八角形单室砖墓		此墓与赵火炎墓基本相同。	
67	河南安阳新安庄西地北宋墓M44	北宋徽宗大观三年（1109）	八角形单室砖墓	雕砖	甬道两壁各镶嵌浮雕骏马一匹。墓室北壁砖砌半掩假门；东北壁砌窗一，西北壁砌窗一，剪刀、熨斗；窗下砌低桌一，两侧小砌低儿，上有花瓶和插花；西壁一桌二椅，桌上置盏托、水果；西南壁砌双鱼砖雕灯架一、低桌一、椅子一，椅子上经书七卷，搯钵一个，桌上经书七卷，桌上方上方镶嵌双手合十浮雕人像砖一块；东壁砌高柜低桌各一块；东南壁砌衣架低凳儿各一件。	[53]

续表

续表

序列	目录	年代	墓室形制	图像形式	墓室图像	资料来源
68	河南安阳新安庄西北地北宋墓M36	推测北宋晚期	圆形单室砖墓	雕砖	四根倚柱，将圆形墓分成四部分。北壁砖砌一门二窗；西壁砖砌筑一桌二椅，低桌衣架、低桌等物；南壁甬道入口，东侧有高足灯架一。	[53]
69	河南南召云阳宋代雕砖墓	推测北宋晚期	六角形单室砖墓	雕砖	墓室坐东向西。墓室同壁砖砌须弥座台座，须弥座的中部为束腰，每壁束腰均分成四个壁龛，壁龛内镶嵌图案砖雕，图案有花卉、动物和人物。须弥座上际了西壁砖砌的衣架和屏风，墓门两侧有砖雕，墓门上为砖砌有花开，墓门正对的壁面上则砖砌假门，假门两侧的壁面上上部砖砌的衣架和屏窗，窗下面有雕砖图像。	[54]
70	河南南召鸭河口水库宋墓	推测宋墓	六角形单室砖墓	雕砖	墓室上有雕器物，右起第一壁砖雕熨斗只尺子剪子衣柜，第二壁和第四壁砖砌窗子，第三壁雕砌半开的门，第五壁砖雕桌椅。	[55]
71	河南南阳十里庙宋墓	推测宋墓	六角形单室砖墓	砖雕	此墓墓道向东南。后壁砖砌假门假窗，北壁砖砌筑灯座。	[56]
72	河南方城宋庄宋代墓	推测宋墓	近方形带耳室多室砖墓	砖雕	墓室南壁墓门；东西两耳室，东壁耳室至北壁砖刻熨斗、尺子、剪子；北壁中间砖砌假门，两侧为窗。	[57]

续表

序列	目录	年代	墓室形制	图像形式	墓室图像	资料来源
73	河南泌阳一号宋墓	推测北宋中晚期	六角形单室砖墓	雕砖	墓室南壁甬道入口；西南壁砖砌一桌二椅；西北壁直棂窗，砖雕弓箭；北壁砖雕假门；东北壁直棂窗，灯台；东南壁衣架，剪刀。	[58]
74	河南泌阳二号宋墓		六角形单室砖墓	雕砖	墓室南壁甬道入口；东北壁直棂窗；西南壁砖砌一桌二椅；西北壁直棂窗，矮柜；东北壁柜子，灯台；北壁砖砌假门；东南壁砖砌门下剪刀，柜下剪刀，灯台。	
75	河南泌阳三号宋墓		弧方形单室砖墓	雕砖	墓室南壁甬道入口；西南壁砖砌一桌二椅；东北壁砖砌矮足柜，剪刀熨斗，灯台。北壁砖砌门假窗；东壁砖砌门假窗。	[59]
76	河南唐河东环路二号宋墓	推测北宋晚期二期	六角形单室砖墓	雕砖	整个墓室内壁，除了南壁为甬道入口，余各壁均有砖雕家具，具体陈设不详。	
77	河南邓州北宋赵荣壁画墓	北宋哲宗元祐元年(1086)	六角形单室砖墓	雕砖彩绘	甬道东壁绘制仕女图，西壁绘牵马图，墓室西壁砖砌一桌一椅，某上砖砌一绣球，其下正中悬墨方墨绘悬幔，窗，窗下一桌一椅；北壁砖砌假门；东南壁砖雕烛台。	[60]
78	河南上蔡宋墓	推测上限为徽宗大观年间	八角形单室砖墓	雕砖彩绘	墓室坐东南朝西北。墓室北壁、东北壁、西南壁砖砌一桌二椅，桌上酒注果品，东壁砖雕人物；东北壁、西南壁各绘为四抹格子门，两侧各绘男女各一；西壁砖雕人物，面向中间一盆，两绘各男女各一；南壁砖雕一妇人，怀抱小儿，面向方某上铜镜镜戏；东南壁砖雕妇人入后门。	[61]

续表

序列	目录	年代	墓室形制	图像形式	墓室图像	资料来源
79	湖北谷城县城关镇西关街北宋墓	北宋熙宁十年（1077）	八角形单室砖墓	雕砖	墓室北壁砖雕假门，东北壁砖雕假窗，窗下衣架，西北壁砖雕假窗，窗下砖砌一桌二椅，墓室东南、西南壁有龟形砖雕图案。	[62]
80	湖北襄阳磨基山宋墓	北宋徽宗崇宁二年（1103）	八角形单室砖墓	雕砖彩绘	墓室为仿木构砖室墓，墓室内墙壁上原涂有红色，已漫漶。墓顶中部悬挂有一面铜镜，镜纽周围为故事人物山峦起伏，古树参天，小桥、流水，桥上行人等，右边云雾环统一宫殿，宫殿下有三人。	[63]
81	湖北襄樊李食店村M4	推测宋墓	圆形单室砖墓	砖雕	墓葬由墓道、甬道、仿木构门楼，四柱拱弧夸隆顶墓室组成。墓室内用砖砌四个半圆立柱，将墓室分成东南西北四面。北面一门二窗；东壁浮雕桌椅，熨斗、剪刀，灯台；西壁桌椅；南壁甬道入口。	[64]
82	湖北襄樊油坊岗一号宋墓	推测北宋后期	近弧方形单室砖墓	砖雕	墓室北壁砖砌假门，门侧直棂窗，西壁砖砌一桌二椅，东壁灶台台火，钳灯台饭桌等家具。	[65]
83	湖北襄樊刘家堰五号宋墓	推测北宋早中期	近方形单室砖墓	砖雕	墓室北壁砖砌假门，门侧直棂窗，西壁砖砌一桌二椅，东壁灶台台火，钳灯台饭桌等家具。	[66]

续表

序列	目录	年代	墓室形制	图像形式	墓室图像	资料来源
84	湖北老河口王冲二号宋墓	推测北宋墓	长方形单室砖墓	砖雕	墓室北壁砖砌假门，西壁砖砌一桌二椅，东壁中部砌一假门，门楣上砖砌直棂窗，浮雕镜、剪刀等图案。	[67]
85	湖北老河口王冲十号宋墓	推测年代与二号墓相近	方形单室砖墓	砖雕	墓室北壁砖砌假门，西壁砖砌一桌二椅。	
86	山西长治故县村宋代一号壁画墓	推测年代与二号墓相近	方形带耳室砖墓	雕砖彩绘	墓室方形，墓壁下部砖砌须弥座，座的束腰部分彩绘二十四孝故事。墓室除了南壁墓门外，余三壁均面阔三间，砌有门窗，门均为壶形。南壁墓门上为朱雀图，两侧为反映生产的碾米、春米场景。北壁中间耳室上绘人格化的玄武，门侧均绘飞天，东壁左次间门上绘青龙，右次间绘飞天。西壁左次间绘白虎，右次间门窗两侧绘侍者。	[68]
87	山西长治故县村宋代二号壁画墓	北宋神宗元丰元年（1078）	方形带耳室砖墓	雕砖彩绘	南壁正中设墓门，门两侧各站一武士，门上方绘朱雀，墓门两侧绘有春米、牛车、推碾、牵马图等。北壁正中一耳室，两侧各一破子棂窗，左窗一武士，右窗绘狮形神兽，门窗两侧均有孝子，左窗上部绘青龙，门两侧各一窗，右窗上绘卷符，门两侧各一窗，左窗上绘卷符，右窗绘飞天，其间绘孝子，侍者图。西壁与东壁相仿，中耳室上东壁上绘飞天，其间绘孝子，侍者，中耳室上部绘白虎。东壁上绘飞天，其间绘孝子，侍者图。西壁与东壁相仿，中耳室上部绘白虎。	

续表

序列	目录	年代	墓室形制	图像形式	墓室图像	资料来源
88	山西长治市五马村马预修墓	北宋元丰四年（1081）	长方形带耳室砖墓	砖雕	墓室砖雕除北壁砌一块孝子故事图外，其余均砌于东西壁下部，为孝子故事和生活图。	[69]
89	山西长治市故漳宋代砖雕墓	推测宋墓	长方形带耳室砖墓	砖雕彩绘	墓室周壁须弥座，座上镶嵌二十四孝砖雕。东、西、北三壁结构相同，均中部砌筑板门，门侧对称砌两壁龛。北壁中部门内绘制墓主画像。	[70]
90	山西长治市沁源县段家庄宋代砖雕墓	推测宋墓	圆方形单室墓	砖雕彩绘	墓室周壁须弥座，座上四壁砌出人根立柱，将墓室分隔成八个面。墓室东、西、北三壁砌出门窗。东壁为庖厨、盛器、栓马等，西壁为春米、牲畜、骑马等，墓室东西北壁上部普拍枋下均镶嵌二十四孝人物，墓室四壁门上为四神图。	[71]
91	山西长治任家庄宋代砖雕墓	推测北宋墓	长方形穹隆顶单室砖墓	砖雕彩绘	墓室南壁墓门，东、西、北三壁均在中部砌一板门，门两侧均砌筑破子棂窗。出土砖雕有守门武士，动物及孝子故事图等。	[72]
92	山西武关南村宋代砖雕墓	北宋哲宗元祐二年(1087)	方形多室砖墓	砖雕	墓室除北壁外，其余东、西、南三壁均镶嵌人物砖雕，内容为武士、女传、忠义孝节故事。	[73]

续表

序列	目录	年代	墓室形制	图像形式	墓室图像	资料来源
93	山西壶关下好村宋墓	北宋宣和五年（1123）	方形带耳室砖墓	雕砖彩绘	南壁正中墓门门洞，其余三壁都有耳室。耳室正中都绘制水墨山岔图。墓室四壁均砌人物雕砖，为砖雕孝子图像。	[74]
94	山西潞城县北关宋代砖雕墓	推测北宋墓	长方形单室砖墓	砖雕彩绘	墓室周壁砌须弥座，束腰镶嵌二十四孝子故事砖雕。南壁中间甬道入口，两侧分砌破子棂窗，门侧下部绘武士；北壁中间砖砌假门，两侧分砌窗一幅，门侧镶嵌侍者砖雕各一；东、西两壁当心均砌筑板门一，门侧均砖雕侍者各一。	[75]
95	山西新绛三林镇一号墓	推测宋墓	长方形单室墓	雕砖	墓室东、西、北三壁砌须弥座，座上每壁分为三间。东西两壁每间雕出格子门两隔，北壁中间雕妇人启门，左右对称砌门窗；南壁墓门门楣上雕刻两幅故事图，南壁墓门两侧各雕刻6幅伎乐图。	[76]
96	山西侯马宋壁画墓	推测宋墓	方形单室砖墓	彩绘	墓室北壁彩绘夫妻对坐图，中间桌上画着一本书，书上写一幅山水画；东壁四个男子演奏；西壁三个男子演奏；南壁墓门两侧各一持灯台男子。	[77]
97	山西汾阳县北偏城宋墓	推测宋墓	不规则八角形单室砖墓	雕砖彩绘	此墓坐西向东，西壁砖雕神龛，龛内端坐墓主人夫妻，墓室西南、西北砖雕女启门；墓室南、北两壁砖雕隔扇门，东壁墓道两侧绘有动物。	[78]

续表

序列	目录	年代	墓室形制	图像形式	墓室图像	资料来源
98	山西汾阳东龙观宋金墓地M48	推测北宋晚期	八角形单室砖墓	雕砖彩绘	墓室内除了墓门（东壁）及东南壁门以外，余6壁均砌筑砖雕，表面施彩。东南壁绘制尺子、剪刀、熨斗、注子等日常生活用品；西南壁砖雕直棂窗；西壁同南壁，北壁砖雕灯台、灯座；东北壁砖雕同墓室南壁；墓室上方斗栱璧同墓南壁色绘制牡丹花。	[79]
99	山西平定西家沟村壁画墓	推测北宋墓，上限在绍圣年间（1094~1108）	六角形单室砖墓	雕砖彩绘	现存南、东南、东北、北四壁。墓室斗栱眼壁内作彩绘。北壁正中砖砌隔扇门，东北壁砖雕直棂窗，内容为折枝花卉和四神图。东北壁砖雕一幅，残存财帛仓等画面，北壁门东侧，有一仕女图。	[80]
100	河北武安土山北宋墓	北宋哲宗绍圣二年（1095）	圆形单室砖墓	雕砖彩绘	墓室斗栱以下有墨线勾出的长方格，格中绘孝行图。壁画以下，北壁两侧砖砌假门，两侧为砖雕桌简，剪刀、灯架等。	[81]
101	河北邯郸第一医院宋墓M10	推测上限不超过宋徽宗政和年间（1111）	八角形单室砖墓	雕砖	南壁墓门，东南壁雕神位，东壁门形龛，东北壁直棂窗，西北壁砖雕假门，西壁一桌二椅，西南壁灯檠。	[82]

续表

序列	目录	年代	墓室形制	图像形式	墓室图像	资料来源
102	河北邯郸第一医院宋墓M11	推测上限不超过宋哲宗元祐年间(1086)	八角形单室砖墓	雕砖	墓室入壁除南壁墓门、西南壁砖雕灯檠外，余壁均无装饰。	[82]
103	河北邢台村宋墓董庄	北宋神宗熙宁十年(1077)	圆形穹隆顶单室砖墓	雕砖	墓室周壁砖砌柱子6根。东壁偏南砖雕牌坊，坊间镶嵌砖志碑一通；西壁偏南仿木构房屋，直棂窗与入户门作精细。	[83]
104	河北临城岗西村宋墓	北宋仁宗至和年间(1064~1066)	圆形单室砖墓	雕砖 彩绘	墓室西壁砖雕一桌，桌上砖雕壶、盏托，北壁砌筑板门与直棂窗，东壁砖雕门楼与灯檠。	[84]
105	河北武邑龙店一号宋墓	推测略早于1042年			从墓门起，按逆时针从东依此为：椅子上绘人物，一桌二椅，侍者，砖雕假门，砖雕衣柜衣架剪刀熨斗等，灯座东侧作侍者一。	[85]
106	河北武邑龙店二号宋墓	北宋仁宗庆历二年(1042)	圆形单室砖墓	雕砖 彩绘	墓室东侧为一桌一椅，椅后绘一人；北壁为砖砌假门，西壁为砖砌衣柜，圆形镜，一女子对镜梳妆；墓门西侧砖砌假门。	
107	河北武邑龙店三号宋墓	推测略晚于1042年			墓室东壁一桌一椅，椅子后一人；北壁砖砌假门，西壁砖砌衣架衣柜熨斗，衣架右侧一人；墓门两侧砌门吏，仙鹤。	

续表

序列	目录	年代	墓室形制	图像形式	墓室图像	资料来源
108	河北武邑崔家庄宋墓 M1				墓壁砌有6组砖雕。东南壁砖砌一桌二椅，东北壁砌一桌一椅，桌上放两个酒坛。北壁砖砌假门。西壁砖砌一小柜子。西南壁处砌一长明灯。	[86]
109	河北武邑崔家庄宋墓 M2	推测北宋晚期	圆形单室砖墓	雕砖彩绘	墓壁砌筑8组砖雕。从东向西逆时针排列：砖砌乌龟驮背砖质碑状墓志；一桌二椅，方桌、桌上两酒坛，砖砌假门；条案、旁一椅，砖砌假门；方桌上剪刀；灯檠。	
110	河北武邑崔家庄宋墓 M3				墓壁砌筑8组砖雕。从东向西逆时针排列：砖砌假门；椅子一，方桌上剪刀；衣架；一桌一椅；砖砌斗拱；一桌一椅，灯檠。	
111	河北平山里庄乡西石桥1号墓	推测年代在嘉祐年间左右(1056~1064)	圆形单室砖墓	雕砖彩绘	墓室周壁分为7间，每间均画彩绘和砖雕。第一间内雕桌案一，桌上墓画注壶一；第二间砖雕假门；第三间砖雕窗，剪刀、熨斗、立柜，桌子；第四间砖雕一桌二椅，桌上剪刀、熨斗；第五间砖雕窗、剪刀、熨斗，立柜；第六间砖雕一桌二椅；第七间砖雕一桌二椅，墓门两侧各雕灯檠一。	[87]
112	河北平山里庄乡东治村2号墓	推测上限在北宋哲宗元祐年间(1086)，下限金初	近方形单室砖墓	雕砖	北壁正中砖砌假门；东壁砌一桌一椅，灯檠一；西壁雕剪刀、熨斗。	

续表

序列	目录	年代	墓室形制	图像形式	墓室图像	资料来源
113	河北平山县两岔末墓 M1		六角形单室砖墓	雕砖彩绘	墓室西南壁右侧为一仕女，手托器皿，内盛三个桃子，左侧画卧犬一；西北壁绘一桌二椅；北壁下部中间砌格子门四扇，东北壁残余墨竹一和网格纹平底弧壁底座器物；东南壁残余人物衣服下部。	[88]
114	河北平山县两岔末墓 M2	推测上限不早于元祐元年（1086）的一处北宋晚期家族墓地	八角形单室砖墓	雕砖彩绘	墓室西南壁砌有灯台一个，绘流云五朵，剪刀、熨斗、矮足柜各一；西，两两壁砌假门；西北、东北各雕砌直棂窗，北壁各雕砌假门；东南壁砌有平台。西绘东南红日，西绘白月，日月之间有两颗白星。墓顶东南绘红日，墓顶西绘白月，日月之间有两颗白星。	
115	河北平山县两岔末墓 M3		圆形单室砖墓	砖雕	墓室残存西南壁砖砌桌一张，桌上砌破子棂窗；西北壁砌歇山式建筑，下砌门；东南壁砌一桌二椅。	
116	河北平山县两岔末墓 M5		圆形单室砖墓	砖雕	墓室西南壁砌假门；西北壁砌一矮足柜，北壁砌一桌二椅。子；东，东壁假门；东南壁砌一桌二椅。	
117	河北平山县两岔末墓 M6		圆形单室砖墓	砖雕	墓壁仅存西半部，残余壁面砌有小屋，门一，无彩画。	
118	河北平山县两岔末墓 M7		八角形单室砖墓	砖雕彩绘	西北壁砌衣架一；北壁砌直棂窗；东北壁浮雕剪刀熨斗。壁面墨画家具图案，模糊不清。	

续表

序列	目录	年代	墓室形制	图像形式	墓室图像	资料来源
119	河北石家庄政和二年壁画墓	北宋政和二年（1112）	六角形单室砖画墓	雕砖彩绘	与井陉柿庄六号墓相似。	[89]
120	河北井陉县柿庄第六号宋墓	推测北宋政和年间（1111～1117）	近方形单室砖墓	雕砖彩绘	墓顶为星象图。墓室北壁正中砌假门，窗下墨绘一长方形窗，东西两侧各辟一窗；西壁北端砌一长方形窗，窗下墨绘一小猪，南端墨砌一桌二椅，右椅上身后立一屏风，伎乐身后图，晒衣；东壁绘制壁画，由担水、鼓练图、晒衣三部分构成；南壁墓门两侧绘制壁画，东侧为牧羊图，西侧为放牧图。	[90]
121	河北井陉县柿庄第八号宋墓		六角形单室砖墓	雕砖彩绘	墓室北壁有假门痕迹，墓室彩画已脱落。	
122	河北井陉县柿庄第一号宋墓	推测北宋重和至宣和年间（1118～1125）	八角形单室砖墓	雕砖彩绘	北、东、西壁各砌假门，窗，窗下砖雕剪刀，熨斗各一；西北壁砖雕箱，柜各一，箱下雕卷帘，帘下砌一桌二椅，桌上雕盏、勺、注子、熨斗各一，椅上砖雕墓主人夫妇。东北壁上部砌假门上绘画妇人启门；东壁画妇人启门；东北壁上部砌筑窗，柜各一；东南壁砖雕。	
123	河北井陉县柿庄第二号宋墓	上限北宋徽宗大观年间（1107），下限金初	长方形单室砖墓	雕砖彩绘	墓室南壁墓门东西两侧各绘武士像各一；北壁正中砌假门，东西两壁正中砖砌假门，东壁门北各辟一窗，东壁门下绘一马；熨斗剪刀，又雕剪刀，桌上方框，身后画红相间的背光，方框左右有侍，西壁假门内端墨绘悬幔，身后坐一妇人，方框中间砌一桌二椅，南端画黑红彩相间，左椅上绘男墓主人，右椅上所绘人物不清。	

续表

序列	目录	年代	墓室形制	图像形式	墓室图像	资料来源
124	河北井陉县柿庄第三号宋墓	上限北宋徽宗大观元年同（1107），下限金初	六角形单室砖墓	雕砖彩绘	墓室下部须弥座，转角处均设一倚柱。东北壁辟一窗，窗侧各绘牡丹。东南壁左绘粮仓、人物，已模糊不清；西壁辟一窗，中砌一柜，柜下绘剪刀、熨斗各一；西南壁砌一桌二椅，右侧上绘一人、身侧立一幼童，右椅后砌雕灯檠。壁画后画建筑颜色已褪，模糊难辨。	[90]
125	河北井陉县柿庄第七号宋墓		长方形单室砖墓	雕砖彩绘	墓室壁画多漫漶，遗存状况是南壁墓门；北壁正中砌假门，东西两侧各辟一窗，西西两侧砌假门。东壁假门绘正中砌假门开人入启门，东壁假门绘一手捧物的女子，门北端端砌一柜，南端雕剪刀、熨斗各一，南端砖砌一桌二椅，右椅上端坐一女子，身后有竹。	[91]
126	河北曲阳南平罗北宋墓	北宋徽宗政和七年（1117）	圆形单室砖墓	雕砖彩绘	墓顶用白彩绘98颗星星。东侧绘太阳，西侧绘月亮。墓室东南壁砖砌一桌二椅；东北侧为灯台假门，剪刀；北侧砖砌假门，两侧砖直棂窗；西北侧为熨斗、衣柜；西南侧为灯檠、假门。	
127	山东工业大学北宋吴从实墓	北宋建隆元年（960）	圆形单室砖墓	雕砖彩绘	东南壁东壁壁绘一灯檠。灯檠左侧中间绘一五层的方形物体，似为箱子。东北壁中间绘一板门，门两侧绘棂窗，棂窗外侧各绘一长条凳，凳上各放三个纱窗。中绘锁钥，箱上绘一圆边盒子，分别为朱、黄、白等色。架下又似置一盆。右侧绘花井形案，侧面绘花井形案，箱前文置一罐，箱口露一勺把。左右两组壁绘两个架子，中置一瓶，右侧架子似倒置的长案，四腿朝上，左右两组腿各一横杆，中置一席纹，有席纹。左侧架子中竖一杆，杆中上部吊一长方形箱子。	[92]

续表

序列	目录	年代	墓室形制	图像形式	墓室图像	资料来源
128	山东济南洪家楼砖雕壁画墓	推测北宋墓	圆形单室墓	雕砖彩绘	墓室彩绘遗存极少，主要是墓室砌筑的桌椅和门窗。墓室四隅砖砌椅柱，将墓室分成4个空间。墓室南壁甬道入口东侧砖砌灯檠；东壁砖砌一桌二窗；西壁砌一衣架及一柜。	[93]
129	山东济南青龙桥治平年间墓	北宋英宗治平年间（1064～1067）	圆形单室砖墓	雕砖彩绘	墓室周壁以红黑彩画成壁画，内容主要是安饮、出行、劳作、妇人启门等图像。	[94]
130	山东济南青龙桥熙宁八年墓	北宋神宗熙宁八年（1075）	圆形单室砖墓	雕砖彩绘		
131	山东章丘女郎山七十五号墓	推测北宋末期	圆形多室墓	砖雕彩绘	墓室内有彩绘，但已经漫漶，唯在东南壁可辨一辫一雄鸡。墓室东壁有砖雕镜台。	[95]
132	山东临淄宋金壁画墓	推测上限不超过北宋哲宗朝，下限不超过金	圆形多室砖墓	彩绘	墓室壁画使用黑、红两色，内容有人物、莲花、卷云纹、供养品等。人物画主要集中在后室的四壁，前室及左右耳室顶部绘卷云纹。东耳室顶部绘卷云纹。西耳室顶部绘云纹，后室顶部绘莲花。顶下部绘一扛衣着小锄的老者。框下绘出供品，框内原有文字，后毁。室北壁正中有一内凹的东，东壁面上分别绘制有侍女，西壁绘隔阁内设一大椅，椅后绘山石屏风，椅前置一方桌，桌上摆放器物供品。	[96]

续表

序列	目录	年代	墓室形制	图像形式	墓室图像	资料来源
133	山东栖霞寺家店三号宋墓	北宋徽宗政和六年(1116)	圆形单室砖墓	彩绘	墓室内壁白墙上端多有彩绘，已毁，但山水、人物的墨线线条较清晰，墓门两边绘花卉。	[97]
134	陕西省韩城宋代壁画墓	推测年代在北宋神宗至徽宗间	长方形券顶单室墓	彩绘	墓室北壁正中绘制一男端坐椅子上，应为墓主人，墓主人左右绘制一整套中草药的炮制过程，屏风上部券顶部位绘一花鸟湖石；东壁绘制佛祖涅槃图；西壁绘制的北宋杂剧演出由17人组成。	[98]
135	陕西延安宝塔区北宋社火秧歌内容画像砖墓	推测为北宋徽宗初期(1101)前后墓葬	仿木构双室墓，墓室平面均为长方形	画像砖	主墓室墓壁上下镶嵌两层画像砖，下层画像砖体积较大，内容有秧歌人物、武士、鹿衔草、瓶花等，上层镶嵌花卉纹画像砖。耳室过洞券镶嵌直棂窗画像砖，南侧镶嵌秧歌人物画像砖。	[99]
136	陕西商州城区一号宋墓	推测北宋晚期	长方形单室砖墓	砖雕	墓室东、西、北壁下部砖砌须弥座，东、西两壁上部对称8个砖框内镶嵌半浮雕彩绘方砖，图案为叶瓣和牡丹花，北壁方框3个，中间砖雕假门。	[100]
137	陕西商州城区二号宋墓				墓室东、西、北下部砖砌须弥座，座上壁中央砖砌假门假窗。	

续表

序列	目录	年代	墓室形制	图像形式	墓室图像	资料来源
138	陕西汉中金华村北宋墓	推测北宋末期	长方形双室砖墓	砖雕	前室西壁砖雕半掩假门，东壁设有砖刻夫妻对坐图。	[101]
139	陕西宝鸡市长岭机器厂宋墓	推测北宋墓	正方形单室砖墓	砖雕	该墓坐东向西。西壁墓门，门两侧镶嵌砖雕画13方，南、东、北三壁中部镶嵌三排砖雕画，每排八方。砖雕画有胡人牵马。	[102]
140	陕西兴平县西郊宋墓	推测北宋中期	长方形单室砖墓	砖雕	墓室东、西、北三壁中间一段为一小龛，龛左右相隔的一段门两扇半开，其余各段有花纹。	[103]
141	陕西洛川土基镇北宋壁画墓	推测宋墓	方形双室砖墓带耳室，前室方形，后室长方形	砖雕彩绘	前室东、西两壁均为砖雕板门和直棂窗，板门上装饰红底黑色日月星辰天象图，墓门两侧内壁彩绘白鹤，前室后壁墓门两侧彩绘侍女。	[104]
142	陕西洛川县潘窑科村宋墓	推测宋仁宗宝元年间(1108~1040)以后	方形单室砖墓，北壁带耳室	砖雕	墓顶为八角形叠涩攒尖顶，墓室坐北朝南，北壁与墓门相对的为一耳室，东西两侧为砖砌假窗，砌筑墓砖为手印砖。	[105]

续表

序列	目录	年代	墓室形制	图像形式	墓室图像	资料来源
143	陕西丹凤县高雏镇宋墓	北宋宣和元年（1119）	多室砖墓，主室为六角形，五个耳室近方形	砖雕彩绘	主室周壁砖砌仿木构建筑，有彩绘。五个耳室后壁中间砖砌假门，棺床头山山墙上砌小窗。	[106]
144	甘肃张家川南川宋墓	推测末代晚期	方形单室砖墓	模印画像砖	墓室四壁均为模印画像砖砌筑。东、西壁相同，南壁稍异。东、西壁画像砖最下层为壶门形花卉砌筑，第二、第三层为多种花卉穿插排列，模印画像砖上平砌斗拱，斗拱上托莲花瓣，再上正中开龛，为双扇门形龛，左扇上模印妇人，倚门而立，右扇上全身侍女，衣袖半遮面。双扇门旁模印神鹿衔草，兔两侧立砌一层画像砖，内容有妇人与飞马，妇人抱小孩。再上为斗拱。	[107]
145	甘肃清水苏扑宋代雕砖彩绘墓	推测末金时期	正方形单室砖墓	彩绘雕像砖	墓室仿木构砖雕彩绘楼阁。墓室下部为须弥座。中部四壁中间为仿木构楼阁建筑，南壁中部为甬道入口。东、西、北三壁正中均置双扇门，其中，北壁门紧闭，东、西两壁门半启，内各一妇人。各门两边均置窗，窗两边分置人物砖雕，内容为佛道乐伎、孝子。	[108]

续表

序列	目录	年代	墓室形制	图像形式	墓室图像	资料来源
146	甘肃清水白沙乡筒峡村宋代雕砖彩绘墓	推测宋墓	方形单室砖墓	彩绘画像砖	该墓由墓室、甬道、墓道三部分组成。墓室图像与彩绘画像砖组合组成。墓室拱券顶部整段抹黄黏土，上施白底、中顶部绘以八条带状彩绘纹向四周环绕延伸，其中朱、黑两色间绘祥云等图，丹凤飞翔、罗汉等图。北壁上半球面壁画大部分漫漶不清，可以辨认的部分绘着祥云同的宾客宴饮，仕女游乐等场面。墓室四壁下部及甬道下部四壁画像砖，上排为硕果葡萄图或者动物花卉。墓室四壁上下四排画像砖，上排装置丰硕果叶开雕彩绘砖砌筑。墓室南壁中下部为甬道，花卉、花卉，下排为缠枝花卉雕饰。甬道两侧均置三排同向雕饰，分别为上排飞天、花卉、花卉。甬道两侧，二、三排为对称同向雕饰，上排飞天、中排武士、蹲狮、骏马、下排为缠枝花卉。	(109)
147	甘肃天水市王家新窑宋代雕砖墓	北宋大观四年（1110）	近方形单室砖墓	雕砖彩绘	墓葬坐东朝西。四壁须弥座基座，座上分为上、下两层仿木构楼阁式建筑。上层墓主人夫妇、散乐图，妇人启门，下层墓主人，妇乐图，隔扇、妇人启门。东次间板门半开，雕一妇人启门，西次间结构与东相似，上层建筑也分为中间结构与和东、西次间均雕刻一板门，板门前雕一桌二椅，各立一侍者。东、西次间上层上下两侧是中间雕刻四人组成散乐图，不同的是上层上侧雕乐图，中间明堂内雕一桌二椅，有女人启门。北壁与南壁门两侧为砖雕窗，上层红蓝彩阳纹。东壁上、下两墓门两侧中间雕刻散乐图，上层红蓝彩阳纹，下两层雕刻屏风。	(110)

续表

序列	目录	年代	墓室形制	图像形式	墓室图像	资料来源
148	甘肃陇西县宋墓	推测宋墓	方形单室砖墓	雕砖彩绘	墓门外两侧为彩画虎头砖；门道两侧是三层雕绘砖，下层绘手持武器的门神，上层左侧绘砖刻鞍马一、一人担水、一人抬水，右侧砖刻二人抬轿。墓室内上层砖雕刻十三女子工作图，从右壁依此为：烧火、切菜、搬运器物，左壁为抱物、煮茶、捧碗送茶等，北壁中间一桌二椅，椅旁各侍立一人。人物图中夹有雕刻涂彩的假门窗。	[111]
149	甘肃会宁宋墓	推测宋代	方形单室砖墓	模印画像砖、彩绘	墓室四壁分为上下两部分。上部均绘孝子故事，每幅画面以砖雕刻的仿木构建筑隔开。下部为五层模印画像砖，为大象、飞马、路驼、牡丹等祥瑞图像。	[112]
150	甘肃镇原县北宋浮雕画像砖	北宋宣和五年（1123）	长方形单室砖墓	浮雕画像砖	白彝珉兄弟二人给他们的先颜修建的极乐之宫、蓬莱之洞，白彝珉重立。浮雕画砖：武士、胡人牵路驼，男仆牵马，鹿衔荷花、瓶插荷花。	[113]
151	甘肃环县宋代彩绘砖雕墓	推测北宋墓	长方形单室砖墓	彩绘画像砖	墓室南壁正中券顶门洞等；北壁中间门洞，两旁有壁龛，两旁依次砌筑砖五层，两劳也是砌筑砖五层，西两壁结构基本相同，东、西两壁以花卉、动物为主。墓门牵马图等，人物、路驼、牡丹花卉、画像砖图案，壁中间上部均砌牡丹花卉砖雕，门窗上部主要镶嵌一门、门侧镶嵌一窗户，窗户两侧砌牡丹花卉砖雕，壁上部主要砌嵌人物砖雕，门窗下部主要以动物砖雕为主。	[114]

续表

序列	目录	年代	墓室形制	图像形式	墓室图像	资料来源
152	宁夏西吉县宋代砖雕墓 M1	推测北宋晚期	长方形券顶单室墓	砖雕	东、西、北三壁下部为花卉砖雕，上部东、西两壁基本一致，有妇人启门、孝子故事、侍者，门窗等砖雕，北壁两侧门扇门砖雕，之间为一正方形龛，砖雕边分为侍者。	[115]
153	宁夏西吉县宋代砖雕墓 M2	推测北宋中早期	长方形拱形顶单室墓	砖雕	东、西、北三壁中部砌筑壁龛，壁龛两侧镶嵌直棂窗图案砖雕，壁龛、窗周围镶嵌花卉并砖雕。	[116]
154	宁夏泾源宋墓	推测宋墓	长方形左右双室墓	砖雕	两个墓室均为长方形。墓壁镶嵌雕砖，长方形雕砖，镶嵌在墓室下部须弥座束腰部分，多为瑞兽神兽等，推磨碾米等；还有一块雕刻一桌二椅方形砖。	

〔1〕　郑州市文物考古研究所编著：《郑州宋金壁画墓》，科学出版社，2005 年。

〔2〕　宋嵩瑞、耿建北、付得力：《河南登封市双庙小区宋代砖室墓发掘简报》，
　　　《文物春秋》2007 年 6 期，33～37 页。

〔3〕　郑州市文物考古研究所编著：《郑州宋金壁画墓》，科学出版社，2005 年。

〔4〕　宿白：《白沙宋墓》，文物出版社，2002 年。

〔5〕　曹桂岑、王龙正：《禹州龙岗电厂汉唐宋墓》，《中国考古学年鉴（1997）》，
　　　文物出版社，1998 年，178 页。

〔6〕　河南省文物研究所、禹州市文管会：《禹州市坡街宋壁画墓清理简报》，
　　　《中原文物》1990 年 4 期，102～108 页。

〔7〕　河南省文物考古研究所：《河南郏县仝楼村三座宋墓发掘简报》，《华夏考
　　　古》1999 年 4 期，2～9 页。

〔8〕　河南省文物考古研究所：《河南宝丰县李坪村古墓》，《华夏考古》1995 年
　　　4 期，7～14 页。

〔9〕　郑州市文物考古研究所编著：《郑州宋金壁画墓》，科学出版社，2005 年。

〔10〕　郑州市文物考古研究院、荥阳市文物保护管理所：《荥阳槐西壁画墓发掘
　　　简报》，《中原文物》2008 年 5 期，21～25 页。

〔11〕　吕品：《河南荥阳北宋石棺线画考》，《中原文物》1983 年 4 期，91～
　　　96 页。

〔12〕　郑州市文物考古研究所编著：《郑州宋金壁画墓》，科学出版社，2005 年。

〔13〕　开封市文物工作队、尉氏县文物保护管理所：《河南尉氏县张氏镇宋墓发
　　　掘简报》，《华夏考古》2006 年 3 期，13～18 页。

〔14〕　河南省文物研究所、巩县文物保管所：《宋太宗元德李后陵发掘报告》，
　　　《华夏考古》1988 年 3 期，19～46 页。

〔15〕　傅永魁：《河南巩县稍柴清理一座宋墓》，《考古》1965 年 8 期，428 页。

〔16〕　郑州市文物考古研究所编著：《郑州宋金壁画墓》，科学出版社，2005 年。

〔17〕　巩县文物管理所、郑州市文物工作队：《巩县西村宋代石棺墓清理简报》，
　　　《中原文物》1988 年 1 期，34～36 页。

〔18〕　此墓现在被搬迁复原于北宋永定陵区。国家文物局主编：《中国文物地图
　　　集河南分册》，中国地图出版社，1991 年。

〔19〕　董祥：《偃师县酒流沟水库宋墓》，《文物参考资料》1959 年 9 期，84～
　　　85 页。

〔20〕　洛阳市第二文物工作队：《富弼家族墓地发掘简报》，《中原文物》2008 年
　　　6 期，4～16 页。

〔21〕　洛阳市第二文物工作队：《洛阳邙山宋代壁画墓》，《文物》1992 年 12 期，
　　　37～51 页。

〔22〕 翟继才：《洛阳邙麓街清理了一座宋墓》，《文物》1956 年 11 期，75 ~ 77 页。

〔23〕 赵青云：《洛阳涧西宋墓（九·七·二号）清理记》，《文物参考资料》1955 年 9 期，98 ~ 103 页。

〔24〕 河南文化局文物工作队第二队：《洛阳发现的带壁画古墓》，《文物》1958 年 1 期。

〔25〕 傅永魁：《洛阳龙门发现北宋墓》，《考古通讯》1958 年 6 期，57 页。

〔26〕 洛阳博物馆：《洛阳涧西三座宋代仿木构砖室墓》，《文物》1983 年 8 期，13 ~ 24 页。

〔27〕 王书平主编：《洛阳发掘、搬迁宋金时期墓》，收入河南文化文物年鉴编纂委员会《河南文化文物年鉴》，2002 年，201 页。

〔28〕 黄明兰、宫大中：《洛阳北宋张君墓画像石棺》，《文物》1984 年 7 期，79 ~ 81 页。

〔29〕 黄明兰：《洛阳出土北宋画像石棺》，《考古与文物》1983 年 5 期，104 ~ 105 页。

〔30〕 李献奇：《北宋乐重进画像石棺进茶图》，《文物》1993 年 5 期，30 ~ 39 页。

〔31〕 洛阳市文物工作队：《河南新安县宋村北宋雕砖壁画墓》，《考古与文物》1998 年 3 期，22 ~ 27 页。

〔32〕 洛阳市文物工作队：《河南新安县古村北宋壁画墓》，《华夏考古》1992 年 2 期，27 ~ 33 页。

〔33〕 洛阳市文物工作队：《河南新安县梁庄北宋壁画墓》，《考古与文物》1996 年 4 期，8 ~ 14 页。

〔34〕 国家文物局：《中国考古年鉴（1985）》，北京，文物出版社，1985 年。

〔35〕 三门峡市文物工作队：《河南省陕县化纤厂宋墓发掘简报》，《华夏考古》1993 年 4 期，76 ~ 79 页。

〔36〕 三门峡市文物工作队：《三门峡市北宋墓发掘简报》，《华夏考古》1993 年 2 期，59 ~ 69 页。

〔37〕 洛阳市第二文物工作队、宜阳县文物管理委员会：《河南宜阳北宋画像石棺》，《文物》1996 年 8 期，46 ~ 50 页。

〔38〕 洛阳市第二文物工作队：《嵩县北元村宋代壁画墓》，《中原文物》1987 年 3 期，37 ~ 42 页。

〔39〕 张思青、武永政：《温县宋墓发掘简报》，《中原文物》1983 年 1 期，19 ~ 20 页。

〔40〕 罗火金、王再建：《河南温县西关宋墓》，《华夏考古》1996 年 1 期，17 ~ 23 页。

〔41〕 赵宏、高明：《济源市东石露头村宋代壁画墓》，《中原文物》2008 年 2
期，19～21、54 页。

〔42〕 罗火金、张丽芳：《宋代梁全本墓》，《中原文物》2007 年 5 期，26～
29 页。

〔43〕 焦作市文物工作队：《河南焦作小尚宋冀闰壁画墓发掘简报》，《文物世
界》2009 年 5 期，13～19、4 页。

〔44〕 焦作市文物工作队：《河南焦作白庄宋代壁画墓发掘简报》，《文博》2009
年 1 期，18～24 页。

〔45〕 河南省文物研究所等：《河南省新乡县丁固城古墓地发掘报告》，《中原文
物》1985 年 2 期，1～10 页。

〔46〕 张增午：《河南林县城关宋墓清理简报》，《考古与文物》1982 年 5 期，39～
42 页。

〔47〕 林县文物管理所：《林县一中宋墓清理简报》，《中原文物》1990 年 4 期，
90～96 页。

〔48〕 林州市文物保护管理所：《河南林州市北宋雕砖壁画墓清理简报》，《华夏
考古》2010 年 1 期，38～43 页。

〔49〕 鹤壁市地方史志编纂委员会：《鹤壁年鉴（1994～1995）》，郑州，中州古
籍出版社，1996 年。

〔50〕 安阳地区文管会、汤阴文物保管所：《汤阴宋墓发掘简报》，《中原文物》
1985 年 1 期，23～25 页。

〔51〕 李明德、郭艺田：《安阳小南海宋代壁画墓》，《中原文物》1993 年 2 期，
74～79 页。

〔52〕 魏峻、张道森：《安阳宋代壁画墓考》，《华夏考古》1997 年 2 期，103～
104 页。

〔53〕 中国社会科学院考古研究所安阳工作队：《河南安阳新安庄西地宋墓发掘
简报》，《考古》1994 年 10 期，910～918 页。

〔54〕 黄运甫：《南召云阳宋代雕砖墓》，《中原文物》1982 年 2 期，15～20 页。

〔55〕 杨有申、李保胜：《河南南召鸭河口水库清理宋墓一座》，《文物》1959 年
6 期，77 页。

〔56〕 郭建邦：《南阳市十里庙清理宋墓一座》，《文物》1960 年 5 期，87 页。

〔57〕 方城县文物工作队：《方城县朱庄宋墓发掘》，《文物》1959 年 6 期。

〔58〕 驻马店市文物考古管理所：《河南泌阳县宋墓发掘简报》，《华夏考古》
2005 年 2 期，28～34、112 页。

〔59〕 张恒泽、吕建玉：《唐河县发现两座北宋墓葬》，《中原文物》2000 年 3
期，80 页。

〔60〕 南阳市文物研究所、邓州市文化馆：《河南省邓州市北宋赵荣壁画墓》，

《中原文物》1997 年 4 期，64～65、68 页。

〔61〕 杨育彬：《上蔡宋墓》，《河南文博通讯》1978 年 4 期，34～35 页。

〔62〕 李广：《湖北谷城发现北宋纪年砖墓》，《中国文物报》2001 年 12 月 7 日第一版。

〔63〕 襄樊市博物馆：《襄阳磨基山宋墓发掘简报》，《江汉考古》1985 年 3 期，26～30 页。

〔64〕 湖北省文物考古研究所、襄樊市襄阳去文物管理处：《湖北襄阳马集、李食店墓葬发掘简报》，《江汉考古》2006 年 3 期，21～36 页。

〔65〕 襄樊市博物馆：《湖北襄樊油坊岗七座宋墓》，《考古》1995 年 5 期，407～414 页。

〔66〕 襄樊市博物馆：《湖北襄樊刘家埂唐宋墓葬清理简报》，《江汉考古》1994 年 3 期。

〔67〕 老河口市博物馆：《湖北老河口王冲宋墓清理简报》，《江汉考古》1995 年 3 期。

〔68〕 朱晓芳、王进先：《山西长治故县村宋代壁画墓》，《文物》2005 年 4 期，51～61 页。

〔69〕 王进先、石卫国：《山西长治市五马村宋墓》，《考古》1994 年 9 期，815～817 页。

〔70〕 朱晓芳、王进先、李永杰：《山西长治市故漳村宋代砖雕墓》，《考古》2006 年 9 期，31～39 页。

〔71〕 王小红、王进先：《沁源县段家庄发现宋代砖雕墓》，《文物世界》2009 年 5 期，8～12 页。

〔72〕 李永杰、崔国琳：《长治县任家庄出土一批宋代砖雕》，《文物世界》2009 年 4 期，15～18 页。

〔73〕 长治市博物馆，壶关县文物博物馆：《山西壶关南村宋代砖雕墓》，《文物》1997 年 2 期，44～54 页。

〔74〕 王进先：《山西壶关下好牢宋墓》，《文物》2002 年 5 期，42～55 页。

〔75〕 王进先、陈宝国：《山西潞城县北关宋代砖雕墓》，《考古》1999 年 5 期，36～43 页。

〔76〕 杨富斗：《山西新绛三林镇两座仿木构的宋代砖墓》，《考古通讯》1958 年 6 期，36～39 页。

〔77〕 万新民：《侯马的一座带壁画宋墓》，《文物》1959 年 6 期，56～57 页。

〔78〕 张茂生：《山西汾阳县北偏城宋墓》，《考古》1994 年 3 期，286 页。

〔79〕 山西省考古研究所、汾阳市文物旅游局：《2008 年山西汾阳东龙观宋金墓地发掘简报》，《文物》2010 年 2 期，23～38 页。

〔80〕 山西省考古研究所等：《山西平定宋、金壁画墓简报》，《文物》1996 年 5

期，4～15 页。

〔81〕 罗平：《武安西土山发现宋绍圣二年壁画墓》，《文物》1963 年 10 期，59～
60 页。

〔82〕 李忠义：《邯郸市区发现宋代墓葬》，《文物春秋》1994 年 3 期，19～23、
35 页。

〔83〕 李军：《河北邢台出土砖志碑》，《文物春秋》2004 年 2 期，77～78 页。

〔84〕 邢台市文物管理处、临城县文物保管所、北京大学中国考古学研究中心：
《河北临城岗西村宋墓》，《文物》2008 年 3 期，52～55 页。

〔85〕 河北省文物研究所：《河北武邑龙店宋墓发掘报告》，收入《河北省考古
文集》，东方出版社，1998 年，323～329 页。

〔86〕 衡水市文物管理处：《河北武邑崔家庄宋墓发掘简报》，《文物春秋》2006
年 3 期，29～34 页。

〔87〕 河北省文物研究所：《河北平山发现宋墓》，《文物春秋》1989 年 3 期，88～
92、64 页。

〔88〕 河北省文物研究所：《河北平山县两岔宋墓》，《考古》2000 年 9 期，49～
59 页。

〔89〕 具体材料未刊稿，见《考古学报》1962 年第 2 期，68 页，注释 1。

〔90〕 河北省文化局文物工作队：《河北井陉柿庄宋墓发掘报告》，《考古学报》
1962 年 2 期，31～72 页。

〔91〕 保定地区文物管理所、曲阳县文物保管所：《河北曲阳南平罗北宋政和七
年墓清理简报》，《文物》1988 年 11 期，72～78 页。

〔92〕 刘善沂：《济南市宋金砖雕壁画墓》，《文物》2008 年 8 期，33～54 页。

〔93〕 刘善沂、王惠明：《济南市历城区宋元壁画墓》，《文物》2005 年 11 期，
49～71 页。

〔94〕 《济南发现带壁画的宋墓》，《文物》1960 年 2 期，78 页。

〔95〕 济青公路文物考古队绣惠分队：《章丘女郎山宋金元明壁画墓的发掘》，收
入《济南高级公路章丘工段考古发掘报告集》，齐鲁书社，1993 年，180～
183 页。

〔96〕 许淑珍：《山东淄博市临淄宋金壁画墓》，《华夏考古》2003 年 1 期，21～
26 页。

〔97〕 李元章：《山东栖霞市慕家店宋代慕优墓》，《考古》1998 年 5 期，45～
49 页。

〔98〕 康保成、孙秉君：《陕西韩城宋墓壁画考释》，《文艺研究》2009 年 11 期，
79～88 页。

〔99〕 延安市文物研究所：《延安宝塔区北宋社火秧歌内容画像砖墓葬》，《文
博》2008 年 6 期，12～17 页。

〔100〕 商洛地区考古队、商州市文管办:《商州市城区宋代墓葬发掘简报》,《考古与文物》2002年2期,95~96、27页。

〔101〕 何新成:《汉中市金华村清理一座北宋墓》,《文博》1993年3期,53~55、59页。

〔102〕 卢建国、官波舟:《宝鸡市长岭机器厂宋墓清理简报》,《文博》1998年6期,29~36页。

〔103〕 陕西省文物管理委员会:《陕西兴平县西郊清理宋墓一座》,《文物》1959年2期,39、46页。

〔104〕 靳之林、左登正:《陕西洛川土基镇发现北宋壁画墓》,《考古与文物》1988年1期,66~68页。

〔105〕 洛川县博物馆:《陕西洛川县潘窑科宋墓清理简报》,《考古与文物》2004年4期,26~28页。

〔106〕 陕西省文物管理委员会:《陕西丹凤县商雒镇宋墓清理简报》,《文物参考资料》1956年12期,39~41页。

〔107〕 甘肃省文物考古研究所、张家川回族自治县博物馆:《甘肃张家川南川宋墓发掘简报》,《考古与文物》2009年6期,11~16页。

〔108〕 甘肃省清水县博物馆:《清水宋代砖雕彩绘墓》,《陇右文博》1998年2期,16~23页。

〔109〕 南宝生:《绚丽的地下艺术宝库~~清水宋(金)砖雕彩绘》,甘肃人民出版社,2005年。

〔110〕 甘肃省文物考古研究所:《甘肃天水市王家新窑宋代雕砖墓》,《考古》2002年11期,42~49页。

〔111〕 陈贤儒:《甘肃陇西县的宋墓》,《文物参考资料》1955年9期,86~92页。

〔112〕 甘肃省文物考古研究所:《甘肃会宁宋墓发掘简报》,《考古与文物》2004年5期,22~25页。

〔113〕 庆阳地区博物馆许俊臣:《甘肃镇原县出土北宋浮雕画砖》,《考古与文物》1983年6期,41~42页。

〔114〕 张亚萍:《甘肃环县宋代彩绘砖雕墓》,《文博》2003年3期,9~16页。

〔115〕 耿志强、郭晓红、杨明:《宁夏西吉县宋代砖雕墓发掘简报》,《考古与文物》2009年1期,3~13页。

〔116〕 宁夏博物馆考古组:《宁夏泾源宋墓出土一批精美雕砖》,《文物》1981年3期,64~67页。

附录二　参考书目与文献

考古资料文献

1. 周到：《河南安阳专署调查林县董家村宋墓》，《文物参考资料》1954 年 5 期。

2. 王玉山等：《太原东郊红沟宋墓清理报导》，《文物参考资料》1954 年 6 期。

3. 赵青云：《洛阳涧西宋墓（九·七·二号）清理记》，《文物参考资料》1955 年 9 期。

4. 陈贤儒：《甘肃陇西县的宋墓》，《文物参考资料》1955 年 9 期。

5. 太原市文物管理委员会：《太原市南坪头宋墓清理简报》，《文物参考资料》1956 年 3 期。

6. 翟继才：《洛阳邙麓街清理了一座宋墓》，《文物》1956 年 11 期。

7. 陕西省文物管理委员会：《陕西丹凤县商雒镇宋墓清理简报》，《文物参考资料》1956 年 12 期。

8. 杨靖宇：《河南林县的几处古墓》，《考古》1957 年 2 期。

9. 河南文化局文物工作队第二队：《洛阳发现的带壁画古墓》，《文物》1958 年 1 期。

10. 杨富斗：《山西新绛三林镇两座仿木构的宋代砖墓》，《考古通讯》1958 年 6 期。

11. 傅永魁：《洛阳龙门发现北宋墓》，《考古通讯》1958 年 6 期。

12. 陕西省文物管理委员会：《陕西兴平县西郊清理宋墓一座》，《文物》1959 年 2 期。

13. 杨富斗：《侯马发现一座仿木构的宋代砖室墓》，《文物》1959 年 3 期。

14. 杨有申、李保胜：《河南南召鸭河口水库清理宋墓一座》，《文物》1959

年 6 期。

15. 万新民:《侯马的一座带壁画宋墓》,《文物》1959 年 6 期。

16. 方城县文物工作队:《方城县朱庄宋墓发掘》,《文物》1959 年 6 期。

17. 董祥:《偃师县酒流沟水库宋墓》,《文物参考资料》1959 年 9 期。

18. 《济南发现带壁画的宋墓》,《文物》1960 年 2 期。

19. 郭建邦:《南阳市十里庙清理宋墓一座》,《文物》1960 年 5 期。

20. 陕西省文物管理委员会:《陕西商县金陵寺宋僧人墓清理简报》,《考古》1960 年 6 期。

21. 河北省文化局文物工作队:《河北井陉柿庄宋墓发掘报告》,《考古学报》1962 年 2 期。

22. 罗平:《武安西土山发现宋绍圣二年壁画墓》,《文物》1963 年 10 期。

23. 周到:《宋魏王赵頵夫妻合葬墓》,《考古》1964 年 7 期。

24. 郭湖生、戚德耀、李容淦:《河南巩县宋陵调查》,《考古》1964 年 11 期。

25. 代尊德:《山西太原郊区宋、金、元代砖墓》,《考古》1965 年 1 期。

26. 傅永魁:《河南巩县稍柴清理一座宋墓》,《考古》1965 年 8 期。

27. 杨育彬:《上蔡宋墓》,《河南文博通讯》1978 年 4 期。

28. 晋东南文物工作站:《山西晋城南社宋墓简介》,《考古学辑刊》,第 1 卷,1981 年。

29. 杨焕成、汤文兴:《凤台寺塔建筑结构与年代考略》,《中原文物》1981 年 2 期。

30. 宁夏博物馆考古组:《宁夏泾源宋墓出土一批精美雕砖》,《文物》1981 年 3 期。

31. 黄运甫:《南召云阳宋代雕砖墓》,《中原文物》1982 年 2 期。

32. 张增午:《河南林县城关宋墓清理简报》,《考古与文物》1982 年 5 期。

33. 张思青、武永政:《温县宋墓发掘简报》,《中原文物》1983 年 1 期。

34. 郑州市博物馆:《郑州开元寺宋代塔基清理简报》,《中原文物》1983 年 1 期。

35. 吕品:《河南荥阳北宋石棺线画考》,《中原文物》1983 年 4 期。

36. 黄明兰:《洛阳出土北宋画像石棺》,《考古与文物》1983 年 5 期。

37. 庆阳地区博物馆许俊臣:《甘肃镇原县出土北宋浮雕画砖》,《考古与文物》1983 年 6 期。

38. 洛阳博物馆:《洛阳涧西三座宋代仿木构砖室墓》,《文物》1983 年

8 期。

39. 周到：《安阳天禧镇宋墓壁画散乐图跋》，《中原文物》1984 年 1 期。

40. 黄明兰、宫大中：《洛阳北宋张君墓画像石棺》，《文物》1984 年 7 期。

41. 安阳地区文管会、汤阴文物保管所：《汤阴宋墓发掘简报》，《中原文物》1985 年 1 期。

42. 河南省文物研究所：《河南省新乡县丁固城古墓地发掘报告》，《中原文物》1985 年 2 期。

43. 洛阳地区文物工作队：《北宋王拱辰墓及墓志》，《中原文物》1985 年 4 期。

44. 山东嘉祥县文管所：《山东嘉祥县钓鱼山发现两座宋墓》，《考古》1986 年 9 期。

45. 庆阳地区博物馆：《甘肃合水县三座宋墓测绘简报》，《考古与文物》1987 年 3 期。

46. 洛阳市第二文物工作队：《嵩县北元村宋代壁画墓》，《中原文物》1987 年 3 期。

47. 河南省文物研究所、密县文物保管所：《密县五虎庙北宋冯京夫妇合葬墓》，《中原文物》1987 年 4 期。

48. 靳之林、左登正：《陕西洛川土基镇发现北宋壁画墓》，《考古与文物》1988 年 1 期。

49. 巩县文物管理所、郑州市文物工作队：《巩县西村宋代石棺墓清理简报》，《中原文物》1988 年 1 期。

50. 河南省文物研究所、巩县文物保管所：《宋太宗元德李后陵发掘报告》，《华夏考古》1988 年 3 期。

51. 南阳地区文物队、南阳市博物馆、方城县博物馆：《河南方城金汤寨北宋范致祥墓》，《文物》1988 年 11 期。

52. 保定地区文物管理所、曲阳县文物保管所：《河北曲阳南平罗北宋政和七年墓清理简报》，《文物》1988 年 11 期。

53. 河北省文物研究所：《河北平山发现宋墓》，《文物春秋》1989 年 3 期。

54. 李奉山：《山西沁水县宋墓雕砖》，《考古》1989 年 4 期。

55. 林县文物管理所：《林县一中宋墓清理简报》，《中原文物》1990 年 4 期。

56. 河南省文物研究所、禹州市文管会：《禹州市坡街宋壁画墓清理简报》，《中原文物》1990 年 4 期。

57. 刘友恒、樊子林：《河北正定天宁寺凌霄塔地宫出土文物》，《文物》
1991 年 6 期。

58. 河南省古代建筑保护研究所、河南省文物研究所：《河南邓州市福胜寺
塔地宫》，《文物》1991 年 6 期。

59. 洛阳市文物工作队：《河南新安县古村北宋壁画墓》，《华夏考古》1992
年 2 期。

60. 洛阳市第二文物工作队：《洛阳邙山宋代壁画墓》，《文物》1992 年
12 期。

61. 济青公路文物考古队绣惠分队：《章丘女郎山宋金元明壁画墓的发掘》，
收入《济南高级公路章丘工段考古发掘报告集》，济南，齐鲁书社，
1993 年，180 – 183 页。

62. 三门峡市文物工作队：《三门峡市北宋墓发掘简报》，《华夏考古》1993
年 2 期。

63. 李明德、郭艺田：《安阳小南海宋代壁画墓》，《中原文物》1993 年
2 期。

64. 何新成：《汉中市金华村清理一座北宋墓》，《文博》1993 年 3 期。

65. 三门峡市文物工作队：《河南省陕县化纤厂宋墓发掘简报》，《华夏考
古》1993 年 4 期。

66. 李献奇：《北宋乐重进画像石棺进茶图》，《文物》1993 年 5 期。

67. 运城行署文化局、绛县博物馆：《山西绛县下村发现一座砖雕墓》，《考
古》1993 年 7 期。

68. 襄樊市博物馆：《湖北襄樊刘家埂唐宋墓葬清理简报》，《江汉考古》
1994 年 3 期。

69. 李忠义：《邯郸市区发现宋代墓葬》，《文物春秋》1994 年 3 期。

70. 张茂生：《山西汾阳县北偏城宋墓》，《考古》1994 年 3 期。

71. 王进先、石卫国：《山西长治市五马村宋墓》，《考古》1994 年 9 期。

72. 中国社会科学院考古研究所安阳工作队：《河南安阳新安庄西地宋墓发
掘简报》，《考古》1994 年 10 期。

73. 老河口市博物馆：《湖北老河口王冲宋墓清理简报》，《江汉考古》1995
年 3 期。

74. 河南省文物考古研究所：《河南宝丰县李坪村古墓》，《华夏考古》1995
年 4 期。

75. 襄樊市博物馆：《湖北襄樊油坊岗七座宋墓》，《考古》1995 年 5 期。

76. 罗火金、王再建:《河南温县西关宋墓》,《华夏考古》1996 年 1 期。

77. 洛阳市文物工作队:《河南新安县梁庄北宋壁画墓》,《考古与文物》1996 年 4 期。

78. 山西省考古研究所等:《山西平定宋、金壁画墓简报》,《文物》1996 年 5 期。

79. 洛阳市第二文物工作队、宜阳县文物管理委员会:《河南宜阳北宋画像石棺》,《文物》1996 年 8 期。

80. 魏峻、张道森:《安阳宋代壁画墓考》,《华夏考古》1997 年 2 期。

81. 长治市博物馆、壶关县文物博物馆:《山西壶关南村宋代砖雕墓》,《文物》1997 年 2 期。

82. 临猗县博物馆乔正安:《山西临猗双塔寺北宋塔基地宫清理简报》,《文物》1997 年 3 期。

83. 南阳市文物研究所、邓州市文化馆:《河南省邓州市北宋赵荣壁画墓》,《中原文物》1997 年 4 期。

84. 甘肃省清水县博物馆:《清水宋代砖雕彩绘墓》,《陇右文博》1998 年 2 期。

85. 洛阳市文物工作队:《河南新安县宋村北宋雕砖壁画墓》,《考古与文物》1998 年 3 期。

86. 李元章:《山东栖霞市慕家店宋代慕优墓》,《考古》1998 年 5 期。

87. 卢建国、官波舟:《宝鸡市长岭机器厂宋墓清理简报》,《文博》1998 年 6 期。

88. 曹桂岑、王龙正:《禹州龙岗电厂汉唐宋墓》,《中国考古学年鉴(1997 年)》,文物出版社,1998 年,178 页。

89. 河北省文物研究所:《河北武邑龙店宋墓发掘报告》,收入《河北省考古文集(一)》,东方出版社,1998 年,323~329 页。

90. 孙彦平、齐增玲:《珍贵的北宋塔基地宫壁画》,《文物春秋》1999 年 4 期。

91. 樊瑞平、郭玲娣:《河北正定舍利寺塔基地宫清理简报》,《文物》1999 年 4 期。

92. 河南省文物考古研究所:《河南郏县仝楼村三座宋墓发掘简报》,《华夏考古》1999 年 4 期。

93. 王进先、陈宝国:《山西潞城县北关宋代砖雕墓》,《考古》1999 年 5 期。

94. 张恒泽、吕建玉：《唐河县发现两座北宋墓葬》，《中原文物》2000 年 3 期。

95. 河北省文物研究所：《河北平山县两岔宋墓》，《考古》2000 年 9 期。

96. 王进先：《长治市西白兔村宋代壁画墓发掘简报》，收入《山西省考古学会论文集（三）》，山西古籍出版社，2000 年，131～137 页。

97. 李广：《湖北谷城发现北宋纪年砖墓》，《中国文物报》2001 年 12 月 7 日。

98. 梁文国：《甘肃临夏县宋墓清理简报》，《陇右文博》2002 年 1 期。

99. 商洛地区考古队、商州市文管办：《商州市城区宋代墓葬发掘简报》，《考古与文物》2002 年 2 期。

100. 王进先：《山西壶关下好牢宋墓》，《文物》2002 年 5 期。

101. 甘肃省文物考古研究所：《甘肃天水市王家新窑宋代雕砖墓》，《考古》2002 年 11 期。

102. 许淑珍：《山东淄博市临淄宋金壁画墓》，《华夏考古》2003 年 1 期。

103. 张亚萍：《甘肃环县宋代彩绘砖雕墓》，《文博》2003 年 3 期。

104. 李军：《河北邢台出土砖志碑》，《文物春秋》2004 年 2 期。

105. 洛川县博物馆：《陕西洛川县潘窑科宋墓清理简报》，《考古与文物》2004 年 4 期。

106. 甘肃省文物考古研究所：《甘肃会宁宋墓发掘简报》，《考古与文物》2004 年 5 期。

107. 驻马店市文物考古管理所：《河南泌阳县宋墓发掘简报》，《华夏考古》2005 年 2 期。

108. 朱晓芳、王进先：《山西长治故县村宋代壁画墓》，《文物》2005 年 4 期。

109. 姜杉、冯耀武：《山西左权发现宋代双层墓》，《文物世界》2005 年 5 期。

110. 刘善沂、王惠明：《济南市历城区宋元壁画墓》，《文物》2005 年 11 期。

111. 衡水市文物管理处：《河北武邑崔家庄宋墓发掘简报》，《文物春秋》2006 年 3 期。

112. 开封市文物工作队、尉氏县文物保护管理所：《河南尉氏县张氏镇宋墓发掘简报》，《华夏考古》2006 年 3 期。

113. 朱晓芳、王进先、李永杰：《山西长治市故漳村宋代砖雕墓》，《考古》

2006 年 9 期。

114. 罗火金、张丽芳：《宋代梁全本墓》，《中原文物》2007 年 5 期。

115. 宋嵩瑞、耿建北、付得力：《河南登封市双庙小区宋代砖室墓发掘简报》，《文物春秋》2007 年 6 期。

116. 赵宏、高明：《济源市东石露头村宋代壁画墓》，《中原文物》2008 年 2 期。

117. 邢台市文物管理处、临城县文物保管所、北京大学中国考古学研究中心：《河北临城岗西村宋墓》，《文物》2008 年 3 期。

118. 郑州市文物考古研究院、荥阳市文物保护管理所：《荥阳槐西壁画墓发掘简报》，《中原文物》2008 年 5 期。

119. 延安市文物研究所：《延安宝塔区北宋社火秧歌内容画像砖墓葬》，《文博》2008 年 6 期。

120. 洛阳市第二文物工作队：《富弼家族墓地发掘简报》，《中原文物》2008 年 6 期。

121. 济南市博物馆、济南市考古所：《济南市宋金雕砖壁画墓》，《文物》2008 年 8 期。

122. 焦作市文物工作队：《河南焦作白庄宋代壁画墓发掘简报》，《文博》2009 年 1 期。

123. 耿志强、郭晓红、杨明：《宁夏西吉县宋代砖雕墓发掘简报》，《考古与文物》2009 年 1 期。

124. 李永杰、崔国琳：《长治县任家庄出土一批宋代砖雕》，《文物世界》2009 年 4 期。

125. 王小红、王进先：《沁源县段家庄发现宋代砖雕墓》，《文物世界》2009 年 5 期。

126. 焦作市文物工作队：《河南焦作小尚宋冀闰壁画墓发掘简报》，《文物世界》2009 年 5 期。

127. 甘肃省文物考古研究所、张家川回族自治县博物馆：《甘肃张家川南川宋墓发掘简报》，《考古与文物》2009 年 6 期。

128. 李雪峰：《张家川县南川宋墓研究》，《丝绸之路》2009 年 14 期。

129. 康保成、孙秉君：《陕西韩城宋墓壁画考释》，《文艺研究》2009 年 11 期。

130. 姚小鸥：《韩城宋墓壁画杂剧图与宋金杂剧"外色"考》，《文艺研究》2009 年 11 期。

131. 庞耀先、庞萍:《天水市王家窑宋墓相关问题初探》,《丝绸之路》2009 年 22 期。

132. 林州市文物保护管理所:《河南林州市北宋雕砖壁画墓清理简报》,《华夏考古》2010 年 1 期。

133. 山西省考古研究所、汾阳市文物旅游局:《2008 年山西汾阳东龙观宋金墓地发掘简报》,《文物》2010 年 2 期。

古典文献

1. [汉] 董仲舒:《春秋繁露》,上海古籍出版社,1995 年。

2. [汉] 王充:《论衡》,上海人民出版社,1974 年。

3. [汉] 应劭:《风俗通义校释》,吴树平校释,天津人民出版社,1980 年。

4. [汉] 司马迁:《史记》,中华书局,1997 年。

5. [汉] 班固:《汉书》,中华书局,1997 年。

6. [唐] 段成式:《酉阳杂俎》,中华书局,1981 年。

7. [唐] 杜佑:《通典(校点本)》,中华书局,1988(2003 重印)。

8. [唐] 王希明:《太乙金镜式经》,收入《景印文渊阁四库全书·子部——六术数类》,[台湾] 商务印书馆,2008 年。

9. [后晋] 刘昫等:《旧唐书》,中华书局,1975 年版。

10. [宋] 欧阳修、宋祁:《新唐书》,中华书局,1975 年版。

11. [宋] 薛居正等:《旧五代史》,中华书局,1976 年版。

12. [宋] 司马光:《司马氏书仪(据学津讨原本排印)》,中华书局,1985 年。

13. [宋] 程颐:《伊川易传》,上海古籍出版社,1990 年。

14. [宋] 周敦颐:《太极图说》,上海古籍出版社,1995 年。

15. [宋] 周敦颐:《通书》,上海古籍出版社,1995 年。

16. [宋] 李昉等:《太平广记》,岳麓书社,1996 年。

17. [宋] 沈括:《孟溪笔谈》,岳麓书社,1997 年。

18. [宋] 孟元老:《东京梦华录》,文化艺术出版社,1998 年。

19. [宋] 李昉等:《太平御览》,据上海涵芬楼影印宋本,中华书局,1998 年。

20. [宋] 张君房辑:《云笈七签》,齐鲁书社,2002 年 1 月。

21. [宋] 邵雍:《皇极经世书》收入《景印文渊阁四库全书·子部一〇九

　　·术数类》，[台湾] 商务印书馆，2008 年。

22. [宋] 孙光宪：《北梦琐言》，收入《全宋笔记（第一编）》，大象出版
　　社，2003 年。

23. [宋] 陶穀：《清异录》，收入《全宋笔记（第一编）》，大象出版社，
　　2003 年。

24. [宋] 张齐贤：《洛阳缙绅旧闻记》，收入《全宋笔记（第一编）》，大
　　象出版社，2003 年。

25. [宋] 王洙：《图解校正地理新书》影抄金明昌三年本，台湾，集文书
　　局，2006 年。

26. [宋] 鲍云龙、[明] 鲍宁辩证：《天原发微》，收入《景印文渊阁四库
　　全书·子部 112·术数类》，[台湾] 商务印书馆，2008 年。

27. [宋] 张行成：《易通变》，收入《景印文渊阁四库全书·子部一一〇·
　　术数类》，[台湾] 商务印书馆，2008 年。

28. [宋] 司马光：《葬论》，收入《司马温公文集》（卷四），中华书局，
　　1985 年。

29. [南宋] 朱熹：《文公家礼》，收入《中国历代礼仪典（影印本）》，广
　　陵书社，2003 年 11 月。

30. [金元] 张景文：《大汉原陵秘葬经》，收入《永乐大典》第 4 册，中华
　　书局，1998 年重印。

31. [元] 脱脱等：《宋史》，中华书局，1977 年版。

32. [明] 陆柬，张万钧校点：《嵩岳志》，收入郑州市图书馆文献编辑委员
　　会编《嵩岳文献丛刊》，中州古籍出版社，2003 年。

33. [明] 邓南金修，[明] 李明通纂：《登封县志》十卷，全国图书馆缩微
　　文献复制中心，1992 年——全 1 卷，胶片/DJ0536/。

34. [清] 施诚修，[清] 董钰等纂：《河南府志》[普通古籍]·乾隆，一
　　百一十六卷首四卷，刻本，清同治六年（1867）。

35. [清] 毕沅编著：《续资治通鉴》，中华书局，1979 年。

36. 周振甫译注：《周易译注》，中华书局，1991 年。

37. 陈戍国点校：《周礼·仪礼·礼记》，岳麓书社，1995 年。

38. 广陵书社编：《中国历代礼仪典》，广陵书社，2003 年。

研究专著

1. 俞剑华：《中国壁画》，中国古典艺术出版社，1958 年。

2. 廖奔:《宋元戏曲文物与民俗》,文化艺术出版社,1989年。

3. 宿白编:《中国美术全集·绘画编·墓室壁画》,文物出版社,1989年。

4. 卿希泰主编:《道教与中国传统文化》,福建人民出版社,1990年。

5. 沈宗宪:《宋代民间的幽冥世界观》,〔台北〕商鼎文化出版社,1993年。

6. 吕思勉:《理学纲要》,东方出版社,1996年。

7. 任继愈主编:《中国道教史》,上海人民出版社,1997年。

8. 谢松龄:《天人象——阴阳五行学说史导论》,山东文艺出版社,1997年。

9. 河南省文物考古研究所:《北宋皇陵》,中州古籍出版社,1997年。

10. 杨育彬,袁广阔:《20世纪河南考古发现与研究》,中州古籍出版社,1997年。

11. 山西省考古研究所编著:《平阳金墓砖雕》,山西人民出版社,1999年。

12. 楚启恩:《中国壁画史》,北京工艺美术出版社,2000年。

13. 王伯敏:《中国绘画通史》,生活·读书·新知三联书店,2000年。

14. 葛兆光:《中国思想史》,复旦大学出版社,2001年。

15. 杨志刚:《中国礼仪制度研究》,华东师范大学出版社,2001年。

16. 徐吉军、方建新、方健、吕凤棠:《中国风俗通史.宋代卷》,上海文艺出版社,2001年版。

17. 李零:《中国方术考(修订本)》,东方出版社,2001年。

18. 陈戌国:《中国礼制史》,湖南教育出版社,2001年版。

19. 〔美〕包弼德:《斯文:唐宋思想的转型》,江苏人民出版社,2001年。

20. 齐东方:《隋唐考古》,文物出版社,2002年。

21. 宿白:《白沙宋墓》,文物出版社,2002年。

22. 贺西林:《古墓丹青——汉代墓室壁画的发现与研究》,陕西人民美术出版社,2002年。

23. 秦大树:《宋元明考古》,文物出版社,2004年。

24. 郑岩:《魏晋南北朝壁画墓研究》,文物出版社,2004年。

25. 刘黎明:《宋代民间巫术研究》,巴蜀书社,2004年。

26. 刘屹:《敬天与崇道——中古经教道教形成的思想史背景》,中华书局,2005年。

27. 余健:《堪舆考源》,中国建筑工业出版社,2005年。

28. 王铁:《宋代易学》,上海古籍出版社,2005年。

29. 余英时:《东汉生死观》,上海古籍出版社,2005年。

30. 李星明：《唐代墓室壁画研究》，陕西人民美术出版社，2005 年。
31. 罗世平、廖旸：《古代壁画墓》，文物出版社，2005 年。
32. 南宝生编著：《绚丽多彩的地下艺术宝库——甘肃清水宋金彩绘雕墓》，甘肃人民出版社，2005 年。
33. 郑州市文物考古研究所：《郑州宋金壁画墓》，科学出版社，2005 年。
34. ［美］巫鸿：《汉唐之间的视觉文化与物质文化》，文物出版社，2003 年。
35. ［美］巫鸿：《礼仪中的美术：巫鸿中国古代美术史文编》，郑岩、王睿编，郑岩等译，生活·读书·新知三联书店，2005 年。
36. ［美］巫鸿：《武梁祠——中国古代画像艺术的思想性》，柳扬、岑河译，三联书店，2006 年。
37. 胡新生：《中国古代巫术》，山东人民出版社，2006 年。
38. 余欣：《神道人心——唐宋之际敦煌民生宗教社会史研究》，中华书局，2006 年。
39. 邹清泉：《北魏孝子画像研究——〈孝经〉与北魏孝子画像图像身份的转换》，文化艺术出版社，2007 年。
40. 陈美东：《中国古代天文学思想》，中国科学技术出版社，2007 年。
41. 李清泉：《宣化辽墓——墓葬艺术与辽代社会》，文物出版社，2008 年。
42. Mikhail Piotrovsky 编，许洋主译：《丝路上消失的王国——西夏黑水城的佛教艺术》，［台北］国立历史博物馆，1999 年。

研究论文

1. 徐苹芳：《白沙宋墓中的杂剧砖雕》，《考古》1960 年 8 期。
2. 周贻白：《北宋墓葬中人物雕砖的研究》，《文物》1961 年 10 期。
3. 徐苹芳：《唐宋墓葬中的"明器神煞"与"墓仪"制度——读〈大汉原陵秘葬经〉札记》，《考古》1963 年 2 期。
4. 宿白：《西安地区唐墓壁画的布局和内容》，《考古学报》1982 年 2 期。
5. 廖奔：《温县宋墓杂剧雕砖考》，《文物》1984 年 8 期。
6. 徐苹芳：《宋元明考古》，收入《中国大百科全书·考古学》，中国大百科全书出版社，1986 年。
7. 张新斌、王再建：《温县宋代人物雕砖考略》，《考古与文物》1988 年 3 期。
8. 杨泓：《法门寺塔基发掘与中国古代舍利瘗埋制度》，收入《法门寺塔地宫出土文物笔谈》一文，《文物》1988 年 10 期。

9. 廖奔、杨建民：《河南洛宁上村宋金社火杂剧砖雕叙考》，《文物》1989 年 2 期。

10. 孙新民：《十年来河南宋元考古概述》，《华夏考古》1989 年 3 期。

11. 徐殿魁：《洛阳地区隋唐墓的分期》，《考古学报》1989 年 3 期。

12. 李红：《宋辽金元时期的墓室壁画》，收入《中国美术全集·绘画编·墓室壁画》，文物出版社，1989 年版。

13. 李玉洁：《试论我国古代棺椁制度》，《中原文物》1990 年 2 期。

14. 孙广清：《河南宋墓综述》，《中原文物》1990 年 4 期。

15. 程民生：《论宋代神祠宗教》，《世界宗教研究》1992 年 2 期。

16. 陈朝云：《我国北方地区宋代砖室墓的类型和分期》，《郑州大学学报（哲学社会科学报）》1994 年 6 期。

17. 冯继仁：《论阴阳堪舆对北宋皇陵的全面影响》，《文物》1994 年 8 期。

18. 宿白：《西安地区的唐墓形制》，《文物》1995 年 12 期。

19. 郑滦明：《宣化辽墓"妇人启门"壁画小考》，《文物春秋》1995 年 2 期。

20. 郑岩：《墓主画像研究》，收入山东大学考古学系编《刘敦愿先生纪念文集》，山东大学出版社，1997 年。

21. 魏文斌、师彦灵、唐晓军：《甘肃宋金墓"二十四孝"图与敦煌遗书〈孝子传〉》，《敦煌研究》1998 年 3 期。

22. 赵超：《山西壶关南村宋代砖雕墓砖雕题材试析》，《文物》1998 年 5 期。

23. ［日］林巳奈夫、蔡凤书译：《对洛阳卜千秋墓壁画的注释》，《华夏考古》1999 年 4 期。

24. 赵超：《式、穹隆顶墓室与覆斗形墓志——兼谈古代墓葬中"象天地"的思想》，《文物》1999 年 5 期。

25. ［美］简·詹姆斯（Jean M James）：《东汉享祠功能的研究》，《美术研究》2000 年 2 期。

26. 廖奔：《宋金元仿木结构砖雕墓及其乐舞装饰》，《文物》2000 年 5 期。

27. 张其凡：《关于"唐宋变革期"学说的介绍与思考》，《暨南学报（哲社版）》3 卷 1 期，2001 年 1 期。

28. 张道森、吴伟强：《安阳唐代墓室壁画初探》，《美术研究》2001 年 2 期。

29. 江玉祥：《宋代墓葬出土的二十四孝图像补释》，《四川文物》2001 年 4 期。

30. 郑岩：《古人的标准像》，《文物天地》2001 年 6 期。

31. 李华瑞：《20 世纪中日"唐宋变革"观研究评述》，《史学理论研究》2003 年 4 期。

32. 戈国龙：《内外丹道之交融》，《世界宗教研究》2003 年 4 期。

33. 孙新民：《五代帝陵葬制考略》，收入《中原文物考古研究》，大象出版社，2003 年。

34. 张新斌，王春玲：《新乡宋金墓葬及其相关问题》，收入《中原文物考古研究》，大象出版社，2003 年。

35. 刘淑芬：《墓幢——经幢研究之三》，收入台北《中央研究院历史语言研究所集刊》第七十四本第四分，2003 年。

36. 董新林：《辽代墓葬形制与分期略论》，《考古》2004 年 8 期。

37. 赵超：《关于伯奇的古代孝子图画》，《考古与文物》2004 年 3 期。

38. 冯恩学：《辽墓启门图之探讨》，《北方文物》2005 年 4 期。

39. 李松：《天枢——我国古代一种纪念碑样式》，收入《土木金石——传统人文环境中的中国雕塑》，陕西人民美术出版社，2005 年。

40. 齐东方：《唐代的丧葬观念习俗与礼仪制度》，《考古学报》2006 年 1 期。

41. 张鹏：《妇人启门图试探——以宣化辽墓壁画为中心》，《艺术考古》2006 年 3 期。

42. 李翎：《"引路菩萨"与"莲花手"——汉藏持莲花观音像比较》，《西藏研究》2006 年 3 期。

43. 郁火星：《〈八十七神仙图卷〉与〈朝元仙杖图〉图像分析研究》，《东南大学学报（哲学社会科学版）》2006 年 5 期。

44. 李淞：《论〈八十七神仙卷〉与〈朝元仙杖图〉之原位》，《艺术探索》2007 年 3 期。

45. 李静杰：《中原北方宋辽金时期涅槃图像考察》，《故宫博物院院刊》2008 年 3 期。

46. 温玉成：《济源市东石露头村宋代壁画墓中菩萨像应为天女像》，《中原文物》2008 年 4 期。

47. 董新林：《北宋金元墓葬壁饰所见"二十四孝"故事与高丽〈孝行录〉》，《华夏考古》2009 年 2 期。

48. 裴志昂：《试论晚唐至元代仿木构墓葬的宗教意义》，《考古与文物》2009 年 4 期。

49. 李玉珉：《黑水城出土西夏弥陀画初探》，《故宫学术季刊》第十三卷第四期。

50. 刘淑芬：《〈佛顶尊胜陀罗尼经〉与唐代尊胜经幢的建立——经幢研究之一》，《中央研究院历史语言研究所集刊第 67 本，第一分，1999 年，台北。

51. 刘淑芬：《经幢的形制、性质和来源——经幢研究之二》，《中央研究院历史语言研究所集刊第 68 本，第三分，2000 年，台北。

学位论文

1. 雷生霖：《黄河中下游地区宋金墓》，北京大学硕士学位论文，1995 年。
2. 刘耀辉：《晋南地区宋金墓葬研究》，北京大学硕士学位论文，2002 年。
3. 杨远：《河南北宋壁画墓析论》，郑州大学硕士学位论文，2004 年。
4. 牛加明：《宋代墓室壁画研究》，华南师范大学硕士学位论文，2004 年。
5. 赵明星：《宋代仿木构墓葬形制研究》，吉林大学硕士学位论文，2004 年。
6. 韩小囡：《宋代墓葬装饰研究》，山东大学博士学位论文，2006 年。
7. 陈熙：《甘肃清水宋金墓室彩绘画像砖艺术研究》，西北师范大学硕士学位论文，2006 年。
8. 薛豫晓：《宋辽金元墓葬中“开芳宴”图像研究》，四川大学硕士学位论文，2007 年。
9. 陈章龙：《北方宋墓装饰研究》，吉林大学博士学位论文，2010 年。